CONSTITUCIONES DE HONDURAS TOMO II

(1906—1972)

ERANDIQUE
COLECCIÓN

TEGUCIGALPA, HONDURAS, ENERO DE 2024

CONTENIDO

NOTA DEL EDITOR 1
CONSTITUCIÓN POLÍTICA DE LA REPÚBLICA DE HONDURAS DE 15 DE SEPTIEMBRE DE 1906 3
DECRETO DE 8 DE FEBRERO DE 1908 DECLARANDO LA VIGENCIA DE LA CONSTITUCIÓN DE 1894 35
CONSTITUCIÓN POLÍTICA DE LA REPÚBLICA DE CENTRO AMÉRICA DECRETADA EL 9 DE SEPTIEMBRE DE 1921 39
CONSTITUCIÓN POLÍTICA DE LA REPÚBLICA DE HONDURAS DE 10 DE SEPTIEMBRE DE 1924 91
CONSTITUCIÓN POLÍTICA DE LA REPÚBLICA DE HONDURAS DE 15 DE ABRIL DE 1936 131
DECRETO NO. 1 DEL JEFE SUPREMO DEL ESTADO DE HONDURAS, POR EL CUAL QUEDAN EN VIGENCIA TODAS LAS LEYES Y REGLAMENTOS QUE ESTABLECEN LA ORGANIZACIÓN POLÍTICA, ADMINISTRATIVA, JUDICIAL Y CIVIL DE LA REPÚBLICA DE HONDURAS 6 DE DICIEMBRE DE 1954 177
CONSTITUCIÓN POLÍTICA DE LA REPÚBLICA DE HONDURAS DE 19 DE DICIEMBRE DE 1957 181
DECRETO Nº 1 DE LAS FUERZAS ARMADAS DEL ESTADO DE HONDURAS POR EL CUAL QUEDAN EN VIGENCIA TODAS LAS LEYES Y REGLAMENTOS QUE ESTABLECEN LA ORGANIZACIÓN POLÍTICA, ADMINISTRATIVA, JUDICIAL Y CIVIL DE LA REPÚBLICA DE HONDURAS. 259
CONSTITUCIÓN POLÍTICA DE LA REPÚBLICA DE HONDURAS DE 3 DE JUNIO DE 1965 261
DECRETO NO. 1 DEL JEFE SUPREMO DEL ESTADO DE HONDURAS, POR EL CUAL QUEDAN EN VIGENCIA TODAS LAS LEYES Y REGLAMENTOS QUE ESTABLECEN LA ORGANIZACIÓN POLÍTICA, ADMINISTRATIVA, JUDICIA Y CIVIL DE LA REPÚBLICA DE HONDURAS 6 DE DICIEMBRE DE 1972 . 343

NOTA DEL EDITOR

Este libro es el segundo y último tomo de las Constituciones que han regido a Honduras, ya sea como parte de la corona española; en sus primeros pasos independientes; como estado de la Federación Centroamericana o en su andar definitivo como país.

Los dos tomos nos llevan por un fascinante viaje de más de 215 años.

Cada Constitución contiene su propia identidad. Desde la de Bayona, que establece en su primer artículo que "La religión Católica, Apostólica, Romana, en España y en todas las posesiones españoles, será la religión del Rey y no se permitirá ninguna otra", a la República Federal de Centro América (reformada), que señala:

"Los habitantes de la República pueden adorar a Dios según su conciencia. El Gobierno general les protege en la libertad de culto religioso. Más los Estados cuidarán de la actual religión de sus pueblos; y mantendrán todo un culto en armonía con las leyes".

El que hoy ponemos en manos del lector inicia en 1906 y concluye en 1972, cuando los militares, en su papel de quitar gobiernos democráticos, manejaban el país a su antojo.

(Colección Erandique también publicó aparte la Constitución de 1982 con actualizaciones a la fecha. Puede ser adquirida en las principales librerías del país).

En las Constituciones están plasmadas las ideas y sueños de grandes legisladores que buscaron el bien común. Un articulado legal que, de haber sido respetado, habría llevado a la prosperidad a lo que hoy es Centro América. Lamentablemente, nunca fue así, y seguimos estancados, convertidos en países desiguales y pobres.

El equipo de Colección Erandique, encabezado por el ingeniero José Azcona, e integrado por Tesla Rodas, Jéssica Cordero, Andrea Rodríguez, Juan Pagoaga y Zona Creativa, espera que ambas publicaciones sean de gran ayudan y aporten muchas luces.

Óscar Flores López

CONSTITUCIÓN POLÍTICA DE LA REPÚBLICA DE HONDURAS DE 15 DE SEPTIEMBRE DE 1906

DECRETO NÚMERO 60

LA ASAMBLEA NACIONAL CONSTITUYENTE DECRETA LA SIGUIENTE CONSTITUCIÓN POLÍTICA DE LA REPÚBLICA DE HONDURAS

TÍTULO I

Art. 1º—. Honduras es un Estado disgregado de la Federación de Centro América. En consecuencia reconoce como su principal deber y su más ingente necesidad volver a la Unión con los demás Estados de la República disuelta. Para alcanzar este capital objeto no obsta la presente Constitución, que puede ser reformada o abolida por el Congreso para ratificar los Pactos, Tratados y Convenciones que tiendan a dar o tengan por resultado la reconstrucción nacional de Centro América.

Art. 2º—. Honduras es Nación libre, soberana e independiente.

Art. 3º—. La soberanía reside esencialmente en la Nación, y el ejercicio de ella en sus Representantes.

Art. 4º—. Todo Poder Público emana del pueblo. Los funcionarios del Estado son sus delegados, y no tienen más facultades que las que expresamente les da la ley. Par ella legislan, administran y juzgan, y conforme a ella deben dar cuenta de sus funciones.

Art. 5º—. Los límites de Honduras y su división territorial serán determinadas por la ley.

TÍTULO II
DE LOS HONDUREÑOS

Art. 6º—. Los hondureños son naturales o naturalizados.

Art. 7º— . Son naturales:
1. Todas las personas que hayan nacido o nacieren en el territorio de la República.
   La nacionalidad de los hijos de extranjeros nacidos en territorio hondureño y la de los hijos de hondureños nacidos en territorio extranjero, será determinada por tratados.
   Cuando no haya Tratados, los hijos nacidos en Honduras de padres extranjeros domiciliados en el país, son hondureños;
2. Se considerarán como hondureños naturales los hijos de las otras Repúblicas de Centro América, por el hecho de hallarse en cualquier punto del territorio de Honduras, a no ser que ante la autoridad correspondiente manifiesten el propósito de conservar su nacionalidad.

Art. 8º—. Son naturalizados:
1. Los hispanoamericanos que tengan un año de residencia en el país y que manifiesten el deseo de naturalizarse en él ante la autoridad respectiva.
2. Los demás extranjeros que tengan dos años de residencia en el país y que manifiesten su deseo de naturalizarse en él ante la autoridad correspondiente; y
3. Los que obtengan carta de naturalización acordada por la autoridad que designe la ley.

TÍTULO III
DE LOS EXTRANJEROS

Art. 9º—. La República de Honduras es un asilo sagrado para que se refugie toda persona en su territorio.

Art. 10—. Los extranjeros están obligados desde su llegada al territorio de la República a respetar las autoridades y observar las leyes.

Art. 11—. Los extranjeros gozan en Honduras de todos los derechos civiles de los hondureños.

Art. 12—. Pueden adquirir toda clase de bienes en el país; pero quedarán sujetos, en cuanto a estos bienes, a todas las cargas ordinarias y a las extraordinarias de carácter general a que estén obligados los hondureños.

Art. 13—. Los extranjeros domiciliados en Honduras pueden desempeñar cargos municipales y de simple administración.

Art. 14—. No podrán hacer reclamaciones ni exigir indemnización alguna al Estado sino en los casos y en la forma que pudieran hacerlo los hondureños.

Art. 15—. Los extranjeros no podrán ocurrir a la vía diplomática sino en los casos de manifiesta negación de justicia, retardo anormal o violación evidente de los principios del Derecho Internacional. Para este efecto no se entiende por denegación de justicia, que un fallo ejecutorio no sea favorable al reclamante. Si contraviniendo esta disposición no terminaren amistosamente las reclamaciones y se causare perjuicios al país, perderán el derecho de habitar en él.

Art. 16—. La extradición sólo podrá otorgarse en virtud de ley o de Tratados por delitos comunes graves, nunca por delitos políticos, aunque por consecuencia de éstos resulte un delito común.

Art. 17—. Las leyes podrán establecer la forma y casos en que pueda negarse al extranjero la entrada al territorio de la Nación u ordenarse su expulsión por considerarlo pernicioso.

Art. 18—. Las leyes y Tratados reglamentarán el uso de estas garantías, sin poder disminuirlas ni alterarlas.

Art. 19—. Las disposiciones de este Título no modifican los tratados existentes entre Honduras y otras naciones.

TÍTULO IV
DE LOS CIUDADANOS

Art. 20—. Son ciudadanos todos los hondureños mayores de veintiún años, y los mayores de diez y ocho que sean casados o sepan leer y escribir.

Art. 21°—. Se suspenden los derechos del ciudadano.
1. Por auto de prisión o declaratoria de haber lugar a formación de causa.
2. Por vagancia legalmente declarada.
3. Por enajenación mental judicialmente declarada; y
4. Por sentencia de inhabilitación para el ejercicio de derechos políticos durante el término de la condena.

Art. 22°. Pierden la cualidad de ciudadanos:
1. Los que admitan empleos de naciones extranjeras sin licencia de la autoridad respectiva, Las Repúblicas de Centro América no se considerarán como naciones extranjeras;
2. Los que se naturalicen en países extranjeros. Ningún hondureño, aun cuando admita nacionalidad extranjera podrá eximirse de los deberes que le imponen la Constitución y las leyes, en tanto que tenga su domicilio en la República.

Art. 23—. El voto activo es irrenunciable y obligatorio para los ciudadanos. El sufragio es público y directo. Las elecciones se practicarán en la forma que prescribe la ley.

Art. 24—. Sólo los ciudadanos en el ejercicio de sus derechos pueden obtener voto pasivo con arreglo a la ley.

TÍTULO V
DERECHOS Y GARANTÍAS

Art. 25—. La Constitución garantiza a todos los habitantes de Honduras, sean nacionales o extranjeros, la inviolabilidad de la vida humana, la seguridad individual, la libertad, la igualdad y la propiedad.

Art. 26—. La pena de muerte queda abolida en Honduras, y mientras se establece el sistema penitenciario sólo podrá aplicarse, en los casos que determine la ley, al parricida, al asesino, a los autores de delitos militares de carácter grave y a los de piratería.

SEGURIDAD INDIVIDUAL

Art. 27—. La Constitución reconoce la garantía del Hábeas Corpus. En consecuencia toda persona ilegalmente detenida o cualquiera otra en su nombre, tiene derecho para recurrir al Tribunal, verbalmente o por escrito, pidiendo la exhibición de la persona.

Art. 28—. Toda persona tiene derecho para pedir amparo contra cualquier atentado o arbitrariedad de que sea víctima, para hacer efectivo el ejercicio de todas las garantías que esta Constitución establece, cuando sea indebidamente coartado en el goce de ellas, por leyes o actos de cualquiera autoridad, agente o funcionario público.

Art. 29—. La orden de arresto que no emane de autoridad competente, o que haya dictado sin las formalidades legales, es atentatoria.

Art. 30—. La detención para inquirir no podrá pasar de seis días.

Art. 31—. La incomunicación del detenido no podrá pasar de tres días.

Art. 32—. No podrá proveerse auto de prisión sin que preceda plena prueba de haberse cometido un crimen o simple delito que merezca pena de privación de la libertad, y sin que resulte indicio racional de quien sea su autor.

Art. 33—. Es permitida la prisión o arresto por pena o apremio, en los casos y por el término que disponga la ley. El apremio no podrá exceder de treinta días.
Se prohíbe la prisión por deudas.

Art. 34—. El delincuente infraganti puede ser aprehendido por cualquiera persona para el efecto de entregarlo inmediatamente a la autoridad que tenga facultad de arrestar.

Art. 35—. Ninguno puede ser preso o detenido sino en los lugares que determine la ley. Se prohíbe absolutamente toda clase de tormentos, las prisiones innecesarias y todo rigor indebido. La fustigación o aplicación de palos es un crimen.

Art. 36—. Aun con auto de prisión ninguno puede ser llevado a la cárcel ni detenido en ella, si presentare fianza suficiente, cuando por el delito no deba aplicarse pena que pase de tres años.

Art. 37—. Ninguno puede ser juzgado por comisiones especiales, ni por otros jueces que los designados por la ley.

Art. 38—. El derecho de defensa es inviolable.

Art 39—. Nadie puede ser obligado en materia criminal, a declarar contra él mismo, ni contra su cónyuge y pacientes del cuarto grado de consanguinidad o segundo de afinidad.

Art. 40—. Ninguno puede ser inquietado ni perseguido por sus opiniones. Las acciones privadas que no alteren la moral o el orden público, o que no causen daño a tercero, estarán siempre fuera de la acción de la ley.

Art. 41—. El domicilio es inviolable y o podrá allanarse sino en los casos forma que la ley determine.

Art. 42—. Son inviolables la correspondencia epistolar y telegráfica, los papeles privados y los libros de comercio. En ningún caso el Poder Ejecutivo, ni sus agentes podrán sustraer, abrir, ni detener la correspondencia epistolar o telegráfica. La sustraída de la estafetas o de cualquier otro lugar no hace fe contra ninguno.

La correspondencia particular, papeles y libros privados, sólo podrán ocuparse en virtud de auto de Juez competente, en asuntos criminales y civiles que la ley determine.

Art. 43—. Se prohíbe dar leyes proscripticas, confiscatorias, o que establezcan penas infamantes o perpetuas. La duración de las penas no podrá exceder de doce años, y de veinte las acumuladas por varios delitos.

Art. 44—. Las leyes no pueden tener efecto retroactivo, excepto en materia penal, cuando la nueva ley sea favorable al delincuente.
Art. 45.—La policía de seguridad sólo podrá ser confiada a las autoridades civiles.

Libertad

Art. 46—. Se garantiza el libre ejercicio de todas las religiones, sin más límites el trazado que por la moral y el orden público.

Art. 47—. Los actos constitutivos del estado civil de las personas son de la exclusiva competencia de los funcionarios y autoridades del orden civil, en los términos prevenidos por la ley.

Art. 48—. La emisión del pensamiento por la palabra hablada o escrita, es libre, salvo los casos en que ataque la moral, la honra, se provoque algún delito o se perturbe el orden social.

Art. 49—. Se garantiza la libre enseñanza.

La que se costee con fondos públicos será laica, y la primaria será además gratuita, obligatoria y subvenida por el Estado. La ley reglamentará la enseñanza, sin restringir su libertad ni la independencia de los profesores.

Art. 50—. Se garantiza la libertad de reunión sin armas, y la de asociación para cualquier objeto lícito; pero solamente los ciudadanos de la República pueden hacerlo para tomar parte en los asuntos políticos de la Nación. Se prohíbe el establecimiento de toda clase de asociaciones monásticas.

Art. 51—. Todo hombre es libre para abrazar la profesión, industria o trabajo que le acomode, siendo útil y honesto, para aprovecharse de sus productos. No se le impedirá el ejercicio de estos derechos, sino por sentencia judicial, cuando ataque los de tercero o por resolución gubernativa cuando ofenda los de sociedad.

Art. 52—. No habrá monopolios ni estancos. Sólo podrán estancarse en provecho del Estado el aguardiente y las sustancias fermentadas, la pólvora, dinamita y demás sustancias explosivas, el salitre y el tabaco. La acuñación de moneda, el correo, el telégrafo y el teléfono, corresponden al Estado.

Los monopolios, privilegios y concesiones en favor de los particulares, sólo podrán establecerse por tiempo limitado, para fomentar la introducción o perfeccionamiento de la industria, la colonización, la emigración, las instituciones de crédito y la apertura de vías de comunicación.

Art. 53—. Todo individuo es libre para disponer de sus propiedades conforme al Derecho Civil.

Art. 54—. Son prohibidas las vinculaciones y toda institución en favor de establecimientos religiosos.

Art. 55—. Toda persona o reunión de personas tienen derecho de dirigir sus peticiones a las autoridades legalmente establecidas, de que se resuelva, o se les haga saber la resolución correspondiente;

pero en materia política sólo pueden ejercerlo los ciudadanos de la República.

Art. 56—. Todos tienen libertad para entrar, permanecer, transitar y salir del territorio de la Nación, sin pasaporte.

Igualdad

Art. 57—. Ante la ley no hay fueros ni privilegios personales, pero los Ministros de las diversas sociedades no podrán ejercer cargos públicos.

Art 58—. La proporcionalidad será la base de las contribuciones directas.

Propiedad

Art. 59—. Nadie puede ser privado de su propiedad sino en virtud de ley o de sentencia fundada en ley. La expropiación por causa de necesidad o utilidad pública debe ser calificada por la ley o por sentencia fundada en ley, no se verificará sin previa indemnización. En caso de guerra no es indispensable que la indemnización sea previa.

Art. 60—. Todo autor o inventor goza de la propiedad exclusiva de su obra o descubrimiento, por el tiempo que determina la ley.

Art. 61—. El derecho de reivindicar los bienes confiscados prescribe en cincuenta años

Art. 62—. Sólo el Congreso impone contribuciones nacionales.

Art. 63—. Ningún servicio personal es exigible sino en virtud de ley o de sentencia fundada en ley.

TÍTULO VI
DE LA FORMA DE GOBIERNO

Art. 64—. El Gobierno de Honduras es Republicano, democrático y representativo. Se ejerce por tres poderes independientes: Legislativo, Ejecutivo y Judicial.

Art. 65—. Ninguno de los Poderes constituidos podrá ejecutar actos en que se altere la forma de Gobierno establecido o se menoscabe la integridad del territorio o la soberanía nacional.

TÍTULO VII
DEL PODER LEGISLATIVO

Art. 66—. El Poder Legislativo se ejerce por un Congreso de Diputados, que se reunirá de derecho en la capital, cada dos años, del primero al quince de enero, sin necesidad de convocatoria. Sus sesiones durarán hasta noventa días, pudiendo cerrarlas antes o prorrogarlas de acuerdo con el Ejecutivo. También las tendrá extraordinarias cuando sea convocado por éste, en cuyo caso sólo se ocupará de los asuntos que motiven su reunión.

Art. 67—. Un número de Diputados que no baje de cinco tiene facultad para tomar las medidas convenientes a fin de hacer concurrir a los demás hasta obtener su instalación.

El Congreso puede instalarse y deliberar con las dos terceras partes de los Diputados electos y para que haya resolución, basta, por regla general, la mayoría absoluta de votos.

Art. 68—. Los Diputados serán elegidos por cuatro años y pueden ser reelectos indefinidamente. A los dos años del primer período se renovarán por mitad, por sorteo que hará al Congreso al cerrar sus sesiones. La renovación sucesiva se hará por orden de antigüedad.

Art. 69—. Para ser Diputado se requiere ser ciudadano en ejercicio de sus derechos, haber cumplido veinticinco años de edad y ser natural o vecino del departamento que verifique la elección.

Art. 70—. No pueden ser Diputados:
1. Los Secretarios y Subsecretarios de Estado.
2. Los militares en servicio; y
3. Los Gobernadores Políticos y Administradores de Rentas, por el departamento o distrito electoral en que ejerzan sus funciones.

Art. 71—. El Diputado es inviolable. En ningún tiempo será responsable por las ideas que, de palabra o por escrito, exponga en el desempeño de su mandato.

Art. 72—. La elección de Diputados al Congreso se hará sobre la base de un Diputado propietario y un suplente por cada diez mil habitantes. Si hubiere fracciones, su representación será determinada por la ley.

TÍTULO VIII
DE LAS ATRIBUCIONES DEL PODER LEGISLATIVO

Art. 73—. Corresponde al Congreso las atribuciones siguientes:
1. Abrir y cerrar sus sesiones, calificar la elección de sus miembros con vista de las credenciales, y recibirles la promesa de ley;
2. Llamar a los respectivos suplentes, en caso de falta absoluta o de legítimo impedimento de los propietarios, mandar reponer las vacantes que ocurran;
3. Admitir la renuncia de sus miembros por causas legales debidamente comprobadas;
4. Formar su reglamento interior;
5. Decretar, interpretar, reformar y derogar las leyes;
6. Crear y suprimir empleos, establecer pensiones y decretar honores;
7. Conceder amnistías cuando la conveniencia pública lo exija;

8. Indultar y conmutar las penas, por motivo de justicia o equidad;

9. Elegir los Magistrados de la Corte Suprema de Justicia y admitirles o no sus renuncias;

10. Disponer todo lo conveniente a la seguridad y defensa de la República;

11. Hacer el escrutinio de votos para Presidente de la República, y declarar electo al ciudadano que hubiere obtenido mayoría absoluta;

12. En caso de no haber mayoría absoluta, hacer la elección de Presidente entre los tres ciudadanos que hubieren obtenido mayor número de sufragios populares;

13. Recibir la promesa constitucional a los funcionarios que elija o decla. re electos, y admitirles o no sus renuncias;

14. Declarar con lugar a formación de causa al Presidente, a los Diputados. Magistrados de la Corte Suprema de Justicia, Secretarios de Estado y Agentes Diplomáticos, durante sus funciones;

15. Cambiar las residencias de los Supremos Poderes por causas graves;

16. Decretar premios y conceder privilegios temporales a los autores e inventores y a los que hayan introducido o perfeccionado industrias de utilidad general;

17. Acordar subvenciones para objetos de utilidad pública;

18. Conceder o negar permiso a los hondureños para aceptar empleos de otra nación;

19. Aprobar o improbar la conducta del Ejecutivo;

20. Aprobar, modificar o improbar las contratas celebradas y las concesiones otorgadas por el Poder Ejecutivo para los fines indicados en el artículo 140 o cuando hayan de prolongar sus efectos al siguiente período presidencial.

21. Aprobar, modificar o improbar los tratados celebrados con las naciones;

22. Reglamentar el comercio marítimo y terrestre;

23. Aprobar o improbar las cuentas de los gastos públicos;

24. Fijar bienalmente el presupuesto de Gastos, tomando por base los ingresos probables;

25. Imponer o suprimir contribuciones;

26. Contraer deudas nacionales, reglar el pago de las existencias y decretar empréstitos;

27. Decretar la enajenación de los bienes nacionales o su usos públicos; aplicación a usos públicos;

28. Habilitar puertos, crear y suprimir aduanas;

29. Decretar el peso, ley y tipo de la moneda nacional;

30. Decretar la guerra y hacer la paz;

31. Fijar en cada reunión ordinaria el número de fuerzas del Ejército permanente.

32. Permitir o negar el tránsito de tropas de otro país por el territorio;

33. Declarar en estado de sitio la República, o parte de ella, conforme a la ley;

34. Conferir los grados de General de Brigada y de División, a iniciativa del Ejecutivo;

35. Conceder cartas de naturalización a los extranjeros;

36. Nombrar los miembros del Tribunal de Cuentas; y

37. Llamar a los Secretarios de Estado para pedirles los informes que estime convenientes, sobre asuntos de la competencia del Congreso, y con indicación del objeto del llamamiento,

Art. 74—. El Poder Legislativo no podrá suplir o declarar el estado civil de las personas, ni conceder títulos académicos y literarios.

Art. 75.—El Congreso podrá delegar en el Ejecutivo la facultad de legislar, determinándole las leyes que perentoriamente exija la necesidad o la conveniencia pública.

TÍTULO IX
DE LA FORMACION, SANCION Y PROMULGACION DE LA LEY

Art. 76—. Tienen exclusivamente la iniciativa de la ley, los Diputados, el Presidente de la República, por medio de los Secretarios de Estado, y la Corte Suprema de Justicia en asuntos de su competencia.

Art. 77—. Ningún proyecto de ley será definitivamente votado, sino después de tres deliberaciones efectuadas en distintos días, salvo el caso de urgencia calificada por los dos tercios de votos. Toda proposición que tenga por objeto declarar la urgencia de una ley, debe ir precedida de una exposición de los motivos en que aquélla se funde.

Art. 78—. Todo proyecto de ley, una vez aprobado por el Congreso, se pasará al Ejecutivo, a más tardar dentro de tres días, de haber sido votado. a fin de que se le dé su sanción y lo haga promulgar como ley.

Art. 79—. La promulgación de la ley se hará con esta fórmula: "Por tanto, ejecútese".

Art—. 80. Si el Poder Ejecutivo encontrare inconveniente para sancionar el proyecto de ley, lo devolverá al Congreso dentro de diez días, con esta fórmula: "Vuelva al Congreso", exponiendo las razones en que funde su desacuerdo. Si en el término expresado no lo objetare, se tendrá por sancionado y lo promulgará como ley. Cuando el Ejecutivo, devolviere el proyecto, el Congreso lo sujetará a una nueva deliberación; y si fuera ratificado con dos tercios de votos, lo pasará de nuevo al Ejecutivo, con esta fórmula: "Ratificado constitucionalmente", y aquél lo publicará sin tardanza.

Art. 81—. Cuando el Congreso vote un proyecto de ley al terminar sus sesiones, y el Ejecutivo crea inconveniente sancionarle, está obligado a dar aviso inmediatamente al Congreso, para que permanezca reunido hasta diez días, contados desde la fecha en que aquél recibió el proyecto; y no haciéndolo, se tendrá la ley por sancionada.

Art. 82—. No es necesaria la sanción del Ejecutivo en los actos o resoluciones siguientes:
1. En las elecciones que el Congreso haga o declare, y en las renuncias que admita o deseche;
2. En las declaratorias de haber lugar a formación de causa;

3. En la ley de Presupuesto;
4. En los decretos que se refieren a la conducta del Ejecutivo;
5. En los reglamentos que expida para su régimen interior;
6. En los acuerdos para trasladar su residencia a otro lugar temporalmente y para suspender sus sesiones; y
7. En los Tratados, contratas y concesiones que impruebe el Congreso.

Art. 83—. Siempre que un proyecto de ley que no proceda de iniciativa de la Corte Suprema, tenga por objeto reformar o derogar las disposiciones contenidas en los Códigos de la República u otra cualquiera relativa a la Administración de Justicia, no podrá discutirse sin oír la opinión de aquel Tribunal.

La Corte emitirá su informe en el término que el Congreso le señale.

TÍTULO X
DEL PODER EJECUTIVO

Art. 84—. El Poder Ejecutivo se ejerce por un ciudadano que se denomina Presidente de la República.

Art. 85—. El Presidente de la República debe ser hondureño natural, ciudadano en ejercicio de sus derechos y mayor de treinta años.

Art. 86—. El Presidente de la República será electo popular y directamente y su elección será declarada o hecha por el Congreso, como queda prescrito.

Art. 87—. El período Presidencial será de cuatro años y comenzarle primero de febrero. El ciudadano que hubiere ejercido la Presidencia e piedad, no podrá ser reelecto para el siguiente período.

Art. 88—. En caso de impedimento temporal del Presidente de la República, éste depositará el Poder en el Consejo de Secretarios de Estado o en cualquiera de ellos, a su elección.

Si la falta es absoluta, el Poder Ejecutivo quedará a cargo del Consejo de Secretarios de Estado, quien inmediatamente convocará a elecciones de Presidente las que se practicarán a más tardar un mes después de ocurrida la vacante. También convocará al Congreso a sesiones extraordinarias para que se reúna un mes después de practicadas las elecciones, y el Presidente electo tomará posesión de su cargo dentro de un mes de declarada o verificada su elección; en este caso el período Presidencial comenzará desde la fecha que tome posesión.

Art. 89—. El Presidente de la República tiene para el despacho de los negocios, de tres a seis Secretarios, a quienes designará sus respectivos Departamentos.

Art. 90—. Para ser Secretario de Estado se requiere ser mayor de veinte y cinco años, hondureño natural y ciudadano en ejercicio de sus derechos.

Art. 91—. El Secretario de Estado refrenda los actos del Presidente de la República, sin cuyo requisito carecen de validez; no ejerce autoridad por s solo, y es responsable solidariamente de los actos que legalice y de los que acuerde con sus colegas, salvo el caso que proteste.

Art. 92—. Los Secretarios de Estado presentarán al Congreso, en los primeros quince días de sus sesiones ordinarias, informes detallados y comprobados sobre los actos del Ejecutivo, en cada uno de los respectivos ramos de la Administración Pública. Estos informes servirán de base al Congres para que juzgue la conducta del Ejecutivo en todo aquello que por la Constitución le corresponda aprobar o improbar.

Art. 93—. Los Secretarios de Estado tienen el deber de dar los informes que les pida el Congreso en el caso del número 37, del artículo 73, exceptuando los de los Ramos de Guerra y de Relaciones Exteriores, cuando el Presidente de la República juzgue necesaria la reserva, pueden también concurrir a las sesiones del Congreso y tomar parte en las deliberaciones, sin voto.

Art. 94. —Ningún Secretario de Estado puede ser candidato a la Presidencia de la República, mientras esté en ejercicio de sus funciones.

Art. 95. —Los Subsecretarios de Estado deben tener las mismas condiciones que los Secretarios.

Cuando por falta de Ministros sea autorizado el Subsecretario del Despacho para refrendar las disposiciones del Poder Ejecutivo, será responsable de los actos que refrende de la misma manera que los Ministros.

TÍTULO XI
DE LAS ATRIBUCIONES DEL PODER EJECUTIVO

Art. 96—. El Presidente de la República tiene la Administración General del país. Son sus atribuciones;

1. Ejecutar y hacer cumplir las leyes, expidiendo al efecto los decretos y ordenes conducentes sin alterar el espíritu de aquéllas;

2. Admitir en receso del Congreso, las renuncias de los Magistrados de la Corte Suprema de Justicia, y en este caso nombrar interinamente los Magistrados que deben sustituirlos. Igual nombramiento hará en los casos de muerte o impedimento absoluto de los individuos de la Corte Suprema de Justicia;

3. Nombrar los empleados del Departamento Ejecutivo, conforme a la ley;

4. Velar porque todos los empleados de la República cumplan los deberes que la ley les impone, respetando la independencia de sus funciones;

5. Remover a los empleados de su libre nombramiento;

6. Conceder amnistías, indultos y conmutar las penas, como el Congreso en receso de éste;

7. Conceder a sus empleados licencias, jubilaciones, retiros y goces de montepíos, conforme a las leyes;

8. Convocar al Congreso a sesiones extraordinarias, cuando un grave interés general lo requiera;

9. Dar cuenta en un Mensaje al Congreso, al abrir sus sesiones ordinarias del estado general de la Administración Pública y del uso que haya hecho de las facultades que le hubiesen delegado;

10. Dar a los funcionarios del Poder Judicial los auxilios y fuerzas que necesiten para hacer efectivas sus providencias;

11. Conceder carta de naturalización en receso del Congreso;

12. Conceder o negar permiso a los hondureños, en receso del Congreso, para admitir empleos de otra nación;

13. Sancionar las leyes, usar del veto en los casos que corresponde, promulgar sin demora aquellas disposiciones legislativas que no necesiten sanción del Ejecutivo.

14. Mandar reponer las vacantes de los Diputados, en receso del Congreso, de conformidad con la ley; y a más tardar un mes después de haber ocurrido.

15. Nombrar en receso del Congreso, los miembros del Tribunal de Cuentas;

16. Vigilar sobre la exactitud legal de la moneda y cuidar de la uniformidad de pesas y medidas;

17. Ejercer la suprema dirección de la policía de seguridad;

18. Conferir grados militares desde Sub Teniente hasta Coronel, y los de General de Brigada y de División en el campo de batalla, a los militares que tengan una conducta distinguida;

19. Disponer de las fuerzas militares organizadas y distribuirlas de formidad con la ley, según las necesidades de la República;

20. Declarar la guerra y hacer la paz, permitir o negar el tránsito de tropas de otro país por el territorio de la República, cuando las circunstancias no permiten la reunión del Congreso para que lo resuelva;

21. Declarar en estado de sitio la República o parte de ella del Congreso, de conformidad con la ley, debiendo dar cuenta al Congreso en primera reunión, del uso que hubiere hecho de esta facultad;

22. Defender la independencia, el honor de la Nación y la integridad de su territorio;

23. Conservar la paz y seguridad interior de la República y repele todo ataque o agresión exterior;

24. Conceder patentes de corso y cartas de represalia.

25. Celebrar tratados y cualesquiera otras negociaciones diplomáticas sometiéndolos a la ratificación del Congreso en las próximas sesiones;

26. Dirigir las relaciones exteriores, nombrar los Agentes Diplomáticos Consulares de la República, recibir los Ministros y admitir a los Cónsules de las naciones extranjeras;

27. Hacer que se recauden las rentas del Estado y reglamentar su inversión, con arreglo a la ley;

28. Decretar en los casos de invasión o rebelión, si los recursos del Estado fueren insuficientes, un empréstito general y proporcional, voluntario y forzoso, de cuya inversión dará cuenta al Congreso en sus próximas sesiones;

29. Publicar mensualmente el estado de ingresos y egresos de las renta públicas; y Dar reglamentos para nacionalizar y matricular buques.

Art. 97—. El Presidente es Comandante General y General en Jefe de las fuerzas de mar y tierra de la República.

Art. 98—. Siempre que un Presidente de la República juzgue conveniente ponerse al frente del Ejército, encargará del Poder Ejecutivo a los Secretarios de Estado, quien debe sustituirlo constitucionalmente; y quedará investido sólo del carácter del General en Jefe y con las atribuciones de Comandante General.

TÍTULO XII
DEL PODER JUDICIAL

Art. 99—. El Poder Judicial de la República se ejercerá por una Corte Suprema de Justicia, que residirá en la capital, y por los Tribunales y Jueces inferiores que la ley establezca.

Art. 100—. La Corte Suprema de Justicia se compondrá de cinco Magistrados electos por el Congreso, debiendo ser ciudadanos en ejercicio de sus derechos, Abogados de la República y mayores de treinta años. Se elegirán igualmente por el Congreso tres

Magistrados suplentes que sustituirán a los propietarios, que deberán reunir las mismas condiciones que éstos.

Art. 101—. La Corte Suprema de Justicia nombrará los Magistrados de las Cortes de Apelaciones, los Jueces inferiores departamentales y seccionales, y los oficiales del Ministerio público de conformidad con la ley. Los Jueces de paz serán electos popularmente en el término municipal respectivo.

Art. 102—. No podrán ser Magistrados ni Jueces en un mismo Tribunal las personas ligadas por parentesco dentro del cuarto grado de consanguinidad y segundo de afinidad. Si fueren nombrados dos o más parientes en dicho grado, se preferirá al que hubiere sido nombrado primero, y en caso de igualdad al abogado más antiguo.

Art. 103—. El período de los Magistrados, Jueces departamentales o seccionales y oficiales del Ministerio público, será de seis años prorrogables de derecho hasta el nombramiento de sus sucesores, y tomarán posesión el primero de Febrero.

Art. 104—. La Corte Suprema admitirá o no las renuncias de los funcionarios de su nombramiento y concederá licencia tanto a éstos como a sus propios miembros. Los Jueces departamentales o seccionales admitirán o no las renuncias y concederán licencia a los Jueces de Paz,

Art. 105—. La ley reglamentará la organización y atribuciones de los Tribunales de Justicia.

Art. 106—. La facultad de juzgar y ejecutar lo juzgado pertenece a las Cortes y demás Tribunales de Justicia. A ellos corresponde la aplicación de las leyes en los casos concretos que legalmente se sometan a su conocimiento y negarles cumplimiento cuando sean contrarios a la Constitución.

Art. 107—. La Corte Suprema de Justicia, además de las atribuciones que la ley le confiere, ejercerá las siguientes:

1. Hacer su Reglamento Interior;
2. Conocer de los delitos oficiales y comunes de los Altos Funcionarios, cuando el Congreso los haya declarado con lugar a formación de causa.
3. Autorizar a los Abogados y Notarios recibidos dentro y fuera de la República el ejercicio de su profesión, salvo lo estipulado en los Tratados, y suspenderles con arreglo a la ley;
4. Declarar que ha lugar a formación de causa contra los miembros del Tribunal de Cuentas, Fiscal General de la República y contra los principales la ley determine, por y demás que deban los delitos que cometan en el ejercicio de sus funciones;
5. Conocer de las causas de presas de extradición empleados nacionales, departamentales juzgarse con arreglo al Derecho Internacional; y
6. Suspender disciplinariamente y destituir a los funcionarios de su nombramiento por mala conducta o por faltas graves en el ejercicio de sus funciones, mediante información sumaria y audiencia del funcionario a quien se le trate de suspender o destituir.

Art. 108—. La administración de Justicia es gratuita en la República.

Art. 109—. Los miembros de los Tribunales de Justicia durante su período no podrán ejercer ningún otro empleo que lleve anexa jurisdicción.

Art. 110—. Un mismo Juez no puede serlo en diversas instancias de una misma causa.

Art. 111—. Los Tribunales de Justicia podrán requerir el auxilio de la fuerza armada para el cumplimiento de sus resoluciones.

Art. 112—. Ningún poder o autoridad puede avocarse causas pendientes, ni abrir juicios fenecidos.

TÍTULO XIII
DEL EJÉRCITO

Art. 113—. La fuerza pública está instituida para asegurar los derechos de la Nación, el cumplimiento de la ley y el mantenimiento del orden público.

Art. 114—. El servicio militar es obligatorio. Todo hondureño de veinticinco a treinta años es soldado del ejército activo, y de treinta a cuarenta años, de la reserva. La ley hará la organización de las milicias. Los militares que tengan grado en el ejército, tienen derecho, después de cumplir cuarenta años, a renunciar sus despachos y quedar separados del servicio.

Art. 115—. Se establece el fuero de guerra para los delitos militares.

Art. 116—. La fuerza pública es esencialmente obediente. Ningún armado puede deliberar.

TÍTULO XIV
DEL PRESUPUESTO

Art. 117—. El presupuesto será votado por el Congreso, en vista del proyecto que presente el Ejecutivo.

Art. 118—. El Proyecto del Presupuesto será presentado por el respectivo Secretario de Estado, dentro de los quince días subsiguientes a la instalación del Congreso.

Art. 119—. Todo gasto que se haga fuera del Presupuesto es ilegal, y serán responsables solidariamente por la cantidad gastada, el Presidente, Secretario de Estado respectivo, los miembros del Tribunal de Cuentas y los empleados que en él intervinieren, si faltaren a sus deberes.

Art. 120—. El Presupuesto de gastos ordinario de la Administración Pública no podrá exceder de los ingresos probables.

TÍTULO XV
DEL TESORO PÚBLICO

Art. 121—. Forman el Tesoro Público de la Nación:
1. Todos sus bienes muebles y raíces;
2. Todos sus créditos activos;
3. El Producto de los derechos, impuestos y contribuciones nacionales.

Art. 122—. El Poder Ejecutivo no podrá celebrar contratas ni otorgar concesiones de importancia que comprometan el Tesoro Nacional, sin previa publicación de la propuesta en el periódico oficial, y licitación pública. Exceptúanse los que tengan por objeto proveer a las necesidades de la guerra, y que por su naturaleza no puedan celebrarse si no es con una persona determinada.

Art. 123—. Para fiscalizar la administración del Tesoro Nacional, habrá un Tribunal Superior de Cuentas, cuyas atribuciones principales serán: examinar, aprobar o improbar las cuentas de los que administren fondos públicos, y dar curso o devolver al Ejecutivo las ordenes sobre erogaciones, conforme a la ley.

Art. 124—. Los miembros de este Tribunal deberán ser mayores de veinticinco años y no ser acreedores ni deudores de la Hacienda Pública, ni tener cuentas pendientes con ella. Su número, organización y atribuciones, serán determinadas por la ley.

Art. 125—. Habrá un Fiscal General, de nombramiento del Ejecutivo, que represente los intereses de la Hacienda Pública. Sus atribuciones se determinarán por la ley.

TÍTULO XVI
DEL GOBIERNO DEPARTAMENTAL

Art. 126—. Para la Administración Pública se divide el territorio de la Nación en departamentos, cuyo número y límites fijará la ley. En cada uno de ellos habrá los funcionarios que la misma ley determine.

Art. 127—. En el Gobierno Departamental, un mismo individuo no podrá ejercer a la vez funciones políticas, militares y de la hacienda, si no es interinamente y por un término que no exceda de tres meses.

Art. 128—. El régimen político, judicial, militar y económico del territorio de La Mosquitia, podrá ser distinto del adoptado para los demás pueblos de la República.

Art 129—. El municipio es autónomo y será representado por Municipalidades electas el pueblo. por
La ley reglamentará la organización y atribuciones de las Municipalidades. El número de los municipales será proporcional a la población. Las atribuciones de las Municipalidades serán puramente económicas y administrativas.

Art. 130—. Las Municipalidades decretarán, conforme a la ley, las contribuciones locales, y administrarán los fondos y bienes de la comunidad en provecho de la misma, rindiendo cuentas de su administración ante el Tribunal que establezca la ley. Deberán publicar anualmente un informe detallado de los ingresos y egresos de sus fondos.

Art. 131—. Las Municipalidades nombrarán libremente los empleados de su dependencia, y los agentes de Policía que costeen con sus propios fondos.

Art. 132—. En el ejercicio de sus funciones privativas, serán independientes de los otros Poderes, sin contrariar en ningún caso las leyes generales del país; serán responsables de los abusos que cometen, colectiva o individualmente, ante las autoridades que designe la ley.

Art. 133—. Las Municipalidades tienen la facultad de conmutar, conforme a la ley, penas por faltas.

Las Municipalidades también tienen derecho de emitir acuerdos sobre Policía, Higiene e Instrucción Pública, sin contrariar la Constitución y las leyes generales.

Art. 134—. Ningún miembro de las Municipalidades podrá ser obligado a aceptar otro nombramiento, ni ser llamado al servicio militar.

TÍTULO XVII
DISPOSICIONES COMPLEMENTARIAS

Art, 135—.La enumeración de derechos y garantías que hace esta Constitución, no excluye otros derechos y garantías no enumerados pero que nacen del principio de la soberanía del pueblo y de la formación republicana de gobierno.

Art. 136—. Las leyes reglan el uso de estas garantías, pero no podrá darse ley que, con ocasión de reglamentar u organizar su ejercicio las disminuya, restrinja o altere.

Art. 137—. Toda persona o reunión de personas que asuma el título de representación del pueblo, se arrogue sus derechos o represente en su nombre, comete sedición.

Art. 138—. Toda autoridad usurpada es ilegal y la usurpación constituye un crimen. Sus actos son nulos. Toda decisión acordada por intimación directa o indirecta de un cuerpo armado o de una reunión del pueblo, es nula de derecho y no tendrá efectos legales.

Art 139—. El Presidente de la República, los Diputados, los Magistrados de la Corte Suprema de Justicia, los Secretarios de

Estado y los Ministros Diplomáticos, responderán ante el Congreso por los delitos que cometan en el ejercicio de sus funciones. El Congreso, previos los trámites que determine su Reglamento, declarará si ha lugar a formación de causa contra ellos, para el efecto de ponerlos a disposición del Tribunal competente. Igual declaratoria para proceder contra el Presidente de la República, los Secretarios de Estado y los Magistrados de la Corte Suprema por delitos comunes.

Art. 140—. El Estado proveerá todo lo conveniente al bienestar y adelanto del país, fomentando la Instrucción Pública en sus diversos ramos, el progreso de la agricultura, de la industria y del comercio, de la inmigración, de la colonización de tierras desiertas y de la construcción de caminos y ferrocarriles, del planteamiento de nuevas industrias y del establecimiento de instituciones de crédito, de la importación de capitales extranjeros y de la explotación y canalización de los ríos y lagos, por medio de leyes protectoras de estos fines y de concesiones temporales, de privilegios y de recompensas de estímulo.

Art. 141—. La navegación de los ríos es libre para todas las banderas.

Art. 142—. Ni los hondureños ni los extranjeros podrán, en ningún caso, reclamar al Estado indemnización alguna por daños o perjuicios que a sus personas o bienes causaren las facciones.

Art. 143.—En casos de invasión, perturbación interior de la paz pública o cualesquiera otros que pongan a la sociedad en peligro o conflicto podrá decretarse el Estado de Sitio de toda la República o parte de ella. El Estado de Sitio durará todo el tiempo que exijan las circunstancias que lo motivan, pero no podrán pasar de sesenta días sin nueva declaratoria, ni alterar las garantías consignadas en los artículos 26, 36, 35, 43, y 44.

En caso de epidemia, podrán dictarse disposiciones sanitarias que contraríen o restrinjan las garantías contenidas en los artículos 41, 42, en lo relativo a la detención de correspondencia, 50, 56 y 63.

Art. 144—. La presente Constitución puede reformarse. La necesidad de reforma será declarada por el Congreso ordinario; pero sólo se efectuará la reforma por una Asamblea Nacional Constituyente, convocada al efecto. Es ineficaz la proposición de reforma que no esté apoyada por dos terceras partes del Congreso. Se exceptúan de estos requisitos el caso previsto en el artículo 19.

Art. 145—. Todo empleado o funcionario de la República, al tomar posesión de su destino, hará la promesa siguiente; "Prometo ser fiel a la República, cumplir y hacer cumplir la Constitución y las leyes".

DISPOSICION TRANSITORIA

Art. 146—. Por esta vez y para el primer período constitucional, la presente Asamblea hará la elección de Presidente de la República y de los Magistrados de la Corte Suprema de Justicia; debiendo recibirles la promesa de ley. Art. final. La presente Constitución comenzará a regir cuando se decreten las leyes secundarias en armonía con ella, quedando derogada desde esta fecha la del 14 de octubre de 1894. Dada en Tegucigalpa en el Salón de Sesiones de la Asamblea Nacional Constituyente, a los dos días de septiembre de mil novecientos cuatro.

F. DÁVILA, Presidente
Diputado por el Departamento de Santa Bárbara.

JOSÉ MANUEL ZELAYA,
Vicepresidente.
Diputado por el Departamento de Olancho.

RAFAEL ALVARADO,
Diputado por el Departamento de Tegucigalpa.

FRANCISCO ESCOBAR,
Diputado por el Departamento de Tegucigalpa.

MANUEL VILLAR,
Diputado por el Departamento de Tegucigalpa.

JERÓNIMO J. REINA,
Diputado por el Departamento de Tegucigalpa.

SANTOS SOTO,
Diputado por el Departamento de Tegucigalpa.

BASILIO CHACÓN,
Diputado por el Departamento de Copán.

R. DÍAZ,
Diputado por el Departamento de Copán.

T. MIRALDA.
Diputado por el Departamento

JUAN ORDÓÑEZ,
Diputado por el Departamento de Olancho.

JOSÉ M. SANTOS,
Diputado por el Departamento de Gracias.

FAUSTO MOLINA,
Diputado por el Departamento de Choluteca.

ALFONSO GUILLÉN,
Diputado por el Departamento de Choluteca.

VICENTE IDIAQUEZ,
Diputado por el Departamento de El Paraíso.

EMILIO MAZIER,
Diputado por el Departamento de El Paraíso.

JOSÉ INDALECTO LÓPEZ,
Diputado por el Departamento de El Paraíso.

SERVANDO MUÑOZ.
Diputado por el Departamento de Santa Bárbara

AUGUSTO C. COELLO.
Diputado por el Departamento de La Paz.

PEDRO A. MEDAL..
Diputado por el Departamento de Comayagua.

J. DANIEL BOQUIN,
Diputado por el Departamento de Comayagua.

R. ALVARADO GUERRERO.
Diputado por el Departamento de Intibucá.

ANTONIO LÓPEZ,
Diputado por el Departamento de Intibucá.

JUAN RAMÓN E.
Diputado por el Departamento de Valle.

AEJANDRO SOSA,
Diputado por el Departamento de Valle,

ÁNGEL V. MATUTE,
Diputado por el Departamento de Yoro.

PILAR MARTINEZ,
Diputado por el Departamento de Yoro.

F. GERARDO DILLET,
Diputado por el Departamento de Colón.

BENJAMÍN S. ESCOBAR,
Diputado por el Departamento de Colón.

FRANCISCO LEIVA,
Diputado por el Departamento de Cortés.

F. GUERRERO,
Diputado por el Departamento de Atlántida.

F. A. MATUTE,
Diputado por el Departamento de Las Islas de la Bahía.

J. BUSTILLO RIVERA,
Secretario.
Diputado por el Departamento de La Paz.

AUDATO MUÑOZ,
Secretario.
Diputado por el Departamento de Gracias.

Palacio Legislativo.—Tegucigalpa, 15 de septiembre de 1904.
Por tanto: Ejecútese.

MANUEL BONILLA.

El Secretario de Estado en el Despacho de la Gobernación,
SALOMÓN ORDOÑEZ.

El Secretario de Estado en el Despacho de la Guerra, y encargado de los de Instrucción Pública y Justicia,
SOTERO BARAHONA.

El Secretario de Estado en el Despacho de Hacienda y Crédito Público encargado del de Fomento y Obras Públicas,
SATURNINO MEDAL.

El Secretario de Estado en los Despachos de Relaciones Exteriores,
MARIANO VÁSQUEZ.

DECRETO DE 8 DE FEBRERO DE 1908 DECLARANDO LA VIGENCIA DE LA CONSTITUCIÓN DE 1894

DECRETO NÚMERO 3

LA ASAMBLEA NACIONAL CONSTITUYENTE

CONSIDERANDO: que la Constitución Política decretada el 14 de Octubre de 1894, fue traidoramente suprimida el 8 de febrero de 1904, por el Golpe de Estado que dio el Gobierno presidido por el General Manuel Bonilla;

CONSIDERANDO: que ese crimen de lesa Nación está conexo con el haber disuelto en la misma fecha, el Congreso Legislativo por medio de la fuerza pública, arrancando de su asiento a los Diputados Doctores don Policarpo Bonilla, don Miguel O. Bustillo, don Miguel A. Navarro, don Salvador Zelaya, don Marcos Carías A., don Jesús M. Alvarado, don Manuel F. Barahona, don Ricardo Pineda y don Jacinto Rivas, conduciéndolos a la cárcel, donde algunos permanecieron hasta dos años; y con el de haber pretendido infamar a esos mismos Representantes, imputándoles el incendio de la Escuela de Artes y tentativa de asesinato contra la persona del mismo Presidente, creando el célebre proceso ad hoc, bien conocido en Centro América.

CONSIDERANDO: que el sentimiento nacional, herido por esos hechos, comenzó desde entonces a sublevarse, extendiéndose a toda la República, hasta originar la Revolución que se llama Restauradora, porque trajo por único programa la Constitución de 1894; y que llegó triunfante a esta capital el 25 de marzo próximo pasado.

CONSIDERANDO: que la Constitución de 1894, contiene los principios más avanzados del Derecho Público, y garantiza amplia y eficazmente las libertades y derechos del pueblo hondureño, a cuyas instituciones éste ha manifestado libremente y con entereza su adhesión, así en los tiempos de bonanza como en las circunstancias más difíciles; y que por todas estas razones la mayoría de esta Asamblea, después de largos y concienzudos debates ha juzgado innecesario discutir las reformas presentadas por las Honorables Comisiones designadas para revisar aquel Código, estimando preferible mantenerlo íntegro, cual lo proclamó la Revolución Restauradora, por tanto,

DECRETA:

Art. 1º—. Declárase vigente, desde esta fecha, la Constitución emitida el 14 de Octubre de 1894.

Art. 2º—. El próximo Congreso Legislativo determinará la fecha en que comenzará la intervención del Jurado en la justicia penal, continuando ésta, entretanto, bajo el régimen actual.

Dado en Tegucigalpa, a los ocho días del mes de febrero de mil novecientos ocho.

Miguel A. Navarro, Presidente—. Julián Baires, Vicepresidente—. Jerónimo Zelaya; J. M. Alvarado; P. H. Bonilla; Felipe Cálix; Rosendo Contreras V.; Domingo Zambrano; Marcial Gamero; T. Valeriano; Pedro H. Ordóñez; Ernesto Argueta; Ramón Valladares; A. Gómez Romero; Gerardo Maldonado; Martín Jiménez; Carlos Romero; Toribio Zelaya; M. Guillén; Federico G. Uclés; Teodoro Mena; V. Mejía Colindres; Manuel Buezo; Jesús Ulloa; F. Ariza; Anselmo Pineda; Pedro P. Amaya; Norberto Guillén; Luis Andrés Zúñiga; G. Bustillo; E. Martínez López; Pablo Rosales; Salvador Zelaya, Vicesecretario. Carlos María Varela, Secretario,

Palacio Nacional. Tegucigalpa, 8 de febrero de 1908.

Por tanto: Ejecútese.

MIGUEL R. DÁVLA.

El Secretario de Estado en el Despacho de Gobernación,
J. IGNACIO CASTRO.

El Secretario de Estado en el Despacho de la Guerra y encargado de los de Instrucción Pública y Justicia,
D. GUTIÉRREZ.

El Secretario de Estado en el Despacho de Hacienda y Crédito Público encargado de Relaciones Exteriores,
MIGUEL O. BUSTILLO.

El Secretario de Estado en el Despacho de Fomento y Obras Públicas,
M. B. ROSALES.

CONSTITUCIÓN POLÍTICA DE LA REPÚBLICA DE CENTRO AMÉRICA DECRETADA EL 9 DE SEPTIEMBRE DE 1921

Los Representantes del Pueblo de los Estados de Guatemala, El Salvador y Honduras, reunidos en Asamblea Nacional Constituyente, en cumplimiento del Pacto de Unión firmado en San José de Costa Rica, el día diecinueve de Enero de mil novecientos veintiuno, inspirándose en la letra y el espíritu de dicho Pacto y en el sentimiento General de los habitantes de esta parte del Continente Americano,

DECRETAN la siguiente Constitución Política de la República Federal de Centroamérica

TÍTULO I
DE LA NACIÓN

Art. 1°—. Los Estados de Guatemala, El Salvador y Honduras, en unión perpetua e indisoluble constituyen una Federación soberana e independiente que se denomina REPUBLICA DE CENTRO AMERICA.

Art. 2°—. La Nación reconoce que, por razones étnicas, geográficas e históricas, también deben integrarla los Estados de Nicaragua y Costa Rica. De consiguiente, la Federación seguirá considerándolos como parte integrante de la familia centroamericana.

Art. 3°—. La soberanía es inalienable e imprescriptible y reside en la Nación.

Art. 4°—. El territorio nacional comprende, por ahora, el de los tres Estados con sus islas adyacentes. Una ley determinará los límites de la Nación y del Distrito Federal.

Art. 5º—. Será Distrito Federal el territorio del actual departamento de Tegucigalpa, según los límites que le señalan las leyes del Estado de Honduras.

La ciudad de Tegucigalpa, cabecera del departamento, será la capital de la República.

TÍTULO II
DE LOS ESTADOS

Art. 6º—. En cuanto no se oponga a la Constitución Federal, cada Estado conservará su autonomía e independencia para el manejo y dirección de sus negocios interiores, y asimismo todas las facultades que la Constitución Federal no atribuya a la Federación.

Las Constituciones y demás leyes de los Estados continuarán en vigor cuanto no contraríen los preceptos de la Constitución Federal,

Art. 7º—. Mientras el Gobierno Federal, mediante gestiones diplomáticas, no hubiere obtenido la modificación, derogación o sustitución de los tratados vigentes entre Estados de la Federación y naciones extranjeras, cada Estado en toda la extensión que impliquen respetará y seguirá cumpliendo fielmente los tratados que lo ligan con cualquiera o cualesquiera naciones extranjeras, en toda la extensión que impliquen los compromisos existentes.

Art. 8º—. Ningún Estado podrá intervenir en los asuntos interiores de otro.

Art. 9º—. Los Estados no podrán estipular entre sí alianzas ni tratado alguno. Tampoco podrán comprar armamentos y pertrechos de guerra, por ser ésta facultad privativa de la Federación. Las relaciones oficiales de los Estados con los Gobiernos Extranjeros se mantendrán exclusivamente por medio de la Federación.

Art. 10º—. Los Estados continuarán haciendo el servicio de sus actuales deudas internas y externas. El Gobierno Federal tendrá la obligación de ver que ese servicio se cumpla fielmente, y que a ese fin se dediquen las rentas comprometidas.

Los Estados liquidarán sus deudas de acuerdo con el párrafo anterior llevarán al conocimiento del Congreso Federal el resultado de esa operación y el monto y proporción de las rentas destinadas al expresado servicio. Un funcionario Federal intervendrá en el cumplimiento de lo preceptuado en este artículo.

Art 11—. Ninguno de los Estados podrá contratar o emitir empréstitos exteriores sin autorización de una ley del Estado y ratificación de una Ley Federal; ni celebrar contratos que puedan de algún modo comprometer su soberanía o independencia, o la integridad de su territorio.

Art. 12—. El Estado o Estados a los cuales se tome territorio para constituir el Distrito Federal, lo ceden desde luego gratuitamente a la Federación. También le cederán, en las mismas condiciones, el territorio que sea necesario para las obras públicas que el Gobierno Federal construya y los edificios del Estado que aquél solicite.

Art. 13—. Los Estados quedan obligados a cumplir y hacer que se cum— plan la Constitución y las leyes de la República; los decretos y ordenes que el Ejecutivo Nacional expidiere en uso de sus facultades, y las decisiones de los Tribunales de la Federación.

Art. 14—. Es libre de todo impuesto o derecho el comercio de productos naturales o de fabricación nacional y el de los Estados entre sí y de los Esta— dos y el Distrito Federal, que verse sobre mercaderías extranjeras, excepto las especies estancadas.

Ningún impuesto o derecho, de cualquier naturaleza se establecerá por el tránsito de mercaderías, vehículos, ganados y buques de un Estado a otro o al Distrito Federal.

El consumo de los productos nacionales o de fabricación nacional, procedentes de otro Estado, no podrá ser gravado con impuestos municipales mayores o menores que los que pagan los productos similares de la localidad.

Art. 15—. Los Estados están obligados a entregarse los criminales que, conforme a la ley, reclamen las autoridades respectivas.

Art. 16—. En todo el territorio federal harán fe, sin gravamen alguno, los documentos públicos y auténticos procedentes de todos los Estados de Centroamérica o del Distrito Federal; y serán reconocidos, también sin ningún gravamen ni más trámite ni diligencia que su presentación y la prueba de identidad personal, los títulos profesionales, originaria y legalmente extendidos en cualquiera de los Estados o en el Distrito Federal.

No será obstáculo para tal reconocimiento las circunstancia de que una profesión esté exacta anexada a otra o no esté reglamentada.

Art. 17—. Las resoluciones judiciales procedentes de acciones personales o reales, tendrán en el territorio de cualquiera de los Estados igual fuerza que las de los Tribunales locales, y se ejecutarán del mismo modo que en éstos.

TÍTULO III
DE LA NACIONALIDAD Y DE LA CIUDADANÍA

CAPÍTULO I
DE LA NACIONALIDAD

Art. 18—. Los centroamericanos lo son por nacimiento o por naturalización. Lo son por nacimiento:

1. Los nacidos o que nazcan en territorio de la Federación, aunque sean de padre extranjero, exceptuándose únicamente los hijos de los Agentes Diplomáticos.

2. Los hijos de padre centroamericano y los hijos ilegítimos de madre centroamericana nacidos en país extranjero, desde el momento en que residan en la República; y aun sin esta condición, cuando conforme a las leyes del lugar del nacimiento les corresponda la nacionalidad centroamericana,

o tuvieren derecho a elegir y optaren por la nacionalidad centroamericana.

3. Los naturales de los Estados de Nicaragua y Costa Rica domiciliados en territorio de la Federación, salvo que manifiesten ante la autoridad competente el deseo de conservar su nacionalidad.

Lo son por naturalización:

1—°. Los españoles o iberoamericanos con residencia de un año en el territorio de la Federación.

2—. Los demás extranjeros que tuvieren dos años de residencia. En uno y otro caso manifestarán su deseo de naturalizarse ante la autoridad competente y deberán ser mayores de edad, de notoria buena conducta y tener renta, arte, profesión, industria u otro medio decoroso de vivir.

3°—. La mujer extranjera casada con centroamericano que manifieste ante la autoridad respectiva su deseo de adquirir la naturalización dentro del año subsiguiente al matrimonio.

4°—. Los extranjeros que, renunciando previamente su nacionalidad de origen, acepten cualquier empleo, salvo en el profesorado o que pertenezcan a una misión militar.

Art. 19—. Todo centroamericano tiene la obligación de defender la Patria, obedecer las leyes, respetar a las autoridades, contribuir al sostenimiento de la Nación y a su engrandecimiento moral y material.

Art. 20—. Si un centroamericano nacionalizado en otro país renovare su residencia en el territorio de la Federación, sin el propósito de regresar a aquel en que se hubiere naturalizado, se considerará que reasume su nacionalidad originaria, y que renuncia a la adquirida por naturalización.

Art. 21—. El propósito de no regresar se presumirá cuando la persona naturalizada resida en el país de su origen por más de dos años. Esta presunción no admitirá prueba en contrario.

CAPÍTULO II
DE LOS EXTRANJEROS

Art. 22—. El territorio de la Federación es un asilo sagrado para toda persona que se refugie en él. Queda prohibida la extradición por delitos políticos o conexos. Los casos en que pueda concederse la extradición por delitos comunes graves, se establecerán en la ley o en los tratados.

Art. 23—. Los extranjeros gozarán en el territorio de la Federación de todos los derechos civiles de los centroamericanos. Están obligados a respetar a las autoridades y a obedecer las leyes y quedan sujetos a los impuestos personales ordinarios, y a las cargas ordinarias y extraordinarias que obliguen a los centroamericanos, en cuanto a los bienes que poseen en la República.

Art. 24—. Los extranjeros no podrán hacer reclamaciones, ni exigir indemnización alguna de la República, sino en los casos y forma en que pudieran hacerlo los centroamericanos.

Art. 25—. Los extranjeros no podrán ocurrir a la vía diplomática, sino en el caso de denegación de justicia y después de agotados los recursos legales que tengan expeditos. No se entiende por denegación de justicia el que un fallo ejecutoriado sea desfavorable al reclamante. Los que contravengan al requisito de agotar previamente los recursos legales, perderán el derecho de habitar en el país.

Art. 26—. La ley podrá establecer la forma y casos en que pueda negarse al extranjero la entrada en el país, o decretarse su expulsión.

CAPÍTULO III
DE LOS CIUDADANOS

Art. 27—. Son ciudadanos los centroamericanos mayores de veintiún años. y los mayores de diez ocho y que sean casados o sepan leer y escribir. Pasados siete años a contar desde la promulgación de la presente Ley Constitutiva, será requisito esencial para ejercer el derecho de sufragio, en la elección de autoridades federales, la circunstancia de saber leer y escribir.

Cada Estado deberá fijar el plazo para que esta condición sea requisito indispensable en las elecciones de sus autoridades.

Art. 28—. Son derechos de los ciudadanos:
1°. El derecho electoral.
2°. El de opción a cargos públicos.

Art. 29—. Podrán ejercer el derecho de sufragio las mujeres casadas o viudas mayores de veintiún años que sepan leer y escribir; las solteras mayores de veinticinco que acrediten haber recibido la instrucción primaria, y las que posean capital o renta en la cuantía que la Ley Electoral indique.

Podrán también optar a cargos públicos que no sean de elección popular, o no tengan anexa jurisdicción.

Art. 30—. La calidad de ciudadano se limita, se suspende, se pierde y se restablece con arreglo a las siguientes prescripciones:

Se limita: por estar prestando servicio activo en el ejército, en la arma da o en la policía, En tales circunstancias no se podrá ser elector, pero si elegible en los casos no prohibidos por la ley.

Se suspende:
1°. Por auto de prisión formal o declaratoria de haber lugar a formación de causa.
2°. Por sentencia firme que prive de los derechos políticos.
3°. Por interdicción judicial, por estar declarado deudor fraudulento a por tener conducta notoriamente viciosa.

Se pierde:
1°. Por aceptar sin el permiso debido, condecoraciones de países extranjeros, salvo que esas distinciones tengan por objeto premiar obras filantrópicas, científicas, literarias o artísticas.

2º. Por desempeñar, sin la licencia debida, empleo de nación extranjera, del ramo militar o de carácter político.

Se restablece el ejercicio de la ciudadanía:

1º. Por cesación del servicio en la fuerza pública.

2º. Por sobreseimiento.

3º. Por sentencia absolutoria del cargo de la instancia.

4º. Por amnistía.

5º. Por rehabilitación de conformidad con la ley..

6º. Por renunciar ante la autoridad competente la nacionalidad extranjera adquirida. En este caso la Ley de Extranjería establecerá las condiciones necesarias para que el nacional que hubiere reasumido la nacionalidad de origen, pue da recobrar los derechos de ciudadano centroamericano.

Art. 31—. El voto activo es personal, secreto, indelegable y obligatorio, salvo el de la mujer, que es voluntario,

TÍTULO IV
DE LOS DERECHOS Y GARANTÍAS

Art. 32—. La Constitución garantiza a los habitantes de la República la vida, la honra, la seguridad individual, la libertad, la propiedad, la igualdad ante la ley y el derecho de defensa.

Queda, en consecuencia, abolida la pena de muerte.

Art. 33—. La Federación garantiza a todo habitante la libertad de pensamiento y de conciencia. No podrá legislar sobre materia religiosa. en todos los Estados será principio obligatorio el de la tolerancia de cultos no contrarios a la moral, a las buenas costumbres o al orden público.

Art. 34—. Es libre la emisión del pensamiento por la palabra o por escrito. Ninguna ley ni autoridad puede establecer la previa censura ni exigir fianza a los autores o impresores, ni coartar la libertad de imprenta. Esta no tiene más límites que el respeto al derecho ajeno, a la moral y al orden público, para el efecto de imponer la pena por el delito que se cometa. En ningún caso podrá secuestrarse la imprenta como instrumento de delito.

La ley complementaria respectiva reglamentará el ejercicio de este derecho.

Art. 35—. La Federación garantiza la libertad de enseñanza. La primaria será obligatoria; y la que se dé en las escuelas públicas, gratuita, dirigida y costeada por los Estados y Municipios. Cada Estado reglamentará la sostenida por él. La Federación, los Municipios y particulares podrán fundar y sostener colegios de segunda enseñanza y escuelas normales; pero todos estarán sujetos al plan de enseñanza y demás condiciones que establezca la ley. La enseñanza impartida por el Gobierno Federal será laica.

Art. 36—. La Federación igualmente garantiza en todos los Estados el respeto a los derechos individuales, así como la libertad del sufragio y la alternabilidad en el Poder.

Art. 37—. Ningún acto religioso servirá para establecer el estado civil de las personas.

Art. 38—. Se garantiza la libertad de reunión pacífica, sin armas, y la de asociación para cualquier objeto lícito, ya sea éste religioso, moral, científico o de cualquier naturaleza. Se prohíbe el establecimiento de congregaciones conventuales y de toda especie de instituciones o asociaciones monásticas. También se prohíben los convenios en que el hombre pacte o acepte su proscripción o destierro, o el irrevocable sacrificio de su libertad o dignidad.

Art. 39—. A ninguna persona podrá impedirse que se dedique a la profesión, industria, comercio, o trabajo que le acomode, siendo lícito. El ejercicio de esta libertad sólo podrá limitarse, suspenderse o vedarse por resolución judicial cuando se ataquen los derechos de tercero, o por providencia gubernativa, dictada de conformidad con la ley, cuando así lo exijan la salubridad pública o los intereses sociales.

La ley reglamentará el ejercicio de las profesiones.

Art. 40—. Toda industria es libre; pero la ley podrá estancar en provecho de la Nación o de los Estados, los ramos indicados en el Art. 145.

Art. 41—. No habrá monopolios de ninguna clase. Exceptúense los privilegios y concesiones que se otorguen por tiempo limitado para fomentar la introducción o perfeccionamiento de industrias, la colonización o inmigración, el establecimiento de instituciones de crédito y la apertura de vías de comunicación.

Art. 42—. Toda persona es libre para disponer de sus cualquier título legal. Quedan prohibidas las vinculaciones, exceptuando solamente las que se destinen a establecimientos de beneficencia y a la instrucción gratuita. propiedades por

Art. 43—. Toda persona tiene derecho para entrar en la República, salir de ella, viajar por su territorio y mudar de residencia. El ejercicio de este derecho estará subordinado a las facultades de la autoridad judicial en los casos de responsabilidad criminal o civil, y a las ordenes que dicten las autoridades administrativas de conformidad con las limitaciones que impongan las leyes sobre inmigración y salubridad, o respecto de extranjeros perniciosos.

Art. 44—. Toda persona tiene derecho de portar armas, sujetándose a las leyes de policía.

Art. 45—. Toda persona tiene derecho de dirigir sus peticiones a las autoridades legalmente establecidas y de exigir que se le comunique la resolución que se dicte.

Art. 46—. Todo servicio debe ser remunerado, excepto aquellos que han de prestarse gratuitamente en virtud de la ley o de sentencia fundada en ella.

Art. 47—. Nadie puede ser juzgado sino conforme a las leyes preexistentes y por el tribunal competente. Un mismo juez no puede serlo en diversas instancias.

Art. 48—. Las leyes no pueden tener efecto retroactivo, salvo en materia penal, cuando la nueva ley favorezca al delincuente.

Art. 49—. No podrá establecerse la prisión por deudas.

Art. 50—. Nadie puede ser obligado a declarar en causa criminal contra sí mismo, su cónyuge, ascendientes, descendientes, ni parientes dentro del cuarto grado de consanguinidad o segundo de afinidad.

Art. 51—. Nadie puede ser perturbado en sus derechos ni molestado en su persona, familia, y domicilio, sino en virtud de mandato escrito de autoridad competente que motive la causa legal del procedimiento. Sólo la autoridad podrá librar orden de detención de conformidad con la ley. Esa orden se extenderá y firmará por duplicado, entregándose un ejemplar al detenido.
Se exceptúa el caso de delito infraganti, en el cual, además de la autoridad y sus agentes, cualquiera del pueblo puede aprehender al delincuente y a sus cómplices o encubridores.
Ninguno puede ser detenido o preso si no en los lugares que determine la ley.

Art. 52—. Todo detenido debe ser interrogado dentro de cuarenta y ocho horas; la detención no podrá exceder de seis días, y dentro de este término deberá, la autoridad que la haya ordenado, motivar el auto de prisión o decretar la libertad del indiciado. La incomunicación no podrá exceder de cuarenta y ocho horas.
No podrá dictarse auto de prisión formal sin que se establezca la preexistencia del delito y haya indicio racional de que la persona contra quien se dicte lo hubiere cometido.

Art. 53—. Son inviolables la correspondencia epistolar, la telegráfica y los papeles privados. En ningún caso el Poder

Ejecutivo, ni sus agentes, podrán sustraer, abrir ni detener la correspondencia epistolar o la telegráfica. La sustraída de las estafetas o de cualquier otro lugar no hace fe en juicio.

Art. 54—. La correspondencia particular, papeles y libros privados, sólo podrán ocuparse o inspeccionarse en virtud de orden de autoridad competente, en los casos determinados por la ley.

Art. 55—. Se establece el jurado de calificación para los delitos de la competencia de las autoridades judiciales de la Federación, exceptuándose los delitos militares, políticos y de hacienda. Los Estados podrán establecer el Jurado con iguales restricciones. Leyes especiales reglamentarán esta materia.

Art. 56—. El domicilio es inviolable y no podrá decretarse el allanamiento sino por la autoridad, en los casos siguientes:
1º. Para extraer un criminal sorprendido infraganti;
2º. Por cometerse delito en el interior de la habitación;
3º. Por desorden escandaloso que exija pronto remedio o por reclamación del interior de la casa;
4º. En los casos de incendio, terremoto, inundación o por motivo de salubridad pública;
5º. Para libertar una persona secuestrada ilegalmente;
6º. Para ejecutar una disposición judicial legalmente decretada:
7º. Para aprehender a un reo contra quien se haya dictado auto de detención o de prisión formal. En los tres últimos casos no se podrá verificar el allanamiento antes de las seis de la mañana ni después de las seis de la tarde, y con orden escrita de autoridad competentes.

Art. 57—. Quedan absolutamente prohibidas las penas perpetuas, las infamantes, la expatriación y toda especie de tormento. Se prohíben absolutamente la fustigación, las prisiones innecesarias y todo rigor indebido. La duración de las penas no podrá exceder en ningún caso de veinte años.

Art. 58—. Ninguna persona puede ser privada de su libertad ni de su propiedad, sin ser previamente oída y condenada en juicio con arreglo a las leyes; ni ser juzgada civil ni criminalmente más de una vez por la misma causa.

Ninguna autoridad puede abrir juicios fenecidos ni avocarse causas pen. dientes sin competencia legal.

Art. 59—. Ninguna persona puede ser privada de sus bienes sino por causa de necesidad o utilidad pública legalmente comprobada y previa justa indemnización. En caso de guerra, la indemnización puede no ser previa.

Art. 60—. Se prohíbe la confiscación.

Art. 61—. No puede imponerse contribuciones sino en virtud de una ley y para el servicio público. La proporcionalidad será la base de las contribuciones directas.

Art. 62—. La policía de seguridad sólo se confiará a las autoridades civiles.

Art. 63—. Las responsabilidades en que incurran los funcionarios públicos por infracción de las garantías constitucionales, no admiten indulto, amnistía o conmutación durante el período constitucional del Poder Ejecutivo Federal, o del Estado, en que hayan sido contraídas.

Art. 64—. Sólo en caso de invasión del territorio nacional; de perturbación grave de la paz, de epidemia u otra calamidad pública, podrán suspenderse las garantías individuales conforme lo establezca la ley de Estado de Sitio.

Art. 65—. Contra la violación de las garantías constitucionales se establece el Amparo. Una ley reglamentaria desarrollará este precepto.

Art. 66—. La enumeración de los derechos y garantías que hace esta Constitución, no excluye otros derechos y garantías no enumerados, pero que nacen del principio de la soberanía popular y de la forma republicana de Gobierno.

TÍTULO V
DEL GOBIERNO DE LA FEDERACIÓN

Art. 67—. El Gobierno de la Federación será republicano, popular, representativo y responsable. Los Poderes Públicos serán limitados y deberán ejercerse con arreglo a la Constitución.
Habrá tres Poderes: el Legislativo, el Ejecutivo y el Judicial.

Art. 68—. El Gobierno Federal tiene el derecho y el deber de mantener la Unión y el orden interior de los Estados, de acuerdo con esta Ley Constitutiva.

Art. 69—. Quienes atentaren contra la Unión serán considerados como traidores a la Patria.

CAPIÍTULO I
DEL PODER LEGISLATIVO

SECCIÓN I
ORGANIZACIÓN DEL PODER LEGISLATIVO

Art. 70—. El Poder Legislativo residirá en dos Cámaras: una de Senadores y otra de Diputados.

El Senado se compondrá de tres Senadores Propietarios y de tres Suplentes por Estado, elegidos por el respectivo Poder Legislativo y de un Senador Propietario y un Suplente por el Distrito Federal. Los Senadores deberán estar en el ejercicio de la ciudadanía, ser mayores de cuarenta años y naturales de cualquiera de los Estados. Su período será de seis años y se renovará cada dos años por terceras partes. La Cámara de Diputados se compondrá de Representantes popularmente electos en la proporción de un Diputado Propietario y un Suplente por cada cien mil habitantes o fracción de más de cincuenta mil.

Para ser Diputado se requiere estar en el ejercicio del Derecho de ciudadano, ser mayor de veinticinco años y natural de Centroamérica.

El Distrito Federal elegirá Diputados Propietarios y Suplentes en la misma proporción; pero tendrá, por lo menos, un Diputado Propietario y un Suplente, cualquiera que sea el número de habitantes.

Los Senadores y Diputados podrán ser reelectos indefinidamente. el total de sus En cada Cámara el quórum lo formarán los tres cuartos del total de sus miembros.

Ninguna ley valdrá sin haberse aprobado en Cámaras separadas, por la mayoría absoluta de votos de los Diputados y por dos tercios de votos de los Senadores, y si no hubiere obtenido la sanción del Ejecutivo, según las disposiciones de esta Ley.

Art. 71—. Las Cámaras se reunirán ordinariamente en la capital de la República, sin necesidad de convocatoria, en los primeros quince días del mes de enero de cada año; y extraordinariamente cuando sean convocadas por el Poder Ejecutivo.

Art. 72—. Las sesiones ordinarias durarán hasta sesenta días, pudiendo prorrogarse hasta por cuarenta.

Art. 73—. Ambas Cámaras abrirán y cerrarán públicamente sus sesiones reunidas en Congreso Pleno.

Art. 74—. Las Juntas preparatorias se instalarán con la concurrencia de tres Senadores y de diez Diputados, por lo menos; elegirán Presidente y Secretarios provisionales y dictarán las providencias necesarias para la inauguración solemne del Congreso.

Art. 75—. Cuando el Ejecutivo convoque extraordinariamente el Congreso, éste sólo podrá tratar de los negocios que se sometan a su conocimiento según el decreto de convocatoria, y las sesiones durarán el tiempo necesario.

Art. 76—. Las dos primeras renovaciones de los Senadores serán, entre los de cada Estado.

Art. 77—. Los Diputados durarán en sus funciones cuatro años, pudiendo ser reelectos; se renovarán por mitad cada dos años, pero la primera renovación se hará por sorteo entre los Diputados de cada Estado.

Art. 78—. No pueden ser electos Senadores ni Diputados:
1°. Los empleados del Poder Ejecutivo Federal o del Ejecutivo de los Estados, que gocen de sueldo, sino después de seis meses de haber cesado en sus funciones. Se exceptúan de esta prohibición los profesores de enseñanza.
2°. Los que hubieren administrado o recaudado fondos públicos, mientras no tengan el finiquito de sus cuentas.
3°. Los militares en servicio.
4°. Los contratistas de obras y servicios públicos, costeados con fondos de la República o de los Estados; y los que de resultas de tales contratos tengan reclamaciones pendientes.
5°. Los parientes, dentro del cuarto grado de consanguinidad y segundo de afinidad de los Delegados al Consejo Federal y de los Jefes de Estado.
6°. Los deudores a la Hacienda Pública que estuvieren en mora.

Art. 79—. Los Senadores y Diputados gozarán de las siguientes prorroga:
1°. No ser responsables en ningún tiempo por sus opiniones manifestadas en la Cámara, de palabra o por escrito.
2°. No poder iniciarse contra ellos juicio alguno civil desde quince días antes de abrirse las sesiones del Congreso hasta quince días después de cerradas.
3°. No ser juzgados criminalmente sin que se declare por la Cámara que hay lugar a formación de causa.
4° No ser llamados al servicio militar sin su consentimiento, desde el día de su elección hasta terminar su período.

Art. 80—. Los Senadores y Diputados no pueden obtener, durante el tiempo para que fueren electos, ningún empleo ni comisión del Poder Ejecutivo Federal o de los Estados, excepto los de Secretarios del Despacho, Represen tantes Diplomáticos, Profesores de enseñanza y empleos sin goce de sueldo.

Si los Senadores y Diputados aceptaren cualquiera de los cargos a que se refiere el párrafo anterior, excepto el de profesores de enseñanza, o fueren electos Jefes o Vicejefes de los Estados, cesarán en el que desempeñaren. Son incompatibles las funciones de Senador y Diputado de la Federación o de los Estados: el ciudadano que fuese electo para ambos cargos, tendrá derecho de optar por uno u otro.

SECCIÓN II
ATRIBUCIONES COMUNES A LAS DOS CÁMARAS

Art. 81—. Corresponde a cada una de las Cámaras sin intervención de la otra:

1º. Calificar la elección de sus miembros, aprobando o desaprobando las credenciales.

2º. Llamar a los suplentes respectivos en caso de que los propietarios no puedan concurrir por cualquiera imposibilidad calificada por la Cámara.

3º Admitirles sus renuncias por causas legalmente comprobadas.

4º. Decretar su Reglamento interior.

5º. Pedir a los funcionarios públicos los informes que necesite.

6º. Designar comisiones ante la otra Cámara para celebrar conferencias en caso de desacuerdos en la formación de una ley.

7º. Nombrar comisiones que la representen en actos oficiales, cuando no deba concurrir en cuerpo.

SECCIÓN III
ATRIBUCIONES PECULIARES DE LA CÁMARA DE SENADORES

Art. 82—. Son atribuciones de la Cámara de Senadores:

1º. Conocer de las acusaciones que sean admitidas por la Cámara de Diputados, para el efecto de declarar si hay o no lugar a formación de causa, y en su caso, pasar la acusación al tribunal correspondiente.

2º. Elegir los Magistrados de la Corte Suprema de Justicia dentro de la lista de veintiún candidatos que le presente el Poder Ejecutivo Federal.

SECCIÓN IV
ATRIBUCIONES PECULIARES DE LA CÁMARA DE DIPUTADOS

Art 83—. Son atribuciones de la Cámara de Diputados:

1º. Iniciar la formación de las leyes que establezcan, reformen o supriman contribuciones o impuestos.

2º. Admitir o no las acusaciones que se presenten contra los Delegados al Consejo Federal, Secretarios del Despacho, Subsecretarios en el ejercicio de la Secretaría, Magistrados de la Corte Federal, Agentes Diplomáticos, Senadores y Diputados al Congreso Federal, por delitos cometidos durante el ejercicio de sus funciones.

3º. Pasar al Senado las acusaciones que admita contra los funcionarios a que se refiere el inciso anterior.

SECCIÓN V
ATRIBUCIONES DEL CONGRESO PLENO

Art. 84—. Las dos Cámaras reunidas formarán el Congreso Pleno, y su son atribuciones:

1º. Abrir y cerrar las sesiones del Poder Legislativo.

2º. Abrir los pliegos que contengan los sufragios y escrutinios parciales para la elección de Delegados al Consejo Federal, y hacer el recuento y regulación de votos por medio de una Comisión de su seno.

3º. Declarar electos a los que tengan mayoría absoluta de votos, previo dictamen de la Comisión escrutadora.

4º. Elegir Delegados al Consejo Federal entre los tres candidatos de cada Estado que hubieren obtenido mayor número de votos, si ninguno de ellos reuniese la mayoría absoluta.

5º. Conocer de las renuncias de los Delegados al Consejo Federal, de las licencias que soliciten y de las nulidades de su elección.

6º. Elegir Senadores propietarios y suplentes por el Distrito Federal.

7º. Elegir los Contadores del Tribunal Mayor de Cuentas de la República, recibirles la protesta constitucional y conocer de sus renuncias.

8º. Elegir anualmente los Designados a que se refiere el artículo 101 y conocer de sus renuncias.

9º. Las elecciones de funcionarios federales hechas por el Congreso o por las Asambleas de los Estados, para el desempeño de funciones públicas que deban ejercerse por tiempo determinado, no pueden ser revocadas sino por declaratoria de responsabilidad.

10º. Dar posesión directamente o por delegación a los Delegados propietarios o suplentes y Designados al Consejo Federal.

Art. 85——. El Congreso Pleno será presidido por el Presidente del Senado, y será Vicepresidente el de la Cámara de Diputados.

SECCIÓN VI
ATRIBUCIONES DEL PODER LEGISLATIVO

Art. 86——. Son atribuciones del Poder Legislativo:

1º. Organizar el Distrito Federal.

2º. Unificar la legislación civil, comercial, penal y procesal decretando al efecto los Códigos que deben regir en los Estados y en el Distrito Federal.

3º. Crear, mantener y suprimir aduanas, y decretar derechos de importación sobre mercaderías extranjeras.

4°. Crear un Centro Técnico que dirija la Instrucción Pública.

5°. Disponer todo lo concerniente a la habitación, seguridad y clausura de los puertos y costas, y fijar derechos de entrada, permanencia y salida de buques. No podrá establecerse preferencia en favor de un puerto respecto de otro por medio de leyes y reglamentos de comercio.

6°. Crear y organizar los servicios de correos, telégrafos, teléfonos, cables y ferrocarriles nacionales, y dictar las leyes a que deban sujetarse lo mismo que las relativas a carreteras, ríos, lagos y canales nacionales. Los ferrocarriles deben estimarse como medio de gobierno, de industria y de comercio. Para el régimen de éstos, lo mismo que para el de los caminos, ríos, lagos y canales, se reputan de competencia federal, los que unan o puedan unir dos o más Estados o los que sean limítrofes o conduzcan al Distrito Federal.

7°. Fijar el valor, tipo, ley, peso y denominación de la moneda nacional, y resolver sobre la admisión y circulación de la extranjera.

8°. Crear y suprimir empleos federales.

9°. Facultar al Poder Ejecutivo para que contrate empréstitos dentro o fuera de la República, cuando la conveniencia o la necesidad lo demanden. Los contratos deberán someterse a la aprobación del Poder Legislativo.

10°. Determinar lo que convenga en lo relativo a deudas nacionales.

11°. Dictar las medidas conducentes a la formación del censo nacional, y organizar el Departamento de Estadística de la Federación.

12°. Fijar anualmente las fuerzas de mar y tierra que han de mantenerse en pie, y dictar las leyes del Ejército y la Armada.

13°. Decretar la guerra con presencia de los datos que le comunique el Poder Ejecutivo y hacer la paz.

14°. Aprobar, modificar o improbar las convenciones y tratados que el Poder Ejecutivo celebre con otras naciones.

15°. Decretar anualmente el presupuesto de ingresos y egresos de la Administración Pública.

16°. Promover la prosperidad del país y aprobar o improbar los contratos, concesiones y privilegios a que se refiere el artículo 41.

17º. Fijar y unificar las leyes de pesas y medidas sobre la base del sistema métrico decimal.

18º. Decretar amnistías.

19º. Decretar indultos, previo informe de la Corte Suprema de Justicia. Si el informe fuere desfavorable se necesitarán los dos tercios de votos de los Diputados para decretar el indulto.

20º. Conceder o negar el permiso de tránsito de tropas extranjeras por el territorio de la República.

21º. Decretar el Estado de Sitio, de conformidad con el artículo 64.

22º. Establecer impuestos y contribuciones generales y, en caso de guerra, decretar empréstitos con la debida proporción, si no bastaren las rentas públicas ordinarias, ni se consiguieren empréstitos voluntarios.

23º Aprobar los actos del Poder Ejecutivo o improbarlos cuando sean contrarios a la ley.

24º. Aprobar o improbar las cuentas de los gastos públicos, en vista del informe del Tribunal Mayor de Cuentas, sobre el ejercicio fiscal vencido.

25º. Conceder o negar el permiso que soliciten los ciudadanos para aceptar empleos de otra nación o condecoraciones extranjeras.

26º. Decretar, interpretar, reformar o derogar las leyes.

27º. Crear y organizar la marina mercante y de cabotaje y los servicios de comunicaciones inalámbricas aéreas.

28º. Emitir la Ley Orgánica del Servicio Diplomático y Consular y fijar la tarifa respectiva.

29º. Legislar sobre bancos, procurando unificar su acción en la República.

30º. Decretar leyes sobre marcas de fábrica, patentes de invención o pro piedad literaria, pudiendo conceder privilegios por tiempo determinado a los autores o artistas para la reproducción de sus obras a los inventores o perfeccionadores de alguna industria.

31º. Crear bajo la dependencia de la Secretaría del Despacho respectivo, un Departamento Administrativo de Agricultura. Industria e Inmigración, que atenderá al fomento de esos ramos, en su aspecto más amplio, como fuente de ingresos y base del ensanche económico, pudiendo emplearse extranjeros para esos servicios sin que pierdan su nacionalidad.

32°. Crear un Departamento de Sanidad cuyas ordenes serán directamente trasmitidas a todas las autoridades Federales y de los Estados.

33°. Reglamentar el aprovechamiento de los elementos naturales susceptibles de explotación.

34°. Expedir las disposiciones necesarias para hacer efectivas las facultades anteriores y las demás concedidas por esta Constitución a los Poderes de la República.

SECCIÓN VII
DE LA FORMACIÓN Y PROMULGACIÓN DE LA LEY

Art. 87——. Tienen exclusivamente la iniciativa de la ley:

1°. Los Diputados y los Senadores.
2°. El Poder Ejecutivo Federal.
3°. La Corte Suprema de Justicia Federal.
4°. Las Asambleas de los Estados.

Art. 88——. No podrá volver a presentarse, sino hasta la legislatura ordinaria siguiente, el proyecto de ley que fuere desechado en la Cámara de su origen.

Art. 89——. La iniciativa de las leyes puede hacerse indistintamente en cualquiera de las Cámaras, salvo el caso del inciso primero del artículo 83.

Art. 90——. Los proyectos aprobados por la Cámara en que se iniciaron, serán sometidos al otro Cuerpo colegislador; y si éste también los aprobare, los pasará al Consejo Federal para su promulgación. Si no los aprobare, serán devueltos a la Cámara de su origen con las alteraciones que se les hubiere hecho.

Si la Cámara en que fueron iniciadas admitiere dichas alteraciones, pasará la Ley o el Decreto al Consejo Federal para el efecto del inciso anterior; mas, si no las admitiere, se reunirán ambas

Cámaras en Congreso Pleno para reconsiderar sus decisiones. Si no se llegare a un acuerdo, se tendrá por desechado el proyecto.

Art. 91—. El Poder Ejecutivo sancionará y publicará inmediatamente como Ley, todo proyecto adoptado por el Poder Legislativo, conforme al artículo anterior, salvo que tuviere observaciones que hacer.

Art. 92—. Si el Ejecutivo encontrare inconvenientes para sancionar el proyecto de Ley, lo devolverá a la Cámara de su origen dentro de los diez días siguientes a la fecha de su recibo, exponiendo las razones en que funda el veto. Si en ese término no lo objetare, se tendrá como Ley.

Si dentro de los diez días debieren cerrarse o suspenderse las sesiones de las Cámaras y el Ejecutivo les comunicare que va a hacer observaciones, permanecerán reunidas hasta diez días a contar de la fecha en que aquél recibió el proyecto. No verificándose así se tendrá el proyecto por sancionado.

Art. 93—. Devuelto el proyecto de Ley con observaciones, deberá ser reconsiderado; y si fuere ratificado por los dos tercios de votos de una y otra Cámara, se pasará al Ejecutivo, quien lo sancionará y promulgará como ley de la República.

En el caso de que el proyecto fuere objetado por inconstitucional, y las Cámaras insistieren en mantenerlo, lo pasará a la Corte Suprema de Justicia Federal, para que ella decida dentro de seis días, si es o no constitucional. El fallo afirmativo de la Corte obliga al Poder Ejecutivo a sancionar el proyecto.

Art. 94—. Cuando el Poder Ejecutivo no cumpliere con el deber de sancionar los proyectos de ley en los términos establecidos en los artículos anteriores, serán promulgados por el Presidente del Senado.

Art. 95—. El Ejecutivo no podrá hacer observaciones ni negar su sanción en los casos siguientes:

1º. En las elecciones que el Congreso haga o apruebe o en las renuncias que admita o deseche.

2º. En las declaraciones de haber lugar o no a formación de causa.

3º. En los decretos que se refieran a la aprobación o improbación de los actos del Poder Ejecutivo.

4º. En los reglamentos que expidan las Cámaras o el Congreso para su régimen interior.

5º En los acuerdos del Congreso para trasladar su residencia a otro lugar, suspender sus sesiones o prorrogarlas.

Art. 96——. Siempre que un proyecto de ley que no proceda de iniciativa de la Corte Suprema de Justicia, tenga por objeto reformar o derogar cual quiera de las disposiciones contenidas en los Códigos de la República, no podrá discutirse sin oír la opinión de aquel Tribunal. La Corte emitirá su informe en el término que el Congreso le señale.

CAPÍTULO II
DEL PODER EJECUTIVO

Art. 97——. El Poder Ejecutivo será ejercido por un Consejo Federal compuesto de Delegados popularmente electos. Cada Estado elegirá un propietario y un suplente mayores de cuarenta años, ciudadanos naturales del Estado que los elija.

El período del Consejo será de cinco años. Los Delegados y los suplentes deberán residir en la Capital Federal. Los suplentes asistirán a las deliberaciones del Consejo, sin voto; lo tendrán, sin embargo, cuando no concurrieren a la reunión los respectivos propietarios. Para que el Consejo actúe válidamente es preciso que todos los Estados estén representados en él. Las decisiones se tomarán por mayoría absoluta de votos; excepto en aquellos casos en que la Constitución exija una mayoría superior. En caso de empate el Presidente tendrá doble voto. El Consejo elegirá entre los Delegados Propietarios, un Presidente y un Vicepresidente, cuyas funciones durarán un año. El Presidente del Consejo no podrá ser ree lecto para el año inmediato siguiente.

El Presidente del Consejo será tenido como Presidente de la Federación, pero actuará siempre en nombre y resolución o mandato del Consejo Federal El Consejo distribuirá de la manera que juzgue más conveniente la conducción de los negocios públicos, y puede encargar el departamento o departamentos que estime oportunos a cualquiera o cualesquiera de los suplentes.

Art. 98——. No pueden ser Delegados:

1º. Los Jefes de Estado, durante el período para que hubieren sido electos.

2º. Sus parientes dentro del cuarto grado de consanguinidad o segundo de afinidad.

3º. Los parientes de los Delegados dentro de los mismos grados; y las personas comprendidas en las prohibiciones a que se refieren los incisos 2º, 49 y 69 del artículo 78.

Art. 99——. Queda prohibida la reelección de los Delegados, para el período inmediato al en que hubieren sido electos, aún cuando no estén en el ejercicio del cargo a la fecha de la elección.

Art. 100——. La elección de los Delegados Propietarios y suplentes se practicará en la época que señale la respectiva ley federal. Los pliegos de elecciones se remitirán a la Cámara de Diputados de la Federación, la que, unida con la Cámara de Senadores en Congreso Pleno, hará el escrutinio y regulación de votos y declarará electos a los ciudadanos que tengan mayoría absoluta. En caso de que ninguno hubiere obtenido dicha mayoría, el Congreso Pleno hará dicha elección entre los tres ciudadanos de cada Estado que hubieren obtenido mayor número de votos.

Art. 101——. El Congreso Federal elegirá cada año tres Designados por cada uno de los Estados que formen la Federación para que en caso de que por cualquier motivo el Consejo Federal estuviese desintegrado, cualquiera de ellos entre a sustituir al Delegado Propietario o Suplente respectivo.

Para ser Designado se requieren las mismas condiciones que para ser electo Delegado.

Art. 102—. Los Delegados Propietarios y Suplentes y los Designados tomarán posesión de sus cargos ante el Congreso Pleno Federal, y en su defecto, por delegación de éste, ante cualquiera de las autoridades federales.

Art. 103—. En caso de falta de un Delegado propietario y del respectivo suplente, los demás miembros del Consejo llamarán para sustituirlos a cualquiera de los Designados del Estado que representen.

Art. 104—. Por falta temporal del Presidente, entrará a ejercer sus funciones el Vicepresidente, y a falta de éste, el Delegado a quien elija el Consejo.

Por muerte, remoción, renuncia o cualquier otro impedimento de los Delegados, ocurrido antes del último año del período de éstos, el Congreso convocará a elecciones para que se practiquen dentro de tres meses, a contar de la fecha de la muerte, remoción, renuncia u otro impedimento.

Las funciones de Delegado se considerarán prorrogadas, aunque venza su período, hasta que no tome posesión el sustituto legal.

Art. 105—. Los Decretos del Poder Ejecutivo deben ser firmados Delegados y autorizados y comunicados por el Secretario y Subsecretario del ramo respectivo.

Art. 106—. Los acuerdos, órdenes y providencias del Poder Ejecutivo darán firmados sólo por el Presidente y autorizados el Subsecretario del ramo respectivo. y comunicados

Art. 107—. Los miembros del Consejo Federal no pueden durante el ejercicio de sus cargos, obtener otro empleo de la Federación ni de ninguno de los Estados, ni ejercer profesión alguna.

SECCIÓN VIII
DE LOS SECRETARIOS DEL DESPACHO

Art. 108—. Para ser Secretario del Despacho se requiere: ser natural de Centroamérica, mayor de veinticinco años y estar en el goce de ciudadano.

Art. 109—. Habrá también Subsecretarios que deberán tener las mismas calidades que los Secretarios.

Art. 110—. No podrán ser Secretarios del Despacho, ni Subsecretarios, las personas comprendidas en las prohibiciones a que se refieren los incisos 29, 49, 5º y 6º del artículo 78.

Art. 111—. Los Secretarios del Despacho pueden asistir sin voto a las deliberaciones del Poder Legislativo; y deberán concurrir siempre que se les llame y contestar las interpelaciones que les haga cualquier Representante, salvo los casos del inciso 79 del artículo 115.

Art. 112—. Cada Secretario del Despacho presentará al Congreso, dentro de los quince días siguientes a su instalación, un informe documentado o memoria respecto de los ramos que estén a su cargo.

Art. 113—. El Consejo Federal puede nombrar Secretario del Despacho a los Delegados Suplentes a los Designados o a cualesquiera ciudadanos.

Art. 114—. Para la Administración de los negocios públicos, habrá menos tres Secretarías, entre las cuales se distribuirá los siguientes ramos: por lo Relaciones Exteriores, Hacienda, Guerra, Marina, Gobernación, Instrucción Pública, Fomento, Trabajo, Agricultura y Salubridad, y los demás que se consideren necesarios.

SECCIÓN IX
DEBERES DEL PODER EJECUTIVO

Art. 115—. Son deberes del Poder Ejecutivo:

1°. Cumplir y hacer cumplir la Constitución y las demás leyes de la República.

2°. Mantener ilesos el honor, la soberanía e independencia de la República y la integridad de su territorio.

Procurar la celebración de convenciones entre los Estados del Continente Americano que tienden a consagrar el principio de solidaridad y cooperación; el mantenimiento de la integridad territorial, de la autonomía y de su igualdad jurídica.

3°. Conservar la paz y la tranquilidad interior y dictar inmediatamente. cuantas medidas sean necesarias para el pronto y eficaz establecimiento del orden. En caso de controversia o cuestiones entre los Estados el Poder Ejecutivo fijará la situación que deben respetar mientras la diferencia no se decida.

4°. Impedir cualquier agresión armada de un Estado contra otro, o contra otra Nación; lo mismo que los enganches o levas que tengan o puedan tener por objeto perturbar el orden público.

5°. Sancionar o promulgar las leyes.

6°. Presentar al Congreso, en la apertura de sus sesiones ordinarias, un mensaje relativo a los actos de la administración.

7°. Dar a las Cámaras los informes que le pidan. Si fueren sobre asuntos que exigen reserva lo expondrá así y no estará obligado a comunicar los planes de guerra, ni las negociaciones de alta política; pero si tales informes fueren precisos para deducirle responsabilidad no podrá rehusarlos por ningún motivo, ni reservarse los documentos después de haber sido acusado ante el Senado.

Tampoco podrá rehusarlos cuando lo acordare la Cámara por una mayoría de dos tercios de votos.

8°. Dar a los funcionarios del Poder Judicial de la Federación o de los Estados el auxilio de la fuerza que necesiten para hacer efectivas sus providencias.

9°. Hacer levantar durante el primer bienio constitucional el censo de la República, rectificándolo cada año que termine en cero.

10º. Combatir el analfabetismo y promover, fomentar y dirigir la instrucción popular por todos los medios posibles, dando debida preferencia a ese ramo.

Art. 116—. Los Delegados propietarios y suplentes no podrán ausentarse del Distrito Federal sin permiso del Consejo, ni de Centroamérica sin el del Congreso Pleno. El que lo hiciere sin ese requisito será reo de alta traición.

SECCIÓN X
ATRIBUCIONES DEL PODER EJECUTIVO

Art. 117—. Son atribuciones del Poder Ejecutivo.

1º. Dirigir las relaciones exteriores.

2º. Nombrar los Secretarios del Despacho, Subsecretarios, Gobernadores del Distrito Federal, Agentes Diplomáticos y Consulares y demás funcionarios federales, cuyo nombramiento no esté reservado a otra autoridad o fueren de elección popular. Admitirles sus renuncias o removerlos. La representación diplomática sólo será confiada a centroamericanos naturalizados que tengan por lo menos cinco años de residencia en el territorio de la Federación.

3º. Convocar extraordinariamente al Poder Legislativo, cuando lo demanden los intereses de la Nación.

4º Declarar en estado de sitio la República o parte de ella, cuando no esté reunido el Congreso, en los casos previstos por la ley.

5º. Matricular y nacionalizar buques.

6º. Conmutar las penas impuestas por los Tribunales Federales, previo informe de la Corte Suprema de Justicia Federal.

7º. Sancionar los proyectos de ley que le pase el Poder Legislativo, o devolverlos con observaciones, de conformidad con lo establecido en los Artículos 90, 91, 92 y 93.

8º. Expedir decretos, reglamentos u órdenes para facilitar y asegurar la ejecución de las leyes.

9º. Establecer y mejorar las vías de comunicación, los correos, telégrafos y teléfonos y otros servicios; pero los contratos para la construcción de los caminos de hierro, muelles en puertos mayores y apertura de canales, no tendrán efecto mientras no sean aprobados por el Poder Legislativo.

10º. Hacer que se recauden las rentas de la República y reglamentar su inversión conforme a la ley.

11º. Vigilar sobre la exactitud legal de la moneda y uniformidad de pesas y medidas.

12º. Celebrar tratados, convenciones y cualquiera otras negociaciones diplomáticas, que deberán someter a la ratificación del Poder Legislativo en su inmediata reunión.

13º Disponer de la fuerza armada para la defensa y seguridad de la República y mantener el orden y tranquilidad de la misma y para los demás objetos que exija el servicio público.

Nombrar el Estado Mayor General y organizar el Ejército y la Armada nacionales.

14º. Levantar la fuerza necesaria sobre la permanente para repeler toda invasión o sofocar rebeliones.

15º. Proveer de modo preferente al pronto establecimiento del servicio de cabotaje los puertos de Centroamérica de uno a otro mar, y al establecimiento del servicio de comunicaciones inalámbricas y aéreas en todo el territorio nacional.

16º. Ejercer las demás atribuciones que le señala la ley.

SECCIÓN XI
ATRIBUCIONES ESPECIALES DEL PRESIDENTE DEL CONGRESO FEDERAL

Art. 118—. Son atribuciones del Presidente del Consejo Federal:

1º Recibir a los Ministros Diplomáticos y admitir a los Cónsules.

2º. En caso de guerra dirigir, si lo creyere conveniente, las operaciones militares como Jefe Supremo del Ejército y de la Armada Nacionales. Si el no asumiere el mando, nombrará y removerá libremente a la persona que deba ejercerlo.

Cuando el Presidente del Consejo asuma el mando militar, hará sus veces el Vicepresidente, o el Delegado llamado a sustituirlo.

Art. 119—. Siendo deber ineludible del Consejo mantener la unidad nacional y el orden en los Estados, si por circunstancias anormales la República estuviere en peligro de acefalía, el Presidente del Consejo o el Delegado por la ley lo sustituya, podrá dictar las medidas que el caso demande para impedir la anarquía, dando cuenta al Consejo a la mayor brevedad posible.

CAPÍTULO III
PODER JUDICIAL

Art. 120—. El Poder Judicial se ejercerá por una Corte Suprema de Justicia y por los Tribunales inferiores que establezca la ley. A él corresponde exclusivamente la potestad de juzgar y ejecutar lo juzgado.

Art. 121—. La Corte Suprema de Justicia Federal se compondrá de siete Magistrados propietarios y tres suplentes, para reponer las faltas temporales de los propietarios. En caso de falta absoluta, el Senado practicará nueva elección.

Art. 122—. Los Magistrados serán electos por el Senado dentro de una nómina de veintiún candidatos, siete por cada Estado, que le presentará el Ejecutivo Federal, y serán inamovibles, salvo da su remoción.

Art. 123—. Para ser Magistrado de la Corte Suprema se requiere:
1º. Ser Abogado de Centroamérica.
2º. Estar en ejercicio de la ciudadanía.
3º. Ser mayor de treinta y cinco años.
4º. Haber ejercido su profesión por seis años o servido por cuatro años una judicatura de primera instancia o haber sido Magistrado de alguna Corte de Justicia en cualquiera de los Estados de Centroamérica o en el Distrito Federal.

Art. 124—. No pueden ser Magistrados de la Corte Suprema de Justicia Federal los parientes entre sí dentro del cuarto grado de consanguinidad y segundo de afinidad, y los comprendidos en las prohibiciones a que se refieren los incisos 2°, 4° y 6° del artículo 78.

Art. 125—. Corresponde a los Tribunales Federales:
1° Conocer del recurso de amparo en el Distrito Federal y en los casos en que se ocurra contra abusos de los empleados federales residentes fuera de dicho Distrito, o de empleados y funcionarios de los Estados por violación de esta Ley Constitutiva y de conformidad con la Ley Complementaria correspondiente.
2°. Decidir sobre las leyes o actos de la Autoridad Federal que vulneren o restrinjan la soberanía de los Estados, y sobre las leyes o actos de las Autoridades de éstos que invadan la esfera de acción de la Autoridad Federal.
3°. Conocer de las contiendas civiles entre alguno de los Estados y las corporaciones o particulares.
4° De los delitos cometidos contra la seguridad exterior o interior de la República.
5° De los delitos contra el Derecho de Gentes.
6°. De todas las demás cuestiones que la Ley Orgánica de Tribunales reserve a la Federación.

Art. 126—. La Corte Suprema de Justicia Federal conocerá:
1°. De las controversias en que fuere parte la Federación.
2°. De las contiendas judiciales que se susciten entre dos o más Estados de la Federación.
3°. De los conflictos que ocurran entre los poderes de un mismo Estado o de la Federación sobre constitucionalidad de sus actos.
4°. De las causas por delitos cometidos por los Delegados al Consejo Federal, Secretarios del Despacho, Magistrados de la Corte Suprema de Justicia Federal, Agentes Diplomáticos, Senadores y Diputados al Congreso Federal, previa declaratoria del Senado de haber lugar a formación de causa.
5°. De las competencias que susciten entre los tribunales de un Estado y los de otro, y entre los tribunales de los Estados y los de la Federación.
6°. De las causas de presas, de extradición con arreglo al Derecho Internacional. y demás que deban juzgarse

7°. De los recursos que de conformidad con la ley se interpongan contra las resoluciones de los Tribunales Federales inferiores; y

8°. De los demás asuntos que por esta Constitución o por la Ley Orgánica respectiva se le encomienden.

Art. 127—. Los Estados que tengan entre sí cuestiones pendientes sobre límites territoriales o sobre validez o ejecución de sentencias o laudos dictados antes de la fecha del Pacto suscrito en San José de Costa Rica el 19 de enero de 1921, podrán sujetarlas a arbitramento. La Corte Federal podrá conocer de dichas cuestiones, en calidad de Arbitro, si los Estados interesados las sometieren a su decisión.

Art. 128—. Corresponde a la Corte Suprema de Justicia Federal nombrar, suspender o remover, con arreglo a la ley, a los funcionarios del orden judicial federal.

Art. 129—. Dentro de la potestad de administrar justicia corresponde al Poder Judicial declarar la inaplicación de cualquiera ley o disposición de los otros Poderes, cuando fuere contraria a los preceptos contenidos en esta Constitución; pero de esta facultad sólo podrá hacer uso en los casos concretos en que tenga que pronunciar sentencia.

Art. 130—. Podrá también entablarse ante la Corte Suprema de Justicia Federal el recurso de inconstitucionalidad de una ley que se refiera a asuntos no ventilables ante los tribunales, por toda persona a quien se perjudique en sus legítimos derechos, por su aplicación en un caso concreto.

La ley reglamentará el uso de este recurso.

Art. 131—. La administración de justicia será gratuita, pronta y eficaz. Una ley federal desarrollará este principio.

Art. 132—. Es incompatible el ejercicio de las funciones de Magistrado o Juez con cualquiera otro cargo remunerado, concejil, o que lleve anexa jurisdicción, excepto el de profesor. El ejercicio de aquellos cargos lo será con el de la profesión de abogado, notario o procurador.

Art. 133—. Los Magistrados y Jueces de la Federación y de los Estados, no podrán ser obligados a prestar servicio militar, ni a asistir a ejercicios o prácticas militares.

Art. 134—. La ley determinará la organización y atribuciones de los Tribunales de Justicia de la Federación.

Art. 135—. La administración de justicia en todos los asuntos que no sean de la competencia de los tribunales de la Federación, queda reservada a los Estados; y los tribunales se organizarán y funcionarán de la manera establecida en sus respectivas Constituciones.

Art. 136—. El Poder Judicial Federal o el de los Estados, tienen derecho de requerir el auxilio de la fuerza armada para el cumplimiento y efectividad de sus resoluciones.

TÍTULO VI
HACIENDA PUBLICA NACIONAL

Art. 137—. El Gobierno Federal administrará la Hacienda Nacional, que será diferente de la de los Estados.

Art. 138—. La Hacienda Pública se compone:
1º. De todos los bienes nacionales de la República;
2º. Del producto de los impuestos y contribuciones del Distrito Federal;
3º. De los impuestos, derechos y contribuciones que decrete el Congreso Federal;
4º. De toda renta o beneficio que produzca las concesiones que otorgue o los contratos que el Ejecutivo Federal celebre, sobre materias de su exclusiva competencia; y
5º. De los empréstitos que negocie para fines de utilidad nacional.

Art. 139—. Corresponde exclusivamente a los Estados decretar impuestos:

1º Sobre la exportación de sus propios productos naturales o industriales;

2º Sobre todas las materias no reservadas expresamente a la Federación.

Art. 140—. El Congreso Federal votará cada año la proporción que deba percibir el Gobierno Federal sobre los productos de las materias imposibles, que será las especificadas en el artículo 86, número 30., 40., 50., 60., 10, 16, 22, 27, 28, 29, y 30, debiendo corresponder el resto de la renta al Estado la haya producido.

En caso que la cantidad proporcional con que deba contribuir cada Estado no se llene con el producto de las rentas señaladas en este artículo, el Congreso afectará cualquier otra renta reservada al mismo Estado, hasta completar la cuota correspondiente.

Art. 141—. El Consejo Federal presentará al Congreso en los primeros quince días de sesiones, el proyecto de Ley de Presupuesto de ingresos y erogaciones de la República. Anualmente dará cuenta al Congreso Federal de la ejecución de esa ley.

Art. 142—. Se creará una Tesorería General de la Federación; un Tribunal Mayor de Cuentas llevará la contabilidad y fiscalizará los ingresos y erogaciones nacionales.

Art. 143—. El Poder Ejecutivo no podrá celebrar contratos que compro metan los fondos nacionales sin la previa publicación de la propuesta en el periódico oficial licitación pública; exceptuándose los contratos que tengan y por objeto proveer a las necesidades de la guerra y los que por su naturaleza no puedan celebrarse sino con persona determinada.

Art. 144—. La Federación no podrá contratar o emitir empréstitos exteriores sin la autorización de una ley aprobada por los dos tercios de votos de la Cámara de Diputados y tres cuartos de votos del Senado.

Art. 145—. Los Estados sólo podrán estancar: los aguardientes, alcoholes y el tabaco. La Federación sólo podrá estancar los mismos artículos en el Distrito Federal, y en toda la República la pólvora y el salitre, las armas y municiones de guerra y los explosivos exclusivamente usados en el arte militar.

Art. 146—.La Federación se reserva exclusivamente:
1º. La acuñación de la moneda;
2º. El servicio de correos, telégrafos y radiotelegrafía;
3º. La emisión de billetes por medio de un banco o centro bancario, controlada por el Gobierno Federal.

Art. 147—. En toda concesión que otorgue o contrato que celebre la Federación para el establecimiento de muelles y ferrocarriles, se estipulará la condición de que esas obras, en determinado tiempo, pasen al dominio de la República, sin indemnización.

Art. 148—. Se creará un cuerpo consultivo de Hacienda Federal adjunto a la Secretaría correspondiente, que entre otros fines mantenga la independencia económica y dirija la producción de la riqueza nacional.

TÍTULO VII
DEL EJÉRCITO Y LA ARMADA

Art. 149—. El Ejército es una institución destinada a la defensa nacional y al mantenimiento de la paz y el orden público; es esencialmente obediente y no podrá deliberar ni ejercer el derecho de petición.

Los militares en servicio activo no tienen derecho de sufragio ni pueden obtener cargos de elección popular en el Estado en donde ejerzan mando.

Art. 150—. Las autoridades civiles de los Estados cooperarán debidamente a la ejecución de las leyes militares en los límites que la ley señale.

Art. 151—. El servicio militar es obligatorio para todo individuo desde la edad de veinte hasta cuarenta años En caso de guerra, agotada esa clase, son soldados todos los hombres hábiles para portar armas.

En tiempo de paz, para el servicio de guarnición sólo podrá llamarse a los individuos comprendidos entre veinte y veinticinco años.

Art. 152—. El Ejército y la Armada estarán exclusivamente a las órdenes del Consejo Federal. Los Estados no podrán mantener otra fuerza que la de la policía para resguardar el orden público.

No podrá tener mando de tropas ningún jefe oficial que no sea centro. americano; pero el poder Ejecutivo Federal podrá llamar, como auxiliares técnicos, a individuos de otra nacionalidad.

Las guarniciones que, con carácter permanente o transitorio, mantenga la federación en cualquier Estado, serán mandadas por jefes nacionales de libre nombramiento y remoción del Consejo; pero en caso de que en un Esta. do ocurra un movimiento subversivo o justamente se tema que venga un tras torno serio, dichas fuerzas deberán ponerse a la orden del Gobierno del Estado. Si esas fuerzas no fueren suficientes para sofocar la rebelión, el Gobierno del Estado pedirá, y el Consejo suministrará, los refuerzos convenientes; mas si el régimen constitucional se hubiese interrumpido de una manera violenta el Poder Ejecutivo Federal intervendrá directamente para restablecerlo.

La ley reglamentará el servicio militar, el de guarniciones y la instrucción militar, de modo que se sujeten a reglas fijas.

El Consejo tendrá la libre disposición de los armamentos y pertrechos de guerra que actualmente existen en los Estados, después de provistos éstos de la cantidad necesaria para las fuerzas de policía.

Art. 153—. Los que ingresen a las filas activas del ejército prestarán, en el tiempo que las leyes señale, el juramento de fidelidad a la Constitución y Bandera Federales.

Art. 154—. Funcionará como auxiliar del Poder Ejecutivo, bajo la inmediata dependencia de la Secretaría de la Guerra, el Estado Mayor General del Ejército, compuestos por Jefes y Oficiales seleccionados y en número igual por cada Estado. Los Jefes del Estado Mayor General y los Jefes de las Secciones en que éste se fraccione para el servicio, formarán Consejo.

Funcionará como Jefe del Estado Mayor General un Jefe militar del grado de General o Coronel, nombrado por el Consejo Federal.

Bajo las órdenes del Jefe o Jefes militares de las fuerzas federales, habrá delegación del Estado Mayor General donde se crea conveniente establecerlas.

Art. 155—. El grado militar será adquirido y conservado personalmente, en propiedad y de por vida, sin que pueda privarse de él sino por condena judicial.

Los militares que tengan grado en el Ejército tienen derecho, después de cumplir los sesenta años, a renunciar sus despachos y quedar separados del servicio.

El Poder Ejecutivo podrá conceder grados militares hasta Teniente Coronel, quedando reservados al Senado, a propuesta del Poder Ejecutivo, los de Coronel hasta General de División, previa calificación de idoneidad por el Estado Mayor General y presentación de hojas de servicios.

Los ascensos se verificarán rigurosamente de grado a grado y para llenar las vacantes.

Los que adquiridos legalmente en los Estados serán tenidos como válidos y dados a reconocer por el Consejo Federal, por medio de un escalafón que se publique ordenado en forma de rigurosa antigüedad.

Una ley reglamentará los retiros y pensiones de los miembros del Ejército.

Art. 156—. La Nación tendrá centros de enseñanza técnica para el Ejército y la Armada. El Consejo Federal hará ingresar proporcionalmente a los referidos establecimientos de instrucción militar, alumnos de los diferentes Estados.

Art. 157—. Los militares de la Federación no podrán recibir de ningún Gobierno extranjero, sin permiso previo del Senado, pensiones o sueldos, títulos, obsequios o condecoraciones.

Art. 158—. Los Estados cederán gratuitamente a la Nación los sitios necesarios para la construcción de fuertes, arsenales, astilleros, campos de aviación, escuelas militares, campos de maniobra y de tiro, maestranzas, fábricas de municiones, materiales de guerra y demás obras públicas que el Gobierno Federal construya y los edificios del Estado que aquélla necesite.

Art. 159—. Toda fuerza armada o miembro del Ejército, en servicio activo que se atribuya derechos del pueblo o haga peticiones a nombre de éste, comete delito de sedición.

Art. 160—. Se establece el fuero de guerra para los delitos puramente militares. En los juzgamientos por consejos de guerra, que establezcan las leyes militares, la designación de los vocales se hará, en todo caso por sorteo entre los jefes y oficiales hábiles según la ley.

Art. 161—. Se prohíbe la celebración de capitulaciones militares, sin orden superior.

Art. 162—. La ley determinará la organización y funcionamiento de la Armada Nacional.

TÍTULO VIII
TRABAJO Y COOPERACION SOCIAL

Art. 163—. La jornada máxima obligatoria de trabajo asalariado será de ocho horas diarias. Por cada seis días de trabajo habrá uno de descanso. El patrono es responsable de los accidentes ocurridos a sus operarios con motivo y en ejercicio de la profesión o trabajo que realicen, a menos que el accidente sea debido a fuerza mayor o caso fortuito extraño al trabajo en que se produzca el accidente, o que éste se haya verificado por notable descuido o grave imprudencia del operario.

Art. 164—. Todo propietario agrícola está obligado a contribuir a la fundación y sostenimiento de Escuelas Rurales Primarias. Una ley reglamentará esta obligación.

Art. 165—. El trabajo de las mujeres y el de los hombres menores de catorce años merece protección especial. La ley deberá reglamentarlo.

Art. 166—. Los trabajadores están facultados, individual y colectivamente, para suspender su trabajo siempre que no empleen coacción, ni medios ilícitos o violentos, ni contravengan a lo estipulado legalmente en los contratos.

No es licita la supresión del trabajo que altere el orden o interrumpa cualquier servicio público.

Art. 167—. Instituciones especiales deben amparar la maternidad y a los niños desvalidos.

Art. 168—. Los Estados deben proveer de enseñanza adecuada a los indios, para que adquieran una amplia instrucción primaria industrial y agrícola.

Art. 169—. La ley garantizará la investigación de la paternidad, con el objeto de que los hijos nacidos fuera de matrimonio puedan obtener los medios necesarios para su educación física, moral e intelectual.

Art. 170—. La Federación reglamentará el ahorro obligatorio en los establecimientos de enseñanza, talleres y oficinas públicas, Ejército y Armada; y protegerá la creación de toda clase de centros de ahorro.

Art. 171—. Se establecerá un Centro Técnico bajo el nombre de "Instituto de Reformas Sociales", cuyas atribuciones y deberes serán los siguientes:

1º. Armonizar las relaciones entre el capital y el trabajo.

2º. Promover y estimular la fundación de sociedades de producción, ahorro y consumo, así como las de seguros contra accidentes y sobre vida. Especialmente atenderá a la fundación de cooperativas para la construcción de casas higiénicas y baratas.

3º. Proteger el matrimonio y la familia, como base y fundamento de la sociedad y organizar el patrimonio de familia. (Homestead)

Art. 172—. Es deber de la Federación y de los Estados restringir gradualmente el uso de las bebidas alcohólicas. Las Asamblea de los Estados procurarán suprimir la Renta de Licores, sustituyéndola convenientemente.

TÍTULO IX
RESPONSABILIDADES DE LOS FUNCIONARIOS PÚBLICOS

Art. 173—. Los Funcionarios Públicos no tienen más facultades que las que expresamente les concede la ley. No son dueños, sino depositarios de la autoridad, sujetos y jamás superiores a la ley y siempre responsables por su conducta oficial.

Art. 174—. No obstante la aprobación que dé el Congreso a los actos del Poder Ejecutivo Federal, los Delegados del Consejo y los Secretarios del Despacho podrán ser acusados por delitos oficiales, mientras no transcurra el término de la prescripción.

Art. 175—. De todo gasto que se haga fuera de la ley, serán responsables solidariamente por las cantidades gastadas, los Delegados y el Secretario respectivo, los miembros del Tribunal de Cuentas y los empleados que en él intervinieren, si faltaren a sus respectivos deberes.

Art. 176—. Una ley especial de responsabilidades determinará la forma de deducir las que procedan contra los funcionarios delincuentes.

TÍTULO X
DEL MUNICIPIO

Art. 177—. El municipio es autónomo y será representado por Municipalidades electas directamente por el pueblo.

Art. 178—. Las Municipalidades, en el ejercicio de sus facultades privativas, serán independientes de los otros poderes, sin contrariar en ningún caso las leyes generales de los Estados o de la República; y serán responsables por lo abusos que cometan, colectiva o individualmente, ante los Tribunales de Justicia.

Art. 179—. Las Asambleas de los Estados y el Congreso Federal, respectivamente, reglamentarán la organización y atribuciones de las Municipalidades en cada uno de los Estados y en el Distrito Federal.

TÍTULO XI
DEL ESCUDO DE ARMAS Y DE LA BANDERA NACIONAL

Art. 180—. El Escudo de Armas de la Federación de Centroamérica será un triángulo equilátero: en su base aparecerá la cordillera de cinco volcanes colocada sobre un terreno bañado por ambos mares; en la parte superior un arco do iris los cubra; y bajo el arco, el sol naciente de la libertad, esparciendo rayos de luz. En torno de triángulo y en figura circular, se escribirá con letras de oro, las palabras: "Dios, Unión, Libertad".

Art. 181—. Este Escudo se colocará en todas las oficinas públicas de la Federación y de los Estados.

Art. 182—. La Bandera Nacional constará de tres fajas horizontales, azules la superior e inferior, y blanca la del centro, en la cual irá dibujado el Escudo a que se refiere el artículo 180. En los gallardetes, las fajas se colocarán perpendicularmente por el orden expresado.

Art. 183—. Las Banderas y Estandartes del Ejército y de la Armada, se arreglarán conforme a lo dispuesto en el artículo anterior.

Art. 184—. En los buques mercantes, las banderas y gallardetes no llevarán Escudo; y en la faja del centro se escribirán con letras de plata las palabras: "Dios, Unión, Libertad".

Art. 185—. La ley reglamentará el uso del Escudo y de la Bandera de la Nación.

Art. 186—. Desde el 15 de Septiembre de 1921, quedan abolidas las ban y escudos que actualmente usan los Estados de la Federación.

TÍTULO XII
LEYES COMPLEMENTARIAS
Y REFORMAS A LA CONSTITUCIÓN

Art. 187—. Son leyes complementarias la de Libertad de Imprenta, la de Amparo y la de Estado de Sitio, y se tendrán como parte integrante de esta Constitución.

Art. 188—. Las reformas de la Constitución se harán por los dos tercios de votos de la Cámara de Diputados y los tres cuartos de la Cámara de Senadores.

Si la reforma hubiere de alterar algunas de las bases enumeradas en el Artículo V del Pacto de San José de Costa Rica, de 19 de Enero de 1921, será requisito indispensable, además de los enumerados en esta Constitución, que den su consentimiento las Asambleas de todos los Estados, por mayoría absoluta de votos. En todo caso, los votos se computarán sobre la base del número de los miembros presentes.

Las reformas se votarán después de tres debates, con intervalo de ocho días cada uno.

Art. 189—. Toda reforma deberá ser iniciada por la quinta parte, por lo menos, de los Diputados; o si tuviere su origen en el Senado, la iniciativa deberá ser hecha por un Senador por cada Estado. Tendrán también iniciativa las Asambleas de los Estados y el Consejo Federal; pero en este último caso, por el voto unánime de sus miembros. Toda iniciativa de reforma presentada al Congreso, antes de tomarse en consideración, deberá ser publicada en el periódico oficial de cada Estado, e indicará el artículo o artículos a que se contrae.

Acordada la reforma, convocará a una Asamblea Constituyente para decretarlas como lo estime conveniente; deberá reunirse en el plazo que señale el Decreto de convocatoria y se compondrá de Representantes electos de igual manera y con las mismas condiciones exigidas para los miembros de la Cámara de Diputados.

TÍTULO XIII
DISPOSICIONES GENERALES

Art. 190—. El Estado de Costa Rica podrá ingresar a la Federación en cualquier momento que lo solicite, y la Federación lo admitirá sin necesidad de más trámite que la presentación de la ley aprobatoria del Pacto de Unión suscrito en San José de Costa Rica, y de la en que acepte la Constitución Federal y Leyes Constitutivas.

Art. 191—. Si el Estado de Nicaragua decidiere entrar en la Unión deberá la Federación otorgarle las mayores facilidades para su ingreso, en el tratado que con ese objeto se celebre.

Art. 192—. Cuando ingresen los Estados de Nicaragua y de Costa Rica a la Federación, se aumentará, en lo que proceda, el Consejo Federal y las Cámaras Legislativas.

Art. 193—. Los partidos políticos tendrán derecho de intervenir en la recepción de votos y en todos los actos del sufragio. La Ley

Electoral reglamentará el ejercicio de este derecho, así como la manera de las minorías que estén representadas en los cuerpos legislativos y municipales.

Art. 194—. Es un deber de la Federación y de los Estados incluir en los programas de enseñanza la de la moral y la educación cívica, en especial el conocimiento de esta Constitución, a fin de cultivar en el alma colectiva el sentimiento de la nacionalidad centroamericana.

El Centro Técnico a que se refiere el inciso 4º del artículo 86, dependerá directamente de la Secretaría de Instrucción Pública y establecerá entre otras las siguientes escuelas: Normal del hogar y Amas de casa; Normal de Maestro rurales, y Normales para la enseñanza primaria y secundaria.

La Federación creará, cuanto antes fuere posible, una Universidad Nacional, y dará la preferencia, para su pronto establecimiento, a las secciones de Agricultura, Industria, Comercio y Ciencias Matemáticas.

Art. 195—. Los actuales Presidentes de los Estados se denominarán, en lo sucesivo, Jefes de Estado, y continuarán en el ejercicio de sus funciones, de acuerdo con esta Constitución hasta que termine el período legal para el que fueron electos.

Art. 196—. Para ser electo Delegado al Consejo Federal, Jefe de Estado, Ministro, Senador, Diputado, Secretario de Despacho y ejercer funciones del Ramo Judicial, es condición necesaria pertenecer al estado seglar.

Art. 197—. Todo Funcionario Público, al tomar posesión de su cargo, hará la siguiente protesta: "Protesto ser fiel a la República Federal de Centro. américa, cumplir y hacer cumplir la Constitución y las demás leyes, y mantener la unidad nacional de la Patria Centroamericana.

Art. 198—. El período constitucional comenzará el primero de Febrero, excepto en cuanto a los Senadores y Diputados, para quienes comenzará desde el primero de Enero.

TÍTULO XIV
DISPOSICIONES TRANSITORIAS

Art. 199—. El Consejo Federal Provisional nombrará una o varias comisiones compuestas de dos individuos por cada Estado, a fin de que procedan a formar el proyecto para unificar las tarifas aduaneras, régimen de bancos y sistema monetario.

Estos proyectos deberán ser presentados al primer Congreso Federal. Mientras no se unifique el sistema monetario de la Nación, los impuestos y contribuciones podrán ser satisfechos en la moneda corriente de los respectivos Estados, manteniendo la equivalencia, con respecto a la unidad monetaria de cuenta que fije el Consejo Federal.

El Consejo Federal Provisional hará que los Poderes Ejecutivos de los Estados nombren una o varias comisiones, compuestas por individuos de cada Estado, para que formulen los proyectos de unificación de las leyes sobre ramos estancados. Estos proyectos deberán ser presentados a los Poderes Legislativos de cada Estado en su próxima reunión. Entre tanto no se verifique la unificación sobre todas las materias anteriores, continuarán vigentes las leyes de los Estados.

No podrá ejercerse el libre comercio de mercaderías extranjeras a que se refiere el artículo 14, mientras no se haya unificado la Legislación sobre Aduanas.

Art. 200—. Cada Estado entregará al Consejo Federal Provisional la suma que éste designe para cubrir los gastos que demande el cumplimiento de su misión.

Art. 201—. Los Estados contribuirán en proporción a sus ingresos al sostenimiento de los Poderes de la Nación, de Servicio Diplomático y Consular y de la Fuerza Pública Federal, hasta que no estén organizadas las rentas federales. El Consejo definitivo, señalará la cantidad que cada Estado pondrá periódicamente a disposición del Tesoro Federal para los gastos preindicados. Los demás servicios administrativos continuarán a cargo de los Estados, en tanto que la ley no disponga lo conveniente para el cumplimiento de los preceptos contenidos en esta Constitución.

Art. 202—. Mientras no se levante el censo general de la República, cada Estado elegirá quince Diputados propietarios y quince suplentes, de conformidad con la Ley Electoral Federal.

Art. 203—. Al promulgarse la presente Constitución, el Consejo Federal Provisional convocará a elecciones de Delegados propietarios y suplentes y de Diputados propietarios y suplentes para que el último domingo del mes de Octubre próximo comience a practicarse la elección de esos funcionarios.

La elección de Delegados se practicará conforme a la Ley Electoral ahora vigente en los Estados de Guatemala, El Salvador y Honduras en cuanto a la elección de Presidente de la República.

Para la elección de Diputados que corresponden a cada Estado, se considerará éste como distrito electoral único, que votará por la totalidad de los Diputados propietarios y suplentes. Esta elección se practicará conforme a la Ley Electoral vigente en cada Estado para la elección de Diputados. Ejercerán el voto activo todos los que según la presente Constitución tengan ese derecho; y serán elegibles los que reúnan las calidades exigidas por esta misma Ley Fundamental.

Las Juntas electorales enviarán al respectivo Secretario de Gobernación y a las personas que obtuvieren mayor número de votos, copia legalizada del acta de elección.

Los Secretarios de Gobernación de cada Estado enviarán al Consejo Federal Provisional copias legalizadas de las actas de elecciones para Delegados propietarios y suplentes; y el Consejo las remitirá al Congreso Pleno para los efectos de los incisos 2, 3 y 4 del Art. 84 y del Art. 100 de la presente Constitución.

Los Secretarios de Gobernación de cada Estado enviarán asimismo al Consejo Federal Provisional a las personas que hubieren obtenido mayor número de votos para Diputados propietarios y suplentes, copias legalizada de las actas de elecciones para que sirvan de suficiente credencial,

El Poder Ejecutivo de cada uno de los Estados convocará extraordinariamente a la respectiva Asamblea, una vez terminadas las elecciones de Delegados y Diputados, para que elijan los Senadores que le correspondan. Los Delegados al Consejo Federal definitivo deberán tomar posesión el día 1º de Febrero de 1922.

Art. 204—. La Ley Electoral de la Federación será emitida por el Congreso, y no podrá ser reformada sino por acuerdo de los dos tercios próximo de votos de la Cámara de Diputados y tres cuartos de votos de la Cámara de Senadores.

Art. 205—. El primer Congreso Federal podrá prorrogar sus sesiones por todo el tiempo que lo creyere necesario.

Art. 206—. La Asamblea Nacional Constituyente elegirá por esta vez los Designados que, en su caso, deban sustituir a los actuales Delegados propietarios o suplentes del Consejo Federal Provisional, mientras no se haga la elección popular de los miembros del Consejo definitivo y tomen posesión los electos.

Art. 207—. Corresponde al Consejo Federal Provisional dictar las medidas preliminares a la organización de la Federación y de su Gobierno inicial; y especialmente de promulgar esta Constitución, leyes constitutivas y demás resoluciones que dicte la Asamblea Nacional Constituyente; decretar lo conveniente para que en su oportunidad los Estados elijan Delegados al Consejo, Senadores y Diputados; y dar posesión al Consejo Federal definitivo.

En consecuencia, el Consejo Federal Provisional hará gestiones por sí o por representantes para que la República de Centroamérica entre en la comunidad jurídica internacional; procederá a dar cumplimiento al Título VII de esta Constitución, preparando los proyectos de ley necesarios para la instalación y funcionamiento del Estado Mayor General y la unificación del Ejército, elaborará directamente o por medio de comisiones todos los proyectos de ley que juzgue convenientes para la organización de la República, sometiéndolos al primer Congreso Federal.

Art. 208—. Las disposiciones de esta Constitución no obstan para los Tratados que puedan celebrarse con las hermanas Repúblicas de Nicaragua y Costa Rica, con el objeto de que se incorporen a Centroamérica, a fin de completar la reconstrucción de la antigua República Federal.

Art. 209—. Esta Constitución será promulgada el día de hoy y comenzará a regir el primero de Octubre próximo.

Dada en Tegucigalpa, Estado de Honduras, a nueve de Septiembre de mil novecientos veintiuno, año del Primer Centenario de la Independencia Nacional.

POLICARPO BONILLA,
Presidente.
Diputado por Honduras.

CARLOS SALAZAR,
Vicepresidente Diputado por Guatemala.

MANUEL DELGADO,
Vicepresidente Diputado por El Salvador.

DIPUTADOS POR GUATEMALA

Miguel T. Alvarado
José Astúa Aguilar
Salvador Falla
Virgilio Obregón
Rafael D. Ponciano
Salvador E. Sandoval
José León Samayoa
Eugenio Silva Peña
Antonio Valladares
Filadelfo J. Fuentes
Alberto De León
Eduardo Lizarralde

DIPUTADOS POR EL SALVADOR
J. Tomás Calderón
Lisandro Cevallos
Eduardo Álvarez
Carlos Azúcar Chávez
Antonio Alfaro
Enrique Córdova
Rafael J. Hidalgo
Francisco A. Lima
Sixto Barrios
Francisco Castañeda
David Rosales

DIPUTADOS POR HONDURAS
Ricardo D. Alduvín
Manuel F. Barahona
Teodoro F. Boquín
Hipólito Moncada
Miguel A. Navarro
Miguel Oquelí Bustillo
Antonio R. Reina
José M Sandoval
J. Ángel Zúñiga Huete
Salvador Corleto
Coronado García
Vicente Mejía Colindres

JOSE MATOS, Secretario. Diputado por Guatemala
MANUEL CASTRO R. Secretario. Diputado por El Salvador.
SALVADOR MENDIETA, Secretario Diputado por Guatemala.

JUAN E. PAREDES, Secretario Diputado por Honduras,

CONSEJO FEDERAL PROVISIONAL DE LA REPÚBLICA DE CENTROAMÉRICA, en Tegucigalpa, a nueve de Septiembre del año de mil novecientos veintiuno, Centenario de la Independencia Nacional.

Ejecútese.

J. VICENTE MARTINEZ,
Diputado por Guatemala, Presidente.

D. GUTIERREZ, delegado por Honduras
F. MARTINEZ SUAREZ, Delegado por El Salvador, Secretario.

CONSTITUCIÓN POLÍTICA DE LA REPÚBLICA DE HONDURAS DE 10 DE SEPTIEMBRE DE 1924

ASAMBLEA NACIONAL CONSTITUYENTE
DECRETO Nº 7

Nosotros, los Representantes del Pueblo Hondureño, reunidos para dar la Ley Fundamental de la Nación, decretamos y sancionamos la siguiente Constitución Política

TÍTULO I
DE LA NACIÓN

Artículo 1º—. Honduras es un Estado disgregado de la República de Centro América. En consecuencia, reconoce como una necesidad primordial volver a la unión con las demás secciones de la República disuelta. A este efecto, queda facultado el Poder Legislativo para ratificar definitivamente los tratados que tiendan a realizarla con uno o más Estados de la Antigua Federación.

Art. 2º—. Honduras es nación libre, soberana e independiente. Honduras considera como un atentado a su soberanía la intromisión de un Gobierno extraño en sus asuntos interiores.

Art. 3º—. La soberanía nacional reside esencialmente en la universalidad de los hondureños.

Art. 4º—. Todo Poder Público emana del pueblo. Los funcionarios del Estado no tienen más facultades que las que expresamente les da la ley. Todo acto que ejecuten fuera de la ley es nulo.

Art. 5º—. Los límites de Honduras y su división territorial serán determinados por la ley.

TITULO II
DE LOS HONDUREÑOS

Art. 6°—. Los hondureños son naturales o naturalizados.

Art. 7°—. Son naturales:
1°. Los nacidos en Honduras de padres hondureños.
2°. Los hijos nacidos en Honduras de extranjeros domiciliados y los hijos de padre o madre hondureños nacidos en el extranjero, que opten por nacionalidad hondureña. La declaratoria de opción deberá hacerse dentro de un año, después de llegar a la mayor edad. Los tratados pueden modificar las disposiciones de este número.
3°. Los nacidos en Honduras de extranjeros también nacidos en el país. Ningún hondureño nacido en el territorio de la Nación, podrá tener otra nacionalidad distinta de la de Honduras, mientras resida en el país.

Art. 8°—. Se consideran como naturales los hijos de las otras Repúblicas de Centro América domiciliados en el país, salvo que ante la primera autoridad política departamental, manifiesten el deseo de conservar su nacionalidad. También se consideran como hondureños naturales los centroamericanos de origen que manifiesten su deseo de ser hondureños.

Art. 9°—. Son naturalizados:
1°. Los españoles y latinoamericanos que tengan un año de residencia en el país y que manifiesten su deseo de naturalizarse en él ante la autoridad respectiva.
2°. Los demás extranjeros que tengan dos años de residencia en el país y que manifiesten su deseo de naturalizarse en él ante la autoridad referida.
3°. Los que obtengan carta de naturaleza acordada designe la ley.

TÍTULO III
DE LOS EXTRANJEROS

Art. 10º—. La República de Honduras es asilo sagrado para toda persona que se refugie en su territorio, salvo las excepciones determinadas por la ley.

Art. 11—. Los extranjeros están obligados, desde su llegada al territorio de la República, a respetar las autoridades y a observar las leyes.

Art. 12—. Los extranjeros gozan en Honduras en todos los derechos civiles de los hondureños.

Art. 13—. Pueden adquirir toda clase de bienes en el país conforme a la ley; y quedarán sujetos a todas las cargas ordinarias y a las extraordinarias de carácter general, a que estén obligados los hondureños.

Art. 14—. No podrán hacer reclamaciones, ni exigir indemnización alguna del Estado, sino en los casos y en la forma en que pudieran hacerlo los hondureños. Tampoco podrán desempeñar cargos o empleos con jurisdicción general, seccional o departamental, inclusive los de los distintos cultos establecidos en el país, bajo pena de expulsión; pero sí podrán desempeñar empleos en la enseñanza y en las artes, y en cualquier otro ramo que no sea de los comprendidos en la prohibición.

Art. 15—. Los extranjeros no podrán ocurrir a la vía diplomática, sino en los casos de denegación de justicia. Para este efecto, no se entiende por denegación de justicia que un fallo ejecutoriado no sea favorable al reclamante. Si contraviniendo esta disposición, no terminaren amistosamente las reclamaciones, y se causaren perjuicios al país, perderán el derecho de habitar en él.

Art. 16—. La extradición sólo podrá otorgarse en virtud de ley o de tratados, por delitos comunes graves; nunca por delitos políticos, aunque por consecuencia de éstos resulte un delito común.

Art. 17—. Las leyes establecerán la forma y casos en que puede negarse al extranjero la entrada al territorio de la Nación, u ordenarse su expulsión por considerarlo pernicioso.

Art. 18—. Las leyes y tratados reglamentarán el uso de estas garantías, sin poder alterarlas.

Art. 19—. Las disposiciones de este título no modifican los tratados existentes entre Honduras y otras naciones.

TÍTULO IV
DE LOS CIUDADANOS

Art. 20—. Son ciudadanos todos los hondureños mayores de veintiún años, y los mayores de diez y ocho que sean casados o sepan leer y escribir.

Art. 21—. Son derechos del ciudadano: ejercer el sufragio, tener y portar armas y optar a los cargos públicos, todo con arreglo a la ley.
Los militares que se hallen prestando servicio activo en el Ejército o en la Policía, no podrán ser electores, pero sí elegibles en los casos no prohibidos por la ley.

Art. 22—. La calidad de ciudadano se suspende, se pierde y se restablece con arreglo a las siguientes prescripciones:

SE SUSPENDE:

1º. Por auto de prisión formal, o declaratoria de reo, o de haber lugar a formación de causa.
2º. Por sentencia firme que prive de los derechos políticos.

3°. Por interdicción judicial, por estar declarado deudor fraudulento o por tener conducta notoriamente viciosa.

4°. Por vagancia legalmente declarada.

SE PIERDE:

1°. Por aceptar, sin el permiso debido, condecoraciones de países extranjeros, salvo que éstas distinciones tengan por objeto premiar obras filantrópicas, científicas, literarias o artísticas.

2°. Por desempeñar, sin la licencia debida, empleo de nación extranjera, del ramo militar o de carácter político.

SE RESTABLECE EL EJERCICIO DE LA CIUDADANIA:

1°. Por sobreseimiento.
2°. Por sentencia absolutoria.
3°. Por cumplimiento de la pena.
4°. Por amnistía.
5°. Por rehabilitación de conformidad con la ley.
6°. Por renunciar ante la autoridad competente la nacionalidad extranjera adquirida.

Art. 23—. El voto activo es irrenunciable y obligatorio para los ciudadanos.

Art. 24—. El sufragio será directo y secreto. Las elecciones se verificarán en la forma prescrita por la ley, y ésta dará la representación correspondiente a las minorías.

Art. 25—. Sólo los ciudadanos mayores de veintiún años, que se hallen en el ejercicio de sus derechos, son elegibles.

TÍTULO V
DE LOS DERECHOS Y GARANTÍAS

Art. 26—. La Constitución garantiza a todos los habitantes de Honduras, sean nacionales o extranjeros, la inviolabilidad de la vida humana, la seguridad individual, la libertad, la igualdad ante la ley y la propiedad.

INVIOLABILIDAD DE LA VIDA HUMANA

Art. 27—. La pena de muerte queda absolutamente abolida en Honduras.

SEGURIDAD INDIVIDUAL

Art. 28—. La Constitución reconoce la garantía del Habeas Corpus. —En consecuencia, toda persona ilegalmente detenida, o cualquiera otra en su nombre, tiene derecho para recurrir al Tribunal, verbalmente o por escrito, pidiendo la exhibición de la persona.

Art. 29—. Toda persona tiene derecho para requerir amparo contra cualquier atentado o arbitrariedad de que sea víctima, y para hacer efectivo el ejercicio de todas las garantías que esta Constitución establece, cuando sea indebidamente coartada en el goce de ellas, por leyes o actos de cualquier autoridad, agente o funcionario público.

Art. 30—. La orden de arresto que no emane de autoridad competente, o que se haya dictado sin las formalidades legales, es atentatoria.

Art. 31—. La detención para inquirir no podrá pasar de seis días.

Art. 32—. La incomunicación de un detenido no podrá pasar de cuarenta y ocho horas.

Art. 33—. No podrá proveerse auto de prisión sin que preceda plena prueba de haberse cometido un crimen o simple delito que merezca pena de privación de la libertad, sin que resulte indicio racional de quién sea su autor. En la misma forma se hará la declaratoria de reo. Se prohíbe la prisión por deudas, excepto cuando hubiere dolo.

Art. 34—. Es permitida la prisión o arresto, por pena o apremio, en los casos y por el término que disponga la ley. El apremio no podrá exceder de treinta días.

Art. 35—. El delincuente infraganti puede ser aprehendido por cualquiera persona, para el efecto de entregarlo a la autoridad que tenga facultad de arrestar.

Art. 36—. Ninguno puede ser preso o detenido, sino en los lugares que determine la ley En ningún caso se permitirá que las cárceles sirvan para maltratar, y sí sólo para asegurar a los procesados y penados.

Art. 37—. Aun con auto de prisión, ninguno puede ser llevado a la cárcel, ni detenido en ella, si presentare fianza suficiente, cuando por el delito no deba aplicarse pena que pase de tres años.

Art. 38—. Ninguno puede ser juzgado por comisiones especiales, ni por otros jueces que los designados por la ley.

Art. 39—. El derecho de defensa es inviolable.

Art. 40—. Nadie puede ser obligado, en materia criminal, a declarar contra sí mismo, ni contra su cónyuge y parientes dentro del cuarto grado de consanguinidad o segundo de afinidad.

Art. 41—. Ninguno puede ser inquietado ni perseguido por sus opiniones. Las acciones privadas que no alteren el orden público, o que no causen daño a tercero, estarán siempre fuera de la acción de la ley.

Art. 42—. Se prohíbe absolutamente la fustigación, la aplicación de palos y toda especie de tormentos. Se prohíben también las prisiones innecesarias y todo rigor indebido.

Art. 43—. La habitación de todo individuo es un asilo sagrado, que no podrá allanarse sino por la autoridad, en los casos siguientes:
1º. Para extraer un criminal sorprendido infraganti.
2º. Por cometerse delito en el interior de la habitación, por desorden escandaloso que exija pronto remedio, o por reclamación del interior de la casa.
3º. En caso de incendio, terremoto, inundación, epidemia u otro análogo; y para verificar cualquier visita o inspección de carácter puramente sanitario, todo con arreglo a la ley.
4º. Para libertar una persona secuestrada ilegalmente.
5º Para extraer objetos perseguidos en virtud de un proceso, precediendo semiplena prueba por lo menos, de la existencia de dichos objetos; y para ejecutar una disposición judicial legalmente decretada.
6º. Para aprehender a un reo a quien se haya proveído auto de prisión o detención, precediendo al menos semiplena prueba de que se oculta en la casa que debe allanarse.
En los dos últimos casos no se podrá verificar el allanamiento sino con orden escrita de autoridad competente.

Art. 44—. Siempre que el domicilio que haya de allanarse no sea el del reo a quien se persigue, la autoridad o sus agentes solicitarán previamente el permiso del morador.

Art. 45—. El allanamiento del domicilio no se puede verificar desde las siete de la noche hasta las seis de la mañana, sin permiso del jefe de la casa.

Art. 46—. Son inviolables la correspondencia epistolar y telegráfica, los papeles privados y los libros de comercio. En ningún caso el Poder Ejecutivo ni sus agentes podrán sustraer, abrir, ni detener la correspondencia epistolar o telegráfica. La sustraída de las estafetas o de cualquiera otro lugar no hace fe contra ninguno.

Art. 47—. La correspondencia particular, papeles y libros privados, sólo podrán ocuparse en virtud de auto de juez competente, en los asuntos criminales y civiles que la ley determine, debiendo registrarse a presencia del poseedor, o en su defecto, de dos testigos, y devolverse los que no tengan relación con lo que se indaga.

Art. 48—. Se prohíbe dar leyes o disposiciones prescriptivas, confiscatorias o que ordenen penas infamantes o perpetuas. La duración de las penas no podrá exceder de doce años, y de veinte las acumuladas por varios delitos.

Art. 49—. Las leyes no pueden tener efecto retroactivo, excepto en materia penal, cuando sean favorables al delincuente o procesado.

Art. 50—. La policía de seguridad sólo podrá ser confiada a las autoridades civiles.

Art. 51—. Las leyes fijarán el orden y las formas del proceso en materia criminal.

CIVIL Y LIBERTAD

Art. 52—. El esclavo que pise el territorio hondureño queda libre. El tráfico de esclavos es un crimen.

Art. 53—. Se garantiza el libre ejercicio de todas las religiones que no contraríen las leyes del país. La Iglesia está separada del Estado, el cual no podrá dar subvenciones, en caso alguno para ningún culto.

Art. 54—. No podrá someterse el estado civil de las personas a una creencia religiosa determinada.

Art. 55—. Toda persona podrá libremente y sin sujeción a censura previa, emitir su pensamiento, de palabra o por escrito, por medio de la imprenta o por cualquier otro procedimiento, sin perjuicio de las responsabilidades que impongan las leyes cuando por alguno de aquellos medios se atente contra la honra de las personas, el orden social o la tranquilidad pública. En ningún caso podrá secuestrarse la imprenta y sus accesorios como instrumento de delito.

Art. 56—. Se garantiza la libre enseñanza. La que se costee con fondos públicos será laica, y la primaria y la de Artes y Oficios será, además, gratuita, obligatoria y subvenida por el Estado. La ley reglamentará la enseñanza sin restringir su libertad, ni la independencia de los profesores.

Art. 57—. Se garantiza la libertad de reunión sin armas, y la de asociación para cualquier objeto lícito. Se prohíbe el establecimiento de toda clase de asociaciones monásticas y conventuales. La entrada al país de los individuos pertenecientes a estas asociaciones será reglamentada por la ley.

Art. 58—. Toda industria es libre. Sólo podrán estancarse en provecho de la Nación, el aguardiente, la pólvora y el salitre. La ley reglamentará el trabajo, el ejercicio de las profesiones y el de las industrias.

Art. 59—. Los monopolios y privilegios sólo podrán establecerse hasta por diez años improrrogables; y las concesiones para fomentar la introducción o perfeccionamiento de nuevas industrias, la colonización o inmigración, la apertura de vías de comunicación y las instituciones de crédito, hasta por noventa años, también improrrogables. En ningún caso se dispensará el pago de los impuestos municipales.

Vencido el término de una concesión relativa a empresas de colonización. o inmigración, o a las de apertura de vías de comunicación, pasará la em— presa, con todos sus accesorios, al dominio del Estado, sin retribución alguna.

Art. 60—. Toda persona puede adquirir propiedades y disponer de ellas por cualquier título, con las limitaciones establecidas por la ley.

Art. 61—. Son prohibidas las vinculaciones, y toda institución en favor de establecimientos religiosos.

Art. 62—. Toda persona o reunión de personas, tiene derecho de dirigir sus peticiones a las autoridades legalmente establecidas, de que se resuelvan y se le haga saber la resolución correspondiente.

No se exigirá el uso de papel sellado en las peticiones que se dirijan al Poder Legislativo, o al Poder Ejecutivo y a las autoridades administrativas, excepto en las concesiones y contratas del Estado, y los títulos que se emitan como consecuencia de las mismas.

Art. 63—. Toda persona podrá entrar en el territorio de la República, salir de él, viajar dentro de sus límites y mudar de residencia, sin necesidad de pasaporte u otro requisito semejante, salvo lo que se disponga en las leyes sobre inmigración, salubridad y las facultades atribuidas a las caso de responsabilidad civil o criminal. a las autoridades en Igualdad

Art. 64—. Todos los hondureños son iguales ante la ley. La República no reconoce fueros ni privilegios personales. En la provisión de los cargos públicos se atenderá a la idoneidad del nombrado y a las demás condiciones que señale la ley para servirlos. Se prohíbe la acumulación de cargos o empleos remunerados, aun con carácter de interinos, excepto los de enseñanza.

Los ministros de las diversas religiones no podrán ejercer cargos públicos.

Art. 65—. La proporcionalidad será la base de las contribuciones directas.

PROPIEDAD

Art. 66—. Nadie puede ser privado de su propiedad sino en virtud de ley o de sentencia fundada en ley. La expropiación de inmuebles por causas de necesidad y utilidad pública, debe ser calificada por la ley o por sentencia fundada en ley, y no se verificará sin previa indemnización.

Art. 67—. El derecho de propiedad no perjudicará el derecho eminente del Estado dentro de sus límites territoriales, ni podrá sobreponerse a los derechos que tengan las instituciones nacionales o las obras de carácter nacional.

Art. 68—. Todo autor o inventor goza de la propiedad exclusiva de su obra o descubrimiento, por el tiempo que determine la ley.

Art. 69—. El derecho de reivindicar los bienes confiscados prescribe en cincuenta años.

Art. 70—. Sólo el Congreso impone contribuciones nacionales.

Art. 71—. Ningún servicio personal es exigible sino en virtud de ley, o de sentencia fundada en ley.

Art. 72—. Ninguna persona que tenga la libre administración de sus bienes puede ser privada del derecho de terminar sus asuntos civiles por transacción o arbitramento.

SUSPENSIÓN DE GARANTÍAS CONSTITUCIONALES

Art. 73—. Las garantías establecidas en los Artículos 28, 30, 31, 37, 43, 44, 45, 46, 47, 57, parte primera, 63, 66 y 71, podrán suspenderse en toda la República o parte de ella, temporalmente y cuando lo exija la seguridad del Estado en caso de invasión del territorio, de grave perturbación del orden que amenace la paz pública, de epidemia o de otra calamidad. El territorio en que fuesen suspendidas las garantías expresadas, se regirá, durante la sus—

pensión, por la Ley de Estado de Sitio; pero ni en dicha ley ni en otra alguna podrá disponerse la suspensión de más garantías que las ya mencionadas.

Tampoco podrán hacerse durante la suspensión, declaraciones de nuevos delitos, ni imponerse otras penas que decretarse la suspensión. las establecidas en las leyes vigentes al

Art. 74——. Queda prohibido al Poder Ejecutivo, aun en el período de sus pensión de garantías, el extrañamiento o la deportación de los ciudadanos, confinarlos a más de ciento veinte kilómetros de su domicilio, detenerlos más de diez días sin hacer entrega de ellos a la autoridad judicial, o repetir la detención durante el tiempo de la misma suspensión de garantías. Los detenidos no podrán serlo sino en lugares distintos de los establecimientos destinados a los responsables de delitos comunes.

Art. 75——. La suspensión de garantías de que se trata en el artículo 73, sólo podrá decretarse por el Congreso, o cuando éste no estuviere reunido, por el Poder Ejecutivo. Pero éste no podrá decretar la suspensión más de una vez durante el período comprendido entre dos legislaturas, ni por tiempo indefinido, ni mayor de treinta días, sin convocar al Congreso en el mismo decreto de suspensión. En todo caso debe darle cuenta de los actos ejecutados durante la suspensión de garantías.

Si el Ejecutivo violare cualquiera de las disposiciones comprendidas en esta sección, el perjudicado o cualquiera persona en su nombre podrá recurrir de amparo.

DISPOSICIONES GENERALES

Art. 76——. La enumeración de garantías y derechos que hace esta Constitución, no excluye los no enumerados, pero que nacen del principio de la soberanía del pueblo y de la forma republicana de Gobierno.

Art. 77—. Las leyes que reglamenten el ejercicio de tales garantías y derechos, serán ineficaces en cuanto los disminuyan, restrinjan o adulteren.

TÍTULO VI
DE LA FORMA DE GOBIERNO

Art. 78—. El Gobierno de Honduras es republicano, democrático y representativo. Se ejerce por tres poderes independientes: Legislativo, Ejecutivo y Judicial.

Art. 79—. Ninguno de los poderes constituidos podrá ejecutar actos en que se altere la forma de gobierno establecida, o se menoscabe la integridad del territorio o la soberanía nacional.

TÍTULO VII
DEL PODER LEGISLATIVO

Art. 80—. El Poder Legislativo se ejerce por un Congreso de Diputados, que se reunirá en la Capital de la República el 19 de enero de cada año, sin necesidad de convocatoria.

Los Diputados deben ser ciudadanos en ejercicio de sus derechos, mayores de veinticinco años y naturales o vecinos del departamento en que se haga la elección. No es preciso que esta última condición concurra en los Diputa dos por las minorías.

Art. 81—. Las sesiones del Congreso durarán sesenta días, prorrogables hasta por cuarenta más, cuando lo exijan asuntos de interés actual.

Art. 82—. El Congreso tendrá también sesiones extraordinarias cuando sea convocado por el Ejecutivo, o por la Comisión Permanente, y en esos casos sólo tratará de los asuntos expresados en el decreto de convocatoria.

Art. 83—. Instalado el Congreso en la Capital, podrá acordar trasladarse a otra población.

Art. 84—. El 21 de diciembre de cada año se reunirán los Diputados en juntas preparatorias, y con la concurrencia de cinco, por lo menos, se organizará el Directorio, a fin de dictar las providencias necesarias para la instalación del Congreso.

Art. 85—. Dos terceras partes de los miembros de que se compone Congreso serán suficientes para celebrar sesiones.

Art. 86—. Un número de cinco Diputados podrá convocar extraordinariamente al Congreso para cualquier lugar de la República, cuando el Ejecutivo haya impedido su instalación, o sus sesiones, o lo haya disuelto.

Art. 87—. Los Diputados serán electos por cuatro años y pueden ser reelectos indefinidamente. Cada dos años se renovarán por mitad. La primera renovación se hará por sorteo, y las sucesivas, por orden de antigüedad. En caso de falta absoluta de un Diputado, terminará su período el suplente llamado por el Congreso.

Art. 88—. No pueden ser Diputados:
1º. Los Secretarios y Subsecretarios de Estado.
2º Los empleados del Poder Ejecutivo, excepto los de enseñanza.
3º. Los Magistrados de la Corte Suprema de Justicia y de las Cortes de Apelaciones, los Jueces de Letras y Registradores de la Propiedad y los Oficiales del Ministerio Público.
4º. Los Miembros del Tribunal Superior de Cuentas y el Fiscal General de Hacienda.
5º. Los Agentes Diplomáticos y Consulares.
6º. Los militares en servicio.
7º. Los contratistas de obras o servicios públicos que se costeen con fondos nacionales, y los que por tales contratas tenían reclamaciones contra el Estado.
8º. Los deudores morosos a la Hacienda Pública y los que tengan cuentas pendientes por administración de fondos de la misma.
9º. Los parientes del Presidente de la República y de los Secretarios de Estado, dentro del cuarto grado de consanguinidad o afinidad. So prohibiciones a que se refieren los números 3º y 4º de

este artículo corresponden solamente a los funcionarios electos o nombrados con carácter de propietarios; pero los respectivos suplentes, o interinos en ejercicio de funciones, no podrán ejercer, al mismo tiempo los de Diputado.

Art. 89—. Los Diputados, desde el día de su elección gozarán de las siguientes prerrogativas:

1°. Inmunidad personal para no ser detenidos, acusados ni juzgados, aun en Estado de Sitio, si el Congreso o la Comisión Permanente no los declara previamente con lugar a formación de causa.

2°. No ser demandados civilmente desde quince días antes hasta quince días después de las sesiones ordinarias o extraordinarias del Congreso, salvo el caso de reconvención.

3°. No ser llamados al servicio militar sin su consentimiento, desde el día de su elección hasta terminar su período.

4°. No ser extrañados de la República ni confinados durante el período para que han sido electos.

5°. No ser responsables, en ningún tiempo, por sus opiniones o iniciativa parlamentarias.

Art. 90—. Los Diputados no están obligados a aceptar empleos públicos. Si voluntariamente aceptaren alguno de los comprendidos en el artículo 88, dejen por el mismo hecho de ser Diputados.

Art. 91—. La elección de Diputados al Congreso se hará sobre la base de un Diputado propietario y un suplente por cada quince mil habitantes. Si hubiere fracciones, se elegirá un Diputado más por cada fracción que exceda de la mitad de la base.

TÍTULO VIII
DE LAS ATRIBUCIONES DEL PODER LEGISLATIVO

Art. 92—. Corresponden al Congreso, las atribuciones siguientes:

1º. Abrir y cerrar sus sesiones, y prorrogarlas cuando lo estime convenien. te; calificar la elección de sus miembros, con vista de las credenciales, y recibirles la promesa de ley.

2º. Llamar a los respectivos suplentes, en caso de falta absoluta o de legítimo impedimento de los propietarios, y mandar reponer las vacantes que ocurran.

3º. Admitir las renuncias de sus miembros, por causas legales debidamente comprobadas.

4º. Formar su reglamento interior y el de la Comisión permanente.

5º. Decretar, interpretar, reformar y derogar las leyes.

6º. Crear y suprimir empleos, establecer pensiones y decretar honores.

7º. Conceder garantía por delitos políticos. Fuera de este caso, el Congreso no podrá dictar resoluciones por vía de gracia.

8º. Disponer todo lo conveniente a la seguridad y defensa de la República.

9º. Hacer el escrutinio de votos para Presidente y Vicepresidente de la República y declarar electos a los ciudadanos que hubieren obtenido mayoría absoluta.

10º. En caso de no haber mayoría absoluta, hacer la elección de Presidente y Vicepresidente entre los dos ciudadanos que hubieren obtenido para cada cargo mayor número de sufragios populares. Y si el Congreso no hiciere la declaratoria o la elección de Presidente y Vicepresidente de la República dentro de veinte días, contados desde su instalación, la hará la Corte Suprema de Justicia dentro de los diez días anteriores a la fecha señalada para tomar posesión de esos cargos; quedando facultada dicha Corte, en este caso, para recibir la promesa de ley a los electos.

11º. Cuando concurran en un mismo individuo diversas elecciones, será determinada la preferencia en el orden siguiente: 1º. Presidente; 2º. Vicepresidente; 3º. Diputado.

La elección de propietario prefiere a la de suplente.

12°. Recibir la promesa constitucional a los funcionarios que elija o declare electos y admitirle o no sus renuncias, inclusive a los que declare electos la Corte Suprema de Justicia, en el caso del N° 10 de este artículo.

13°. Declarar con lugar a formación de causa al Presidente, al Vicepresidente, los Diputados, Magistrados de la Corte Suprema, Secretarios de Estado y Agentes Diplomáticos, durante sus funciones.

14°. Cambiar la residencia de los Supremos Poderes, por causas graves.

15°. Decretar premios y conceder privilegios temporales a los autores o inventores, y a los que hayan introducido o perfeccionado industrias nuevas de utilidad general.

16°. Decretar subsidios para promover nuevas industrias o mejorar las existentes.

17°. Acordar subvenciones para objetos de utilidad pública. 18. Conceder o negar permiso a los hondureños para aceptar empleos u honores de otra nación.

19°. Aprobar o improbar la conducta del Ejecutivo.

20°. Aprobar, modificar o improbar las contratas celebradas por el Ejecutivo, en los casos del artículo 59, o cuando hayan de prolongarse sus efectos al siguiente período presidencial.

21°. Aprobar, modificar o improbar los tratados celebrados con las demás naciones.

22°. Reglamentar el comercio marítimo y terrestre.

23°. Aprobar o improbar las cuentas de los gastos públicos, cuando se sobrepasen las partidas fijadas en el Presupuesto General de Gastos.

24°. Fijar anualmente el Presupuesto de Gastos, tomando por base los ingresos probables, pudiendo prorrogarlo para el año siguiente.

25°. Imponer contribuciones.

26°. Reglamentar el pago de la deuda nacional.

27°. Decretar la enajenación de los bienes nacionales o su aplicación a usos públicos.

28°. Decretar empréstitos.

29°. Habilitar puertos, crear y suprimir aduanas.

30°. Decretar el peso, ley y tipo de la moneda nacional; y el patrón de pesas y medidas.

31°. Declarar la guerra y hacer la paz.

32°. Fijar en cada reunión ordinaria el número de fuerzas del ejército permanente.

33°. Permitir o negar el tránsito de tropas de otro país, por el territorio de la República.

34°. Declarar en estado de sitio la República, o parte de ella, conforme a la ley.

35°. Conferir los grados de Mayor a General de División, a iniciativa del Ejecutivo.

36°. Elegir para el período constitucional cinco Magistrados propietarios y tres suplentes, de la Corte Suprema de Justicia. En caso de falta absoluta de alguno de elegir al que deba terminar su período.

37°. Elegir los miembros del Tribunal Superior de Cuentas y Fiscal General de Hacienda, nombrar los funcionarios a que se refiere el artículo 151, y aprobar o improbar los nombramientos de Agentes Diplomáticos; y Consulares con goce de sueldo.

38°. Dar votos de censura a los Secretarios de Estado.

Art. 93—. El Poder Legislativo no podrá suplir o declarar el estado civil de las personas, ni conceder títulos profesionales. Los estudios y formalidades que para la obtención de dichos títulos requieran las leyes de Instrucción Pública, no podrán dispensarse, salvo reforma de carácter general de aquellas leyes.

Art. 94—. Las facultades del Poder Legislativo son indelegables, excepto las que se refieren a dar posesión a los altos funcionarios.

TÍTULO IX
DE LA COMISIÓN PERMANENTE

Art. 95—. El Congreso, antes de cerrar sus sesiones, elegirá entre sus miembros cinco diputados propietarios y cinco suplentes para que formen la Comisión Permanente, debiendo ésta, en su primera sesión, elegir su Presidente y Secretario.

Art. 96—. Son atribuciones de la Comisión Permanente, en receso del Congreso:

1º. Declarar si hay o no lugar a formación de causa contra el Presidente, el Vicepresidente, los Diputados, Magistrados de la Corte Suprema, Secretarios de Estado y Agentes Diplomáticos, durante sus funciones.

2º. Recibir la promesa constitucional a los funcionarios obligados a prestarla ante el Congreso.

3º Emitir dictamen y llenar los otros trámites en los negocios que hubieren quedado pendientes, para que puedan ser considerados.

4º. Convocar al Congreso a sesiones extraordinarias, a excitativa del Ejecutivo o cuando la exigencia del caso lo requiera.

5º. Preparar, para someter a la consideración del Congreso, los proyectos de ley que a su juicio demanden las necesidades del país.

6º. Recibir del Ejecutivo los decretos emitidos en los últimos diez días de sesiones del Congreso, con sanción o sin ella.

7º. Recibir las denuncias de violaciones de la Constitución.

8º. Mantener bajo su custodia y responsabilidad, el archivo de la Secretaría del Congreso.

9º. Publicar una edición de todos los decretos y resoluciones emitidos por el Congreso en sus anteriores sesiones, dentro de los tres meses siguientes a la clausura del mismo.

10º. Presentar al Congreso un informe detallado de sus trabajos durante el año.

11º. Elegir interinamente los miembros del Tribunal de Cuentas, Fiscal General de Hacienda, Tesoreros de Caminos, de Beneficencia, de Instrucción Pública, de Sanidad y cualquiera otros que manejen fondos especiales, de carácter nacional, y aprobar o improbar, también interinamente, los nombramientos de Agentes Diplomáticos; y Consulares con goce de sueldo.

12º. Llamar a integrar a otros diputados, por falta de los miembros de la Comisión.

13º. Conceder o negar permiso a los hondureños para aceptar empleos u honores de otra nación.

Art. 97—. La Comisión Permanente se reunirá y actuará de conformidad con su reglamento interior.

TÍTULO X
DE LA FORMACIÓN, SANCIÓN Y PROMULGACIÓN DE LA LEY

Art. 98—. Tienen exclusivamente la iniciativa de la ley, los Diputados, el Presidente de la República por medio de los Secretarios de Estado, y la Corte Suprema de Justicia en asuntos de su competencia.

Cuando el Congreso estime necesaria la emisión de una ley, podrá nombrar una comisión de su seno para elaborar el proyecto correspondiente.

Art. 99—. Ningún proyecto de ley será definitivamente votado, sino después de tres deliberaciones, efectuadas en distintos días, salvo el caso de urgencia calificada por dos tercios de voto. Toda proposición que tenga por objeto declarar la urgencia de una ley, debe ir precedida de una exposición de los motivos en que aquélla se funda.

Art. 100—. Todo proyecto de ley, una vez aprobado por el Congreso, se pasará al Ejecutivo, a más tardar dentro de tres días de haber sido votado, a fin de le dé su sanción lo haga promulgar como ley.

Art. 101.—La sanción de la ley se hará con esta fórmula: POR TANTO: Ejecútese.

Art. 102—. Si el Poder Ejecutivo encontrare inconvenientes para sancionar el proyecto de ley, lo devolverá al Congreso dentro de diez días, con esta fórmula: VUELVA AL CONGRESO; exponiendo las razones en que funde su desacuerdo. Si en el término expresado no lo objetare, se tendrá por sancionado y se promulgará como ley. Cuando el Ejecutivo devolviere el proyecto, el Congreso lo sujetará a nueva deliberación; y si fuere ratificado con dos tercios de votos, lo pasará de nuevo al Ejecutivo, con esta fórmula: RATIFICADO CONSTITUCIONALMENTE; y aquél lo publicará sin tardanza.

En el caso de que el proyecto de ley fuere objetado por inconstitucionalidad, no podrá someterse a nueva deliberación, sin oír, previamente, el dictamen de la Corte Suprema de Justicia. La Corte emitirá su informe en el término que el Congreso le señale.

Art. 103—. Cuando el Congreso vote un proyecto de ley al terminar sus sesiones, y el Ejecutivo crea inconveniente sancionarlo, está obligado a dar aviso inmediatamente al Congreso, para que permanezca reunido hasta diez días, contados desde la fecha en que aquél recibió el proyecto; y no haciéndolo comunicará su resolución a la Comisión Permanente.

Art. 104—. No podrá el Ejecutivo poner el veto en los actos y resoluciones siguientes:

1°. En las elecciones que el Congreso haga o declare, o en las renuncias que admita o deseche.

2°. En las declaraciones de haber o no lugar a formación de causa.

3° En la Ley de Presupuesto.

4° En los decretos que se refieran a la conducta del Ejecutivo.

5°. En los reglamentos que expida para su régimen interior y el de la Comisión Permanente.

6°. En los acuerdos para trasladar su residencia a otro lugar temporalmente y para suspender o prorrogar sus sesiones.

7°. En los tratados o contratas que impruebe el Congreso.

En estos casos el Ejecutivo promulgará la ley con esta fórmula: POR TANTO: Publíquese.

Art. 105—. Siempre que un proyecto de ley, que no proceda de iniciativa de la Corte Suprema de Justicia, tenga por objeto reformar o derogar cualquiera de las disposiciones contenidas en los Códigos de la República, no podrá discutirse sin oír la opinión de aquel Tribunal. La Corte emitirá su informe en el término que el Congreso le señale. Esta disposición no comprende las leyes del orden político, económico y administrativo.

Art. 106—. Ningún proyecto de ley desechado totalmente podrá discutirse de nuevo en la misma Legislatura.

TÍTULO XI
DEL PODER EJECUTIVO

Art. 107—. El Poder Ejecutivo se ejerce por un ciudadano que se denomina Presidente; en su defecto, por un Vicepresidente; a falta de éste, por el ciudadano que desempeñe la Presidencia de la Corte Suprema de Justicia; y en defecto de éste, por el ciudadano que desempeñe la Presidencia del Congreso o haya desempeñado este cargo en la última Legislatura,

Art. 108—. Para ser electo Presidente, o Vicepresidente de la República, se necesita ser ciudadano en ejercicio de sus derechos, no menor de treinta años ni mayor de sesenta y cinco y hondureño por nacimiento. En los casos en que el Presidente de la Corte Suprema de Justicia o el Presidente del Poder Legislativo llegaren a desempeñar la Presidencia de la República, no tendrá aplicación el precepto relativo a la edad.

Art. 109—. El Presidente y el Vicepresidente de la República, serán electos popular y directamente, y su elección será declarada o hecha por el Congreso, o por la Corte Suprema de Justicia, como queda prescrito.

Art. 110—. El período presidencial será de cuatro años y comenzará el 19 de febrero.

El ciudadano que hubiere ejercido la Presidencia, en propiedad o interinamente, en el curso de un período, no podrá ser electo Presidente ni Vicepresidente para el siguiente período. Tampoco podrán ser electos Presidente o Vicepresidente sus parientes, dentro del cuarto grado de consanguinidad o afinidad.

Art. 111—. En caso de impedimento temporal del Presidente, lo sustituirá en sus funciones el Vicepresidente; y en su defecto los ciudadanos que manda el artículo 107. Si la falta de Presidente fuere absoluta, el Vicepresidente ejercerá el Poder Ejecutivo por el tiempo que falte del período; pero si faltare también absolutamente el Vicepresidente, quien lo sustituya por la ley convocará a elecciones un mes después, para un período constitucional.

Art. 112—. Mientras recibe la Presidencia el llamado por la ley, ejercerá el Poder Ejecutivo el Consejo de Ministros; y éste llamará inmediatamente al nuevo funcionario para darle posesión, si no estuviere reunido el Congreso.

TÍTULO XII
DE LOS DEBERES Y ATRIBUCIONES DEL PODER EJECUTIVO

Art. 113—. El Presidente de la República tiene la administración general del país. Son sus atribuciones:

1º Presentar en la instalación de cada Congreso ordinario una relación general de los actos de su administración.

2º. Ejercer el mando en jefe de las fuerzas de tierra y mar.

3º. Defender la independencia, el honor de la Nación y la integridad de su territorio.

4º. Ejecutar y hacer cumplir las leyes, expidiendo al efecto los decretos y ordenes conducentes, sin alterar el espíritu de aquéllas.

5º. Nombrar los Secretarios y Subsecretarios de Estado, empleados del Departamento Ejecutivo, conforme a la ley.

6°. Conservar la paz y seguridad interior de la República, y repeler todo ataque y agresión exterior.

7°. Dar a los funcionarios del Poder Judicial los auxilios y fuerzas que necesiten para hacer efectivas sus providencias.

8°. Remover los empleados de su libre nombramiento.

9°. Velar porque todos los empleados de la República cumplan los deberes que la ley les impone, sin intervenir en el ejercicio de sus funciones.

10°. Conceder indultos y conmutar las penas conforme a la ley, con el dictamen favorable de la Corte Suprema de Justicia.

11°. Convocar al Congreso a sesiones extraordinarias, por medio de la Comisión Permanente, o proponerle la prórroga de las ordinarias.

12°. Declarar la guerra y hacer la paz, y permitir o negar el tránsito de tropas de otro país, por el territorio de la República, cuando las circunstancias no permitan la reunión del Congreso para que lo resuelva.

13°. Presentar por medio de los respectivos Secretarios de Estado, dentro de los primeros ocho días de la instalación del Congreso, un informe o memoria circunstancial de todos los ramos de la Administración.

14°. Celebrar tratados y cualesquiera otras negociaciones diplomáticas, sometiéndolos a la ratificación del Congreso en las próximas sesiones.

15°. Dirigir las relaciones exteriores, nombrar los Agentes Diplomáticos y Consulares de la República, recibir los Ministros y admitir los Cónsules de las naciones extranjeras. El nombramiento de los Agentes Diplomáticos, y el de los Consulares con goce de sueldo, se someterá a la aprobación del Congreso, o de la Comisión Permanente, en su caso.

16°. Hacer que se recauden las Rentas del Estado y reglamentar su inversión, con arreglo a la ley.

17—. Decretar, en los casos de invasión o rebelión, si los recursos del Estado fueren insuficientes, un empréstito general y proporcional, de cuya inversión dará cuenta al Congreso en sus próximas sesiones.

18°. Conferir grados militares desde Subteniente hasta Capitán.

19°. Disponer de las fuerzas militares, organizarlas y distribuirlas de conformidad con la ley, según las necesidades de la República.

20°. Declarar en Estado de Sitio la República, o parte de ella, en receso del Congreso, de conformidad con la ley.

21°. Conceder cartas de naturalización conforme a la ley.

22°. Construir anualmente, por lo menos, veinte kilómetros del proyecto de Ferrocarril Interoceánico.

23°. Dirigir y fomentar la instrucción pública y difundir la enseñanza popular.

24°. Sancionar las leyes, usar del veto en los casos en que corresponda y promulgar sin demora aquellas disposiciones legislativas que no necesiten de la sanción del Ejecutivo.

25°. Mandar reponer las vacantes de diputados, en receso del Congreso, de conformidad con la ley, a más tardar un mes después de haber ocurrido.

26°. Conocer de las renuncias de nacionalidad extranjera adquirida por hondureños.

27°. Publicar mensualmente el estado de ingresos y egresos de las rentas públicas.

28°. Vigilar sobre la exactitud legal de la moneda; y cuidar de la uniformidad de pesas y medidas, lo mismo que prohibir la emisión y circulación de cupones.

29°. Ejercer la suprema dirección de la policía de seguridad.

Art. 114—. Las providencias del Poder Ejecutivo que no se expidan por el Ministerio correspondiente, no deben cumplirse. El Presidente y los Ministros serán responsables por las disposiciones que dicten en contravención a la Constitución y las leyes.

Art. 115—. El Vicepresidente de la República gozará de las mismas prerrogativas de los Diputados.

TÍTULO XIII
DE LOS SECRETARIOS DE ESTADO

Art. 116—. Para la administración de los negocios públicos habrá de cuatro a siete Secretarías de Estado, entre las cuales se distribuirán los ramos de Relaciones Exteriores, Hacienda y Crédito Público, Guerra y Marina, Gobernación y Justicia, Instrucción Pública, Fomento, Trabajo y Sanidad, Agricultura y los demás que se consideren necesarios.

Art. 117—. Los Secretarios de Estado deben ser hondureños por nacimiento, estar en ejercicio de sus derechos y ser mayores de veinticinco años.

Art. 118—. No pueden ser Secretarios de Estado, los parientes del Presidente o Vicepresidente de la República dentro del cuarto grado de consanguinidad o afinidad; los que hubieren administrado o recaudado fondos públicos, mientras no tengan el finiquito de solvencia de sus cuentas; los contratistas de obras o servicios públicos por cuenta de la Nación, o los que por tratas tengan reclamaciones pendientes; y los deudores a la Hacienda Pública.

Art. 119—. Los Secretarios de Estado pueden asistir, sin voto, a las deliberaciones del Congreso. Cuando a iniciativa de un Diputado, la Directiva del Congreso los llame, deberán concurrir a contestar las interpelaciones que se les hagan sobre asuntos referentes a la Administración; exceptuando los de los ramos de Guerra y Relaciones Exteriores, si juzgan necesaria la reserva.

Art. 120—. Cuando el Congreso diere un voto de censura contra el Ministerio o contra alguno de los Secretarios de Estado, el Secretario o Secretarios objeto de la censura cesarán en sus respectivos cargos, y de la República deberá reponerlos inmediatamente.

Art. 121—. Los Subsecretarios de Estado deben tener las mismas condiciones que los Secretarios, y sustituirán a éstos por ministerio de la ley.

TÍTULO XIV
DEL PODER JUDICIAL

Art. 122—. El Poder Judicial de la República se ejerce por una Corte Suprema de Justicia, compuesta de cinco Magistrados, que residirán en la capital, y por los Tribunales y Jueces inferiores que la ley establece.

Art. 123—. Para ser Magistrado se requiere ser ciudadano en ejercicio de sus derechos, Abogado y mayor de treinta años.

Art. 124—. Los Magistrados de la Corte Suprema de Justicia, serán electos por el Congreso, entre los Abogados que hayan desempeñado Cortes de Apelaciones durante un año, por lo menos.

Art. 125—. No pueden ser electos Magistrados los que tengan cualquiera de las inhabilidades establecidas para ser Secretario de Estado.

Art. 126—. La Corte Suprema de Justicia nombrará, trasladará y con justa causa removerá los Magistrados de las Cortes de Apelaciones, los Jueces departamentales y seccionales y los Oficiales del Ministerio Público, de conformidad con la ley. Los Magistrados de las Cortes de Apelaciones, serán nombrados entre los Abogados que hayan servido el cargo de Juez de Letras, durante un año, por lo menos.

Art. 127—. Los Jueces de Paz serán nombrados por los Jueces de Letras departamentales o seccionales, a propuesta en terna de la respectiva Municipalidad.

Art. 128—. No pueden ser Magistrados ni Jueces en un mismo Tribunal las personas ligadas por parentesco, dentro del cuarto grado de consanguinidad o segundo de afinidad.

Art. 129—. El período de los Magistrados de la Corte Suprema de Justicia será de cuatro años, y tomarán posesión el 19 de febrero.

Art. 130—. La Corte Suprema de Justicia admitirá o no la renuncia de los funcionarios de su nombramiento, y concederá licencia tanto a éstos como a sus propios miembros.

Los Jueces departamentales o seccionales admitirán o no las renuncias y concederán licencia a los Jueces de Paz.

Art. 131—. La ley reglamentará la organización y atribuciones de los Tribunales de Justicia.

Art. 132—. La facultad de juzgar y ejecutar lo juzgado pertenece a las Cortes y demás Tribunales de Justicia. A ellos corresponde la aplicación de las leyes en casos concretos que legalmente se sometan a su conocimiento, y negarles cumplimiento cuando sean contrarias a la Constitución.

Art. 133—. La Corte Suprema de Justicia será presidida por uno de los Magistrados propietarios.

Las funciones del Presidente durarán un año, contado desde el 19 de febrero, turnándose los Magistrados por orden de antigüedad en el servicio del Tribunal. A falta de ésta, se estará a la antigüedad del título. Los Magistrados tendrán el rango y precedencia correspondientes a s su antigüedad en el servicio del Tribunal. Siempre que el Presidente de la Corte Suprema de Justicia pase a desempeñar el Poder Ejecutivo, se repondrá, por mientras ejerza el cargo de Presidente de la República, conforme al Reglamento interior de dicho Tribunal.

Art. 134—. La Corte Suprema de Justicia, además de las atribuciones que la ley le confiere, ejercerá las siguientes:

1º. Hacer su Reglamento interior.

2°. Conocer de los delitos oficiales y comunes de los altos funcionarios cuando el Congreso, o la Comisión Permanente, los haya declarado con lugar a formación de causa.

3°. Autorizar a los Abogados y Notarios, recibidos dentro o fuera de la República, para el ejercicio de su profesión y suspenderlo, todo con arreglo a la ley.

4°. Declarar que ha lugar a formación de causa contra los miembros del Tribunal de Cuentas, Fiscal General de Hacienda, y contra los principales empleados nacionales y departamentales que la ley determine, por los delitos que cometan.

5°. Conocer de las causas de presa, de extradición y demás que juzgarse con arreglo al Derecho Internacional.

Art. 135—. Podrá también establecerse directamente ante la Corte Suprema de Justicia, el recurso de inconstitucionalidad de una ley que se refiera a asuntos no ventilables ante los Tribunales, por toda persona que al serle aplicada en un caso concreto, sea perjudicada en sus legítimos derechos. La ley reglamentará el uso de este recurso.

Art. 136—. La administración de justicia es gratuita en la República.

Art. 137—. Los Tribunales de Justicia podrán requerir el auxilio de la fuerza armada para el cumplimiento de sus resoluciones, y si les fuere negado o no la hubiere disponible, podrán exigirlo de los ciudadanos. El que indebidamente se negare a dar auxilio, incurrirá en responsabilidad.

Art. 138—. Un mismo Juez no puede serlo en diversas instancias en una misma causa.

Art. 139—. Ningún poder ni autoridad puede avocarse causas pendientes, ni abrir juicios fenecidos, salvo lo que dispone el artículo siguiente.

Art. 140—. Las causas juzgadas en materia criminal, común o militar, pueden ser revisadas en toda época en favor de los condenados, a pedimento de éstos, de cualquiera otra persona, del Ministerio Público, o de oficio. La ley reglamentará los casos y la forma de la revisión.

Art. 141—. Los Magistrados, Jueces y Oficiales del Ministerio Público, no podrán ser obligados a prestar servicio militar, ni a concurrir a ejercicios o prácticas militares.

Art. 142—. Se establece una Tesorería Especial para el pago de los sueldos correspondientes a los empleados de la administración de justicia, y los gastos del mismo Ramo. Una ley determinará los ingresos de dicha Tesorería.

TÍTULO XV
DEL PRESUPUESTO

Art. 143—. El Presupuesto será votado por el Congreso, con vista del proyecto que presente el Poder Ejecutivo.

Art. 144—. El proyecto de Presupuesto será presentado por el respectivo Ministro, dentro de los quince días subsiguientes a la instalación del Congreso.

Art. 145—. Todo gasto que se haga fuera de presupuesto, es ilegal. Una vez improbado por el Congreso, se deducirá la responsabilidad civil o criminal a quien corresponda ilegal.

Art. 146—. El Presupuesto de Gastos ordinarios de la Administración Pública no podrá exceder de los ingresos probables, calculados por el Congreso Nacional.

TÍTULO XVI
DEL TESORO PÚBLICO

Art. 147—. Forman el Tesoro Público de la Nación:
1º. Todos sus bienes, muebles o raíces.
2º. Todos sus créditos activos.
3º El producto de los derechos, impuestos y contribuciones.

Art 148—. Para crear el patrimonio agrícola, el Estado dará en propiedad lotes de terreno a familias de hondureños naturales o naturalizados. La ley reglamentará las condiciones de adquisición y las obligaciones del donatario.

Art. 149—. El Poder Ejecutivo no podrá celebrar contratas de importancia que comprometan el Tesoro Nacional, sin previa publicación de la propuesta en el periódico oficial, y licitación pública. Exceptúanse las que tengan por objeto proveer a las necesidades de la guerra y las que por su naturaleza no puedan celebrarse sino con persona determinada.

Art. 150—. Para fiscalizar la administración del Tesoro Nacional habrá un Tribunal Superior de Cuentas, cuyas atribuciones serán: examinar, aprobar o improbar las cuentas de los que administren fondos públicos y devolver al Ejecutivo las ordenes que no estuvieren arregladas a la ley, para los efectos que ella determine.

Art. 151—. Los Tesoreros de Justicia, de Caminos, de Beneficencia, de Instrucción Pública, de Sanidad y cualesquiera otros que manejen fondos especiales de carácter nacional, serán de nombramiento del Congreso. Ningún Tesorero Especial podrá atender órdenes de pago por gastos que han no correspondan al ramo. El empleado o funcionario que distraiga los fondos de las Tesorerías Especiales en asuntos distintos de aquellos para que han sido creados, responderá por las sumas distraídas.

Art. 152—. Los miembros del Tribunal Superior de Cuentas deberán ser mayores de veinticinco años, tener el título de Abogado o Perito Mercantil, no ser acreedores ni deudores a la Hacienda Pública, ni tener cuentas pendientes con ella. Su número, organización y atribuciones, serán determinados por la ley.

Art. 153—. Habrá un Fiscal General para que represente los intereses de la Hacienda Pública, y sus atribuciones se determinarán por la ley. Los miembros del Tribunal de Cuentas y Fiscal General de Hacienda tendrán las inhabilidades establecidas para los Diputados.

TÍTULO XVII
DEL EJÉRCITO

Art. 154—. La fuerza pública está instituida para asegurar los derechos de la Nación, el cumplimiento de la ley y el mantenimiento del orden público.

Art. 155—. Ningún cuerpo armado puede deliberar. La obediencia militar será arreglada a la ley y ordenanzas militares.

Art. 156—. El servicio militar es obligatorio. Todos los hondureños de veintiuno a treinta años forman el Ejército activo, y de más de treinta a cuarenta, la reserva. La ley hará la organización de las milicias y de la Guardia Nacional que corresponderá los individuos de cuarenta a cincuenta años y establecerá las causas de exención del servicio.

Art. 157—. Los militares que tengan grado en el Ejército, tienen derecho después de cumplir cuarenta años, a renunciar sus despachos y quedar separados del servicio.

Art. 158—. Los grados militares sólo se adquieren por riguroso ascenso. Los militares no pueden ser privados de sus grados, honores y pensiones, sino de la manera determinada por la ley.

Art. 159—. Se establece el fuero de guerra, para los delitos militares.

Art. 160—. Se crea el Estado Mayor del Ejército. Una ley determinará su organización y atribuciones. También se establecerán escuelas militares para la enseñanza e instrucción de las diferentes armas del Ejército.

TÍTULO XVIII
DEL GOBIERNO DEPARTAMENTAL Y MUNICIPAL

Art. 161—. Para la Administración Pública se divide el territorio de la Nación, en departamentos cuyo número y límites fijará la ley. Art.

Art. 162.—El Municipio es autónomo y será representado por Municipalidades electas directamente por el pueblo. La ley reglamentará la organización y atribuciones de las Municipalidades. El número de los municipales será proporcional a la población. Las atribuciones de las Municipalidades serán puramente económicas administrativas.

Art. 163—. Las Municipalidades decretarán conforme a la ley, las contribuciones locales y administrarán los fondos y bienes de la comunidad en provecho de la misma, rindiendo cuenta de su administración ante el Tribunal que establezca la ley. Deberán publicar mensualmente un informe detallado de los ingresos y egresos de sus fondos.

Art. 164—. Las Municipalidades nombrarán libremente los empleados de su dependencia, y los agentes de policía que costeen con sus propios fondos.

Art. 165—. En el ejercicio de sus funciones privativas, serán absolutamente independientes de los otros poderes, sin contrariar en ningún caso las leyes generales del país; y serán responsables por los abusos que cometan, colectiva o individualmente, ante los Tribunales de Justicia.

Art. 166—. Las Municipalidades al cumplir con la Constitución y las leyes generales sobre administración, policía, higiene, sanidad e instrucción pública, deben coadyuvar eficazmente a la labor de las autoridades de dichos ramos, pudiendo emitir acuerdos sin contrariar aquellas leyes. También tienen facultad de conmutar penas por faltas.

Art. 167—. Ningún miembro de las Municipalidades podrá ser obligado a aceptar otro nombramiento, ni ser llamado al servicio militar. Es prohibido a los miembros de un Corporación Municipal, el desempeño de empleos municipales a la ley.

TÍTULO XIX
DE LA RESPONSABILIDAD
DE LOS EMPLEADOS PÚBLICOS

Art. 168—. Todo funcionario público, al tomar posesión de su destino, hará la promesa siguiente: "PROMETO SER FIEL A LA REPUBLICA, CUMPLIR Y HACER CUMPLIR LA CONSTITUCION Y LAS LEYES".

Art. 169—. Todo empleado o funcionario público es responsable por sus actos.

Art. 170—. El Presidente de la República, el Vicepresidente, los Diputados, los Magistrados de la Corte Suprema de Justicia, los Secretarios de Estado y los Ministros Diplomáticos, responderán ante el Congreso por los delitos que cometan mientras subsista su carácter oficial. El Congreso, o la Comisión Permanente, en su caso, previos los trámites que determine su reglamento, declarará si ha o no lugar a formación de causa contra ellos para el efecto de poner el reo a disposición del Tribunal competente.

Art. 171—. No obstante la aprobación que dé el Congreso a la conducta del Ejecutivo el Presidente y los Secretarios de Estado podrán ser acusados por delitos oficiales. El término de prescripción para estas acciones empezará a correr cinco años después de haber cesado en sus funciones el culpable.

Art. 172—. Los empleados y funcionarios públicos que violaren cualquiera de los derechos y garantías consignados en esta Constitución, serán responsables civil y criminalmente. Pueden ser acusados sin necesidad de fianza de calumnia. No pueden obtener indulto ni conmuta en el período constitucional ni en el siguiente. La prescripción de los delitos y penas en que incurran, no comenzará sino después de dichos períodos.

Art. 173—. Cuando un funcionario público, a quien se hubiere declarado con lugar a formación de causa, fuere absuelto, volverá al ejercicio de sus funciones.

TÍTULO XX
COOPERACIÓN SOCIAL Y TRABAJO

Art. 174—. El Estado reglamentará el ahorro obligatorio en los estable. cimientos de enseñanza, talleres y oficinas públicas, de carácter civil o militar; y protegerá la creación de toda clase de centros de ahorro.

Art. 175—. Se establecerá un Centro Técnico denominado INSTITUTO DE REFORMAS SOCIALES, con las atribuciones y deberes siguientes:
1º. Armonizar las relaciones entre el capital y el trabajo.
2º. Promover y estimular la fundación de sociedades cooperativas de producción, ahorro, consumo y crédito; construcción de casas baratas e higiénicas, así como el establecimiento de seguros contra accidentes y sobre la vida, y creación de asilos para indigentes.
3º. Las demás, que, como las de sanidad y otras que sean compatibles con los fines de este Título, se establezcan en una ley especial.

Art. 176—. La jornada máxima obligatoria de trabajo asalariado será de ocho horas diarias. Por cada seis días de trabajo habrá uno de descanso. Una ley sobre accidentes del trabajo establecerá las responsabilidades del patrono y las condiciones en que se harán efectivas.

Art. 177—. El trabajo de las mujeres, y el de los hombres menores de catorce años, merece protección especial. Una ley deberá reglamentarlos.

TÍTULO XXI
DE LAS LEYES CONSTITUTIVAS

Art. 178—. Son Leyes Constitutivas: la de Imprenta, la de Estado de Sitio, la de Amparo, la de Elecciones y la Agraria.

TÍTULO XXII
DE LAS REFORMAS A LA CONSTITUCIÓN Y LEYES CONSTITUTIVAS

Art. 179—. Uno o algunos de los artículos de esta Constitución, y de las Leyes Constitutivas podrán reformarse o suprimirse por un Congreso en sesiones ordinarias, por dos tercios de votos, debiendo ratificarse el respectivo decreto por la siguiente Legislatura, también en sesiones ordinarias, y por dos tercios de votos, para que la reforma o supresión entre en vigor.

Art. 180—. La reforma que se haga de los artículos constitucionales que prohíben la reelección del Presidente o del que lo sustituya, el que fija los límites de la edad para ser electos, y el que establece la duración del período presidencial, no producirá sus efectos en el período en curso ni en el siguiente.

Art. 181—. Todas las leyes, decretos, reglamentos, órdenes y demás disposiciones que estuvieren en vigor al promulgarse esta Constitución, continuarán observándose en cuanto no se opongan a ella, y mientras no fueren legalmente derogadas o modificadas.

Art. 182—. La presente Constitución empezará a regir el tres de octubre del presente año, quedando derogada en esa fecha la emitida el catorce de octubre de mil ochocientos noventa y cuatro.

Dada en Tegucigalpa, en el Salón de Sesiones de la Asamblea Nacional Constituyente, a los diez días del mes de septiembre de mil novecientos veinticuatro.

R. ALCERRO C., Presidente.
RUBEN ANDINO AGUILAR, Vicepresidente.

Martín M. Agüero—. Rómulo Alvarado Romero—. D. Bustamante Rosales—. Antonio C. Bustillo—. V. Callejas—. Ramiro Carvajal—. Gustavo A. Castañeda S.—. Gonzalo Córdoba—. Raúl R. Cueva—. Andrés Felipe Díaz—. Benjamín M. Guzmán—. Medardo Galeano Trejo—. Eleuterio Galeano T—. Juan Manuel Gálvez—. C. B. González—. Mariano P. Guevara—. Luis F. Lardizábal—. Nazario Pineda T—. Próspero Padilla Romero—. Simón Reyes J—. Pedro Rivas—. Camilo R. Reina—. J. M. Sarmiento—. Álvaro Suazo—. Juan E. Suazo—. Pío Suárez—. Dr. J. Tábora—. Carlos Torres—. Manuel Valladares Núñez—. J. M. Velásquez—. Antonio Vidal—. F. R. Zúñiga—. M. G. Zúñiga.

ANTONIO BERMUDEZ M., Secretario 1º.
J. M. ALBIR, Secretario 29
RAFAEL DÍAZ CHÁVEZ, Prosecretario 1º.
FRANCISCO RUBI, Prosecretario 2º.

Al Poder Ejecutivo.

POR TANTO: Publíquese.

Tegucigalpa, 10 de septiembre de 1924.

VICENTE TOSTA.

El Secretario de Estado en el Despacho de Gobernación y Justicia, por la ley, Felipe Cálix.

El Secretario de Estado en el Despacho de Relaciones Exteriores, Salvador Aguirre.

El Secretario de Estado en el Despacho de Guerra y Marina, por la ley, Andrés Leiva.

El Secretario de Estado en el Despacho de Hacienda y Crédito Público, Silverio Laínez.

El Secretario de Estado en el Despacho de Fomento, Obras Públicas Agricultura, José B. Henríquez.

El Secretario de Estado en el Despacho de Instrucción Pública, F. A. Smith.

CONSTITUCIÓN POLÍTICA DE LA REPÚBLICA DE HONDURAS DE 15 DE ABRIL DE 1936

DECRETO NÚMERO 3

LA ASAMBLEA NACIONAL CONSTITUYENTE DECRETA Y SANCIONA LA SIGUIENTE

Constitución Política

TÍTULO I

CAPÍTULO ÚNICO
DE LA NACION

Artículo 1°—. Honduras es nación libre, soberana e independiente. La intromisión de un gobierno extraño en sus asuntos interiores es un atentado a su soberanía.

Art. 2°—. La soberanía nacional reside en la universalidad de los hondureños, quienes delegan su ejercicio en los poderes que esta Constitución establece.

Art. 3°—. Todo poder público emana del pueblo. Los funcionarios del Estado no tienen más facultades que las que expresamente les da la ley. Todo acto que ejecuten fuera de la ley es nulo.

Art. 4°—. Los límites de Honduras y su división territorial serán determinados por la ley.

Art. 5—. Ninguna autoridad puede celebrar pactos, tratados o convenios que comprometan la soberanía e independencia de la República. En cualquier tiempo podrá deducirse la responsabilidad consiguiente a quienes los hayan celebrado o hayan contribuido a su ejecución.

TÍTULO II
DE LA NACIONALIDAD Y LA SOBERANÍA

CAPITULO I
DE LOS HONDUREÑOS

Art. 6°—. Los hondureños son naturales o naturalizados.

Art. 7°—. Son naturales:
1° Los nacidos en el territorio nacional, con excepción de los hijos de los agentes diplomáticos y de extranjeros transeúntes.
2°. Los hijos de padre o madre hondureños, nacidos en país extranjero, desde el momento en que residan en Honduras; y, aun sin esta condición, cuando conforme a las leyes del lugar de nacimiento les corresponda la nacionalidad hondureña, u optaren por ella, si tuvieran derecho a elegir. Los tratados pueden modificar las disposiciones de este número.

Art. 8—. Ningún hondureño nacido en el territorio de la Nación tendrá otra nacionalidad, distinta de la de Honduras, mientras resida en el país.

Art. 9—. Ni el matrimonio ni su disolución afectan la nacionalidad de los cónyuges o de sus hijos.

Art. 10—. Se consideran como hondureños naturales los originarios de las otras Repúblicas de Centro América que, después de un año de residencia en el país, manifiesten por escrito, ante la autoridad competente, el deseo de ser hondureños y llenen los requisitos legales, siempre que exista la reciprocidad en el país de origen, y hasta donde ésta se extienda.

Art. 11—. Son naturalizados:

1º. Los españoles y latinoamericanos que tengan dos años de residencia en el país.

2º. Los demás extranjeros que hayan residido en el país por más de cuatro años consecutivos.

En ambos casos el solicitante debe renunciar previamente a su nacionalidad ante la autoridad competente y manifestar su deseo de adoptar la nacionalidad hondureña.

3º. Los que obtengan carta de naturaleza decretada por el Congreso Nacional.

Art. 12—. La nacionalidad hondureña se pierde:

1º. Por naturalización voluntaria en país extranjero.

2º. Por cancelación de la carta de naturalización.

3º. Por prestación de servicios, en tiempo de guerra, a enemigos de Honduras o de sus aliados.

Art. 13—. En el caso del número 3º del artículo anterior, la nacionalidad se podrá recobrar por decreto legislativo.

Art. 14—. Todo hondureño está obligado a defender la Patria, a respetar las autoridades y a contribuir al sostenimiento de la Nación y a su engrandecimiento moral y material.

CAPÍTULO II
DE LOS EXTRANJEROS

Art. 15—. Los extranjeros están obligados, desde su llegada al territorio de la República, a respetar las autoridades y a cumplir las leyes.

Art. 16—. Los extranjeros gozan en Honduras de todos los derechos civiles de los hondureños.

Art. 17—. Pueden adquirir toda clase de bienes en el país, conforme a la ley; y quedarán sujetos a todas las cargas ordinarias y a las extraordinarias de carácter general a que estén obligados los hondureños.

Art. 18—. No podrán hacer reclamaciones ni exigir indemnización alguna del Estado, sino en la forma y en los casos en que pudieran hacerlo los hondureños.

Tampoco podrán desempeñar cargos o empleos públicos, inclusive los de los distintos cultos establecidos en el país, bajo pena de expulsión; pero sí podrán desempeñar empleos en la enseñanza y en las artes, y en cualquier otro ramo que no sea de los comprendidos en la prohibición.

Art. 19—. Los extranjeros no podrán ocurrir a la vía diplomática sino en los casos de denegación de justicia. Para este efecto, no se entiende por denegación de justicia que un fallo ejecutariado no sea favorable al reclamante.

Si contraviniendo esta disposición, no terminaren amistosamente las reclamaciones y se causaren perjuicios al país, perderán el derecho de habitar en él.

Art. 20—. La extradición sólo podrá otorgarse en virtud de ley o de tratados, por delitos comunes graves; nunca por delitos políticos, aunque por consecuencia de éstos resulte un delito común.

Art. 21—. Las leyes establecerán la forma y casos en que puede negarse al extranjero la entrada al territorio nacional u ordenarse su expulsión por considerarlo pernicioso.

Art. 22—. Las leyes y tratados reglamentarán el uso de estas garantías, sin poder alterarlas.

Art. 23—. Las disposiciones de este Capítulo no modifican los tratados existentes entre Honduras y otras naciones.

CAPÍTULO III
DE LOS CIUDADANOS

Art. 24—. Son ciudadanos:
1º. Todos los hondureños varones mayores de veintiún años.

2º. Todos los hondureños varones mayores de dieciocho años que sean casados.

3º. Todos los hondureños varones mayores de dieciocho años que sepan leer y escribir.

Art. 25—. Son derechos del ciudadano: ejercer el sufragio y optar a los cargos públicos, conforme a la ley.

Los individuos de alta en el Ejército o en la Policía no podrán ejercer el sufragio; pero sí serán elegibles en los casos no prohibidos por la ley.

Art. 26—. La calidad de ciudadano se suspende, se pierde y se restablece conforme las siguientes prescripciones:

SE SUSPENDE:
1º. Por auto de prisión o declaratoria de reo o de haber lugar a formación de causa.

2º. Por sentencia firme que prive de los derechos políticos.

3º Por interdicción civil, por estar declarado deudor fraudulento o por vagancia legalmente declarada.

SE PIERDE:
1º. Por aceptar, sin el permiso debido, condecoraciones que impliquen obediencia o sumisión al gobierno que las otorgue.

2º Por desempeñar en el país, sin la licencia debida, empleo de nación extranjera, del ramo militar o de carácter político.

3º. Por ayudar en contra de la nación a un extranjero o a un gobierno extranjero en cualquiera reclamación diplomática o ante un tribunal internacional.

SE RESTABLECE:
1º. Por sobreseimiento confirmado.
2º. Por sentencia firme absolutoria.
3º. Por cumplimiento de la pena.
4º. Por amnistía o por indulto.
5º Por rehabilitación de conformidad con la ley.

Art. 27—. El voto activo es una función pública obligatoria e irrenunciable.

Art. 28—. El sufragio se ejercerá de modo directo y secreto. Las elecciones se verificarán en la forma y condiciones prescritas por la ley.

Art. 29—. Sólo los ciudadanos mayores de veintiún años, que se hallen en el ejercicio de sus derechos, son elegibles; salvo las excepciones establecidas por la ley.

TÍTULO III
DE LOS DERECHOS Y GARANTÍAS

Art. 30—. La Constitución garantiza a todos los habitantes de Honduras, sean nacionales o extranjeros, la inviolabilidad de la vida humana, la seguridad individual, la libertad, la igualdad ante la ley y la propiedad.

CAPÍTULO I
DE LA INVIOLABILIDAD DE LA VIDA HUMANA

Art. 31—. La pena de muerte queda abolida en Honduras; pero mientras se establece el sistema penitenciario, se aplicará en los casos determinados por la ley, solamente a los autores de parricidio, asesinato y traición cuando ésta se cometa en servicio activo y en campaña.

Las sentencias que recaigan en las causas instruidas por esos crímenes se consultarán con las Cortes de Apelaciones y el fallo de éstas, se enviará en revisión a la Corte Suprema de Justicia, si se tratare de delitos comunes y a la Comandancia General de la República, si la causa fuere del orden militar. Tanto la Corte Suprema de Justicia como la Comandancia General de la República fallarán con sólo la vista de los autos.

CAPÍTULO II
DE LA SEGURIDAD INDIVIDUAL

Art. 32——. La Constitución reconoce la garantía de Hábeas Corpus. En consecuencia, toda persona ilegalmente detenida, o cualquiera otra en su nombre, tiene el derecho para recurrir al tribunal respectivo, verbalmente o por escrito, pidiendo la exhibición de la persona detenida.

Art. 33——. Toda persona tiene derecho para requerir amparo contra cualquier atentado o arbitrariedad de que sea víctima, y para hacer efectivo el ejercicio de todas las garantías que esta Constitución establece, cuando sea indebidamente coartada en el goce de ellas por leyes o actos de cualquier autoridad, agente o funcionario público.

Art. 34——. La orden de detención que no emane de autoridad competente, o que se haya dictado sin las formalidades legales, es atentatoria.

Art. 35——. La detención para inquirir no podrá pasar de seis días.

Art. 36——. La incomunicación de un detenido no excederá de cuarenta y ocho horas.

Art. 37——. No podrá proveerse auto de prisión sin que proceda plena prueba de haberse cometido un crimen o simple delito que merezca pena de privación de la libertad, y sin que resulte indicio racional de quien sea su autor. En la misma forma se hará la declaratoria de reo.

Art. 38——. Se prohíbe la prisión por deudas, excepto cuando hubiere dolo.

Art. 39——. Es permitida la prisión o arresto, por pena o apremio, en los casos y por el término que disponga la ley. El apremio no podrá exceder de treinta días.

Art. 40—. El delincuente infraganti puede ser aprehendido por cualquiera persona para el efecto de entregarlo a la autoridad competente.

Art. 41—. Nadie puede ser preso o detenido sino en los lugares que determine la ley. Las cárceles sólo servirán para asegurar a los procesados y penados.

Art. 42—. Aun con auto de prisión, nadie puede ser llevado a la cárcel, y detenido en ella, si presentare fianza suficiente, cuando aplicarse pena que pase de tres años.

Art. 43—. Ninguna persona puede ser juzgada por comisiones especiales, ni por el delito no deba por otros jueces que los designados por la ley.

Art. 44.—El derecho de defensa es inviolable.

Art. 45.—Nadie puede ser obligado, en materia criminal, a declarar contra sí mismo, ni contra su cónyuge, ni contra sus parientes dentro del cuarto grado de consanguinidad o segundo de afinidad.

Art. 46—. Ninguna persona puede ser inquietada ni perseguida por sus opiniones. Las acciones privadas que no alteren el orden público, o que no causen daño a tercero, estarán siempre fuera de la acción de la ley.

Art. 47—. Se prohíbe absolutamente la fustigación, la aplicación de palos toda especie de tormento. Se prohíben también las prisiones innecesarias y todo rigor indebido.

Art. 48—. La habitación de toda persona es un asilo sagrado que no podrá allanarse sino por la autoridad, en los casos siguientes:
1º. Para extraer un criminal sorprendido infraganti.

2° Por cometerse delito en el interior de la habitación, por desorden escandaloso que exija pronto remedio, o por reclamación del interior de la casa.

3° En caso de incendio, terremoto, inundación, epidemia u otro análogo; y para verificar cualquier visita o inspección de carácter puramente sanitario.

4°. Para libertar una persona secuestrada ilegalmente.

5°. Para extraer objetos perseguidos en virtud de un proceso, precediendo semiplena prueba, por lo menos, de la existencia de dichos objetos, y para ejecutar una disposición judicial legalmente decretada.

6°. Para aprehender un reo a quien se haya proveído auto de prisión o detención, precediendo, al menos, semiplena prueba de que se oculta en la casa que deba allanarse. En los dos últimos casos no podrá verificarse el allanamiento sino con orden escrita de autoridad competente.

Art. 49—. Siempre que el domicilio que haya de allanarse no sea el del reo a quien se persigue, la autoridad o sus agentes solicitarán previamente el permiso del morador.

Art. 50—. El allanamiento del domicilio no puede verificarse desde las siete de la noche hasta las seis de la mañana, sin permiso del jefe de la casa.

Art. 51—. Son inviolables la correspondencia epistolar y telegráfica y los papeles privados, sin perjuicio de lo que sobre el particular disponga la Ley de Estado de Sitio.

Ni el Poder Ejecutivo ni sus agentes, podrán sustraer, abrir, ni detener dicha correspondencia. La sustraída de las estafetas o de cualquier otro lugar no hará fe en juicio.

Art. 52—. La correspondencia particular, papeles y libros privados sólo podrán ocuparse por auto de juez competente, en los asuntos civiles y criminales que la ley determine, debiendo registrarse en presencia del poseedor o, en su defecto, de dos testigos; y devolverse los que no tengan relación con lo que se indaga.

Art. 53—. Se prohíbe dar leyes o disposiciones proscriptivas, confiscatorias, o que ordenen penas infamantes o perpetuas. A La duración de las penas no podrá exceder de doce años, y de veinte las acumuladas por varios delitos.

Art. 54—. Ninguna ley tiene efecto retroactivo, excepto en materia penal, cuando la nueva ley favorezca al delincuente o procesado.

Art. 55—. La policía de seguridad sólo podrá ser confiada a las autoridades civiles.

Art. 56—. Las leyes fijarán el orden y las formas del proceso en materia civil y criminal.

CAPÍTULO III
DE LA LIBERTAD

Art 57—. La iglesia está separada del Estado. Se garantiza el libre ejercicio de todas las religiones que no se opongan a las leyes del país.
Se prohíbe dar subvenciones para cultos o enseñanza religiosa.

Art. 58—. Ningún acto religioso servirá para establecer el estado civil de las personas.

Art. 59—. Toda persona podrá libremente, sin censura previa, emitir sus opiniones de palabra o por escrito, por medio de la prensa o por cualquier otro procedimiento, sin perjuicio de responder por los delitos y abusos que cometa en ejercicio de esta libertad, en la forma y casos determinados por la ley. En ningún caso podrá secuestrarse la imprenta ni sus accesorios como instrumentos de delito.

Art. 60—. Se garantiza la libertad de enseñanza. La enseñanza sostenida con fondos públicos será laica, y la primaria será, además, gratuita, obligatoria, costeada por los municipios y subvenida por el Estado.

Art. 61—. Se garantiza la libertad de reunión sin armas y la de asociación para cualquier objeto lícito. Se prohíbe el establecimiento de toda clase de asociaciones monásticas. La entrada al país de los individuos pertenecientes a estas asociaciones será reglamentada por la ley.

Art. 62—. La industria y el comercio son libres; pero podrán estancarse en provecho del Estado, el alcohol, el aguardiente, el salitre, la pólvora, las armas de fuego, las municiones de guerra y los explosivos usados en el arte militar.

El tráfico de estupefacientes o drogas heroicas será reglamentado por la ley y por los convenios internacionales.

Art. 63—. No habrá monopolios en favor de particulares.

Podrán otorgarse privilegios por un término que no exceda de diez años. En las concesiones para fomentar la introducción o perfeccionamiento de nuevas industrias, la inmigración, las instituciones de crédito y en las de apertura de vías de comunicación o empresas de colonización, el término será hasta por noventa años, improrrogables.

En los casos arriba enumerados sólo podrán dispensarse los derechos e impuestos establecidos; pero de ningún modo y en ningún caso se dispensarán, en las concesiones y tratados, las cargas públicas por establecer.

El Estado no podrá, en las concesiones que otorgue ni en los tratados que celebre, dispensar el pago de las cargas municipales. Vencido el término de una concesión relativa a colonización, inmigración o apertura de vías de comunicación, pasará la empresa con todos sus accesorios y en pleno funcionamiento, al dominio del Estado, sin retribución alguna.

Art. 64—. Toda persona puede adquirir propiedades y disponer de ellas por cualquier título, con las limitaciones establecidas por la ley.

Art. 65—. Son prohibidas las vinculaciones y toda institución en favor de establecimientos religiosos.

Art. 66—. Toda persona, o reunión de personas, tiene derecho a dirigir sus peticiones a las autoridades legalmente establecidas, de que se le resuelvan y se le haga saber la resolución correspondiente.

Art. 67—. Toda persona podrá entrar en el territorio de la República, salir de él, viajar dentro de sus límites y mudar de residencia, de conformidad con las leyes.

Art. 68—. Los habitantes de la República tienen derecho de tener y portar armas, con arreglo a la ley.

CAPÍTULO IV
DE LA IGUALDAD

Art. 69—. Todos los hondureños son iguales ante la ley. La República no reconoce fueros ni privilegios personales.

Art. 70—. Se prohíbe la acumulación de cargos o empleos remunerados, aún con carácter de interinos, excepto los de enseñanza y los de Cirujanos Militares; éstos podrán desempeñar empleos de sanidad.

Art. 71—. Los ministros de las diversas religiones no podrán ejercer cargos públicos. bo

Art. 72—. La proporcionalidad será la base de las contribuciones directas.

CAPÍTULO V
DE LA PROPIEDAD

Art. 73—. Nadie puede ser privado de su propiedad sino en virtud de ley o de sentencia fundada en ley.

Art. 74—. La expropiación de inmuebles por causa de necesidad o utilidad pública, debe ser calificada por la ley o por sentencia fundada en ley, y no se verificará sin previa indemnización.

Art. 75—. El derecho de propiedad no perjudicará el derecho eminente del Estado dentro de sus límites territoriales, ni podrán sobreponerse a los derechos que tengan las instituciones nacionales o las obras de carácter nacional.

Art. 76—. Todo inventor goza de la propiedad exclusiva de su obra o des. cubrimiento, por el término que determine la ley.

Art. 77—. El derecho de reivindicar los bienes confiscados es imprescriptible.

Art. 78—. Sólo el Congreso impone contribuciones y demás cargas públicas.

Art. 79—. Todo servicio que no deba prestarse gratuitamente en virtud de ley o de sentencia fundada en ley debe ser remunerado.

Art. 80—. Ninguna persona que tenga la libre administración de sus bienes, puede ser privada del derecho de terminar sus asuntos civiles por transacción o arbitramento.

CAPÍTULO VI
OTRAS GARANTÍAS

Art. 81—. La enumeración de derechos y garantías que hace esta Constitución no excluye los no enumerados que nacen del principio de soberanía del pueblo y de la forma republicana de gobierno.

Art. 82—. Las leyes que reglamenten el ejercicio de tales garantías y derechos serán nulas en cuanto los disminuyan, restrinjan o adulteren.

CAPÍTULO VII
DE LA SUSPENSIÓN DE GARANTIAS

Art. 83—. Las garantías establecidas en los artículos 32, 34, 35, 42, 48, 49, 50, 51, 52, 59, 61, párrafo primero, 67, 73 y 79, podrán suspenderse en toda la República o parte de ella, temporalmente y cuando lo exija la seguridad del Estado en caso de invasión del territorio, de grave perturbación del orden que amenace la paz pública, de epidemia o de otra calamidad.

El territorio en que fuesen suspendidas las garantías expresadas, se regirá, durante la suspensión, por la Ley de Estado de Sitio; pero ni en dicha ley ni en otra alguna podrá disponerse la suspensión de otras garantías que las ya mencionadas.

Tampoco podrán hacerse, durante la suspensión, declaraciones de nuevos delitos ni imponerse otras penas que las establecidas en las leyes vigentes al decretarse la suspensión.

Art. 84—. La suspensión de garantías sólo podrá decretarse por el Congreso, o cuando éste no estuviere reunido, por el Poder Ejecutivo; pero éste no podrá decretar la suspensión por más de sesenta días, salvo nueva declaratoria. En todo caso debe dar cuenta al Congreso de los actos ejecutados durante la suspensión de garantías.

Art. 85—. Si el Ejecutivo violare cualquiera de las disposiciones contenidas en este Capítulo, el perjudicado o cualquiera persona en su nombre, podrá recurrir de amparo.

TÍTULO IV
DE LA FORMA DE GOBIERNO

CAPÍTULO ÚNICO

Art. 86—. El Gobierno de Honduras es republicano, democrático y representativo. Se ejerce por tres poderes independientes: Legislativo, Ejecutivo y Judicial.

Art. 87—. Ninguno de los poderes constituidos podrá ejecutar actos en que se altere la forma de gobierno establecida, o se menoscabe la integridad del territorio o la soberanía nacional.

Art. 88—. Las disposiciones de esta Constitución no obstan para los tratados que puedan celebrarse con una o más secciones de la Antigua República de Centro América con el fin de volver a la unión.

TÍTULO V
DEL PODER LEGISLATIVO
CAPÍTULO I
DE SU ORGANIZACIÓN

Art. 89—. El Poder Legislativo se ejerce por un Congreso de Diputados. Este se reunirá en la capital de la República, ordinariamente, el cinco de diciembre de cada año sin necesidad de convocatoria.

Los Diputados deben ser ciudadanos en el ejercicio de sus derechos, mayores de veinticinco años, hondureños por nacimiento y naturales o vecinos del departamento por el cual fueren electos.

Art. 90—. Las sesiones del Congreso Nacional durarán sesenta días, prorrogables hasta por cuarenta, cuando lo exijan asuntos de interés actual.

Art. 91—. El Congreso tendrá también sesiones extraordinarias cuando así lo acuerde por dos tercios de voto de sus miembros, o cuando sea convocado por el Poder Ejecutivo.

En estos casos sólo tratará de los asuntos que motivaron el respectivo decreto.

Art. 92—. Instalado el Congreso en la capital, podrá acordar trasladarse a otra población.

Art. 93—. El primero de diciembre de cada año se reunirán los Diputa dos en juntas preparatorias, y con la concurrencia de cinco, por lo menos, se organizará el directorio a fin de dictar las providencias necesarias para la instalación del Congreso.

Art. 94—. Dos terceras partes de los miembros de que se compone el Congreso, serán suficientes para celebrar sesiones.

Art. 95—. Un número de cinco Diputados podrá convocar extraordinariamente al Congreso, para cualquier lugar de la República, cuando el Ejecutivo haya impedido su instalación o sus sesiones, o lo haya disuelto.

Art. 96—. Los Diputados serán elegidos por un período de seis años, que se contarán desde el día en que las Juntas Departamentales declaren o hagan su elección; y podrán ser reelectos.

En caso de falta absoluta de un Diputado terminará su período el suplente llamado por el Congreso.

Art. 97—. No pueden ser Diputados:
1º. Los Secretarios y Subsecretarios de Estado.
2º. Los empleados del Poder Ejecutivo, excepto los de enseñanza.
3º. Los Magistrados de la Corte Suprema de Justicia y de las Cortes de Apelaciones, los Jueces de Letras, los Registradores de la Propiedad y los Oficiales del Ministerio Público.
4º. Los miembros del Tribunal Superior de Cuentas y el Fiscal General de Hacienda.

5º. Los Agentes Diplomáticos y Consulares.

6º. Los militares en servicio.

7º. Los contratistas de aguardiente y los de obras o servicios públicos que se costeen con fondos nacionales, y los que por tales contratas tengan reclamaciones contra el Estado.

8º. Los deudores morosos a la Hacienda Pública los que tengan cuentas pendientes por la administración de fondos de la misma.

9º. Los parientes del Presidente de la República y de los Secretarios de Estado dentro del cuarto grado de consanguinidad o de afinidad.

Art. 98º—. Los Diputados, desde el día de su elección, gozarán de las siguientes prerrogativas:

1º. Inmunidad personal para no ser detenidos, acusados ni juzgados aún en Estado de Sitio, si el Congreso no los declara previamente con lugar a formación de causa.

2º. No ser demandados civilmente desde quince días antes hasta quince días después de las sesiones ordinarias o extraordinarias del Congreso, salvo el caso de reconvención.

3º. No ser llamados al servicio militar, sin su consentimiento.

4º. No ser extrañados de la República, ni confinados durante el período para el cual han sido electos.

5º. No ser responsables en ningún tiempo por sus opiniones o iniciativas parlamentarias.

Art. 99—. Los Diputados no están obligados a aceptar empleos públicos. Si voluntariamente aceptaren alguno de los comprendidos en el Artículo 97 dejan, por el mismo hecho, de ser Diputados.

Art. 100—. La elección de Diputados al Congreso se hará sobre la base de un Diputado propietario y un suplente por cada veinticinco mil habitantes. Si hubiere fracciones, se elegirá un Diputado más por cada fracción que exceda de la mitad de la base.

Sin embargo, los departamentos que tuvieren una población menor elegirán un Diputado propietario y un suplente.

CAPÍTULO II
DE LAS ATRIBUCIONES DEL CONGRESO

Art. 101. Corresponden al Congreso las atribuciones siguientes:

1º. Abrir, suspender y cerrar sus sesiones.

2º. Convocar a sesiones extraordinarias cuando lo estime conveniente.

3º. Calificar la elección de sus miembros con vista de las credenciales y recibirles la promesa de ley.

4º. Llamar a los respectivos suplentes, en caso de falta absoluta o de legítimo impedimento de los propietarios; y mandar reponer las vacantes que ocurran.

5º. Admitir la renuncia de sus miembros por causas legales debidamente comprobadas.

6º. Formar su Reglamento Interior.

7º. Convocar a elecciones de Autoridades Supremas.

8º. Hacer el escrutinio de votos para Presidente y Vicepresidente de la República y declarar electos a los ciudadanos que hubieren obtenido mayoría absoluta.

9º. En caso de no haber mayoría absoluta, hacer la elección de Presidente y Vicepresidente entre los dos ciudadanos que hubieren obtenido para cada cargo mayor número de sufragios populares. Y si el Congreso no hiciere la declaratoria o la elección de Presidente o Vicepresidente dentro de veinte días, contados desde su instalación, la hará la Corte Suprema de Justicia dentro de los siete días anteriores a la fecha señalada para tomar posesión de esos cargos, quedando facultada dicha Corte, en este caso, para recibir la promesa de ley, a los electos.

Cuando concurran en un mismo ciudadano diversas elecciones, será determinada la preferencia en el orden siguiente: 1º.—Presidente. 2º.—VicePresidente. 3º. —Diputado. La elección de propietario se preferirá a la de suplente.

10º. Elegir para el período constitucional cinco Magistrados propietarios de la Corte Suprema de Justicia y tres Magistrados suplentes. En caso de falta absoluta de alguno de ellos, elegir al que deba terminar su período.

11°. Elegir al Contador Mayor y Contadores de Glosa, propietarios y suplentes, del Tribunal Superior de Cuentas, al Fiscal General de Hacienda y al Tesorero de Justicia.

12°. Recibir la promesa constitucional a los funcionarios que elija o declare electos, y admitirle o no sus renuncias, inclusive a los que declare electos la Corte Suprema de Justicia en el caso del número 9 de este artículo.

13°. Cambiar la residencia de los Supremos Poderes por causas graves.

14°. Declarar con lugar a formación de causa al Presidente y VicePresidente de la República, a los Diputados, a los Magistrados de la Corte Suprema de Justicia, a los Secretarios de Estado sus funciones, y a los Agentes Diplomáticos durante sus funciones.

15°. Conceder amnistía por delitos políticos. Fuera de este caso, el Congreso no podrá dictar resoluciones por vía de gracia.

16°. Decretar premios y conceder privilegios temporales a los autores o inventores y a los que hayan introducido nuevas industrias o perfeccionado las existentes de utilidad general.

17°. Conceder o negar permiso a los hondureños para aceptar en el país el empleos o condecoraciones de otra nación.

18°. Aprobar, modificar o improbar las contratas celebradas por el Ejecutivo, en los casos del Artículo 63, o cuando hayan de prolongarse sus efectos al siguiente período presidencial.

19°. Aprobar o improbar la conducta del Poder Ejecutivo.

20°. Declarar en Estado de Sitio la República o parte de ella, conforme a la ley.

21°. Conferir los grados de Mayor a General de División a iniciativa del Poder Ejecutivo.

22°. Permitir o negar el tránsito por la República de tropas de otro país.

23°. Declarar la guerra y hacer la paz.

24°. Disponer todo lo conveniente a la seguridad y defensa de la República.

25°. Aprobar o improbar los tratados celebrados con las demás naciones.

26°. Fijar en cada reunión ordinaria el número de fuerzas del Ejército permanente.

27°. Aprobar o improbar las cuentas de los gastos públicos, cuando se sobrepasen las partidas fijadas en el Presupuesto General de Gastos.

28°. Crear y suprimir empleos y decretar honores y pensiones por relevantes servicios prestados a la Patria.

29°. Acordar subvenciones para objetos de utilidad pública; y decretar subsidios para promover nuevas industrias o mejorar las existentes.

30°. Fijar anualmente el Presupuesto General de Gastos, tomando por base los ingresos probables pudiendo prorrogarlo para el año siguiente.

31°. Decretar el peso, ley y tipo de la moneda nacional y el patrón de pesas y medidas.

32°. Ejercer el control supremo de las rentas públicas.

33°. Imponer contribuciones y otras cargas públicas.

34°. Reglamentar el pago de la deuda nacional.

35°. Decretar empréstitos.

36°. Aprobar o improbar la enajenación de los bienes nacionales o su aplicación a usos públicos.

37°. Reglamentar el comercio marítimo, terrestre y aéreo.

38°. Habilitar puertos y crear y suprimir aduanas.

39°. Decretar, interpretar, reformar y derogar las leyes.

40°. Dar leyes para el control de los cambios internacionales y estabilización del sistema monetario.

41°. Establecer los emblemas nacionales.

42°. Las demás que le confiera la ley.

Art. 102—. El Poder Legislativo no podrá suplir o declarar el estado civil de las personas, ni conceder títulos profesionales. Los estudios y formalidades que para la obtención de dichos títulos requieran las leyes de Instrucción Pública no podrán dispensarse, salvo reforma de carácter general de aquellas leyes.

Art. 103—. Las facultades del Poder Legislativo son indelegables, excepto las que se refieren a dar posesión a los altos funcionarios.

CAPÍTULO III
DE LA FORMACIÓN, SANCIÓN
Y PROMULGACIÓN DE LA LEY

Art. 104—. Tienen exclusivamente la iniciativa de la ley los Diputados, el Presidente de la República, por medio de los Secretarios de Estado y la Corte Suprema de Justicia en asuntos de su competencia.

Cuando el Congreso estime necesaria la emisión de una ley, podrá nombrar una comisión de su seno para elaborar el proyecto correspondiente.

Art. 105—. Ningún proyecto de ley será definitivamente votado sino después de tres deliberaciones efectuadas en distintos días, salvo caso de urgencia calificado por dos tercios de votos.

Art. 106—. Todo proyecto de ley al aprobarse por el Congreso se pasará al Poder Ejecutivo a más tardar dentro de tres días de haber sido votado a fin de que le dé su sanción y lo haga promulgar como ley.

Art. 107—. La sanción de la ley se hará con esta fórmula: "Por tanto: Ejecútese".

Art. 108—. Si el Poder Ejecutivo encontrare inconvenientes para sancionar el proyecto de ley, lo devolverá al Congreso dentro de diez días, con esta fórmula: "Vuelva al Congreso", exponiendo las razones en que funda su des acuerdo. Si en el término expresado no lo objetare, se tendrá como sancionado y lo promulgará como ley.

Cuando el Ejecutivo devolviere el proyecto, el Congreso lo someterá a nueva deliberación; y si fuere ratificado por dos tercios de votos, lo pasará de nuevo al Poder Ejecutivo, con esta fórmula: "Ratificado constitucionalmente", y aquél lo publicará sin tardanza.

Si el veto se fundare en que el proyecto de ley es inconstitucional, no podrá someterse a una nueva deliberación sin oír previamente el dictamen de la Corte Suprema de Justicia. Esta emitirá su informe en el término Congreso le señale.

Art. 109—. Cuando el Congreso vote un proyecto de ley al terminar sus sesiones y el Ejecutivo crea inconveniente sancionarlo, está obligado a darle aviso inmediatamente para que permanezca reunido hasta diez días, contados desde la fecha en que aquél recibió el proyecto, y no haciéndolo, deberá verificarlo en los ocho primeros días de las sesiones del Congreso siguiente.

Art. 110—. No será necesaria la sanción ni el Ejecutivo podrá poner veto en los actos y resoluciones siguientes:

1º. En las elecciones que el Congreso haga o declare, o en las renuncias que admita o deseche.

2º. En las declaraciones de haber o no lugar a formación de causa.

3º En la ley de Presupuesto.

4º En los decretos que se refieran a la conducta del Poder Ejecutivo.

5º. En los reglamentos que expida para su régimen interior.

6º. En los acuerdos para trasladar su residencia a otro lugar, temporalmente, y para suspender sus sesiones, o para convocar a sesiones extraordinarias.

7º. En los tratados o contratas que impruebe el Congreso. A En estos casos el Ejecutivo promulgará la ley con esta fórmula: "Por tanto: Publíquese".

Art. 111—. Siempre que un proyecto de ley, que no proceda de iniciativa de la Corte Suprema de Justicia, tenga por objeto reformar o derogar cualquiera de las disposiciones contenidas en los Códigos de la República, sin oír la opinión de aquel Tribunal. La Corte emitirá su informe en el término que el Congreso le señale.

Esta disposición no comprende las leyes del orden político, económico y administrativo.

Art. 112—. Ningún proyecto de ley desechado, total o parcialmente, podrá discutirse de nuevo en la misma legislatura.

Art. 113—. La ley obligatoria en virtud de su promulgación y después de transcurridos veinte días de terminada su publicación en el periódico oficial "La Gaceta".

Podrá sin embargo, restringirse o ampliarse en la ley misma el plazo de que habla este artículo y de ordenarse en casos especiales otra forma de que promulgación.

TÍTULO VI
DEL PODER EJECUTIVO

CAPÍTULO I
DE SU ORGANIZACION

Art. 114—. El Poder Ejecutivo se ejerce por un ciudadano que se denomina Presidente de la República; en su defecto por un Vicepresidente; en defecto de éste por el ciudadano que desempeñe la Presidencia del Congreso Nacional o haya desempeñado este cargo en la última legislatura ordinaria y, a falta de este último, por el ciudadano Presidente de la Corte Suprema de Justicia.

Art. 115—. Para ser electo Presidente o Vicepresidente de la República se necesita ser ciudadano en ejercicio de sus derechos, mayor de treinta años y hondureño por nacimiento.

Art. 116—. El Presidente y el Vicepresidente de la República serán electos popular y directamente, y su elección será declarada o hecha por el Congreso o por la Corte Suprema de Justicia, como queda prescrito.

Art. 117—. El período presidencial será de seis años y empezará el primero de enero.

Art. 118—. No podrán ser electos Presidente y Vicepresidente de la República para el período siguiente:
1º. El ciudadano que hubiere ejercido la presidencia en propiedad o interinamente, en el curso de un período.

2°. Los Secretarios de Estado que ejercieren o hubieren ejercido cargo seis meses antes de la práctica de las elecciones.

3°. Los parientes del Presidente y Vicepresidente de la República, dentro del cuarto grado de consanguinidad o afinidad.

Art. 119—. En caso de impedimento temporal del Presidente de la República lo sustituirá en sus funciones el Vicepresidente; y en su defecto, los ciudadanos que expresa el Artículo 114. Si la falta del Presidente fuere absoluta, el Vicepresidente ejercerá el Poder Ejecutivo por el tiempo que falte del período; pero sí también faltare de modo absoluto el Vicepresidente, quien lo sustituya por la ley, convocará a elecciones, un mes después, para un período constitucional que empezará el primero de enero siguiente a la convocatoria.

Art. 120—. Mientras recibe la Presidencia el llamado por la ley, ejercerá el Poder Ejecutivo el Consejo de Ministros; y éste llamará inmediatamente al nuevo funcionario para darle posesión si no estuviere reunido el Congreso.

CAPÍTULO II
DE LAS ATRIBUCIONES DEL PODER EJECUTIVO

Art. 121—. El Presidente de la República tiene la administración general del país.

Son sus atribuciones:

1°. Presentar en la instalación de cada Congreso ordinario una relación general de los actos de su administración.

2°. Presentar, por medio de los respectivos Secretarios de Estado, dentro de los ocho primeros días de la instalación del Congreso un informe o Memoria circunstanciada de todos los ramos de la administración.

3°. Sancionar las leyes, usar del veto en los casos en que corresponda y promulgar sin demora aquellas disposiciones legislativas que no necesiten de la sanción del Ejecutivo.

4°. Ejecutar y hacer cumplir las leyes, expidiendo al efecto los decretos y órdenes conducentes, sin alterar el espíritu de aquéllas.

5°. Velar porque todos los empleados de la República cumplan los deberes que la ley les impone, sin intervenir en el ejercicio de sus funciones.

6°. Nombrar los Secretarios y Subsecretarios de Estado, Tesoreros Especiales y demás empleados del Departamento Ejecutivo, conforme a la ley.

7°. Remover los empleados de su libre nombramiento.

8°. Mantener ilesos la independencia, el honor de la Nación y la integridad de su territorio.

9°. Conservar la paz y seguridad interior de la República y repeler todo ataque o agresión exterior.

10°. Declarar la guerra y hacer la paz; y permitir o negar el tránsito por la República de tropas terrestres, navales o aéreas de otro país, en receso del Congreso.

11°. Ejercer el mando en jefe de las fuerzas de tierra, mar y aire.

12°. Disponer de las fuerzas militares, organizarlas y distribuirlas de conformidad con la ley, según las necesidades de la República.

13°. Conceder patentes de corso y cartas de represalia.

14°. Conferir grados militares desde Subteniente hasta Capitán.

15°. Convocar al Congreso a sesiones extraordinarias.

16°. Mandar a reponer las vacantes de Diputados, en receso del Congreso, de conformidad con la ley, a más tardar un mes después de haber ocurrido.

17°. Dar a los funcionarios del Poder Judicial los auxilios y fuerzas que necesiten para hacer efectivas sus providencias.

18°. Celebrar tratados y cualesquiera otras negociaciones diplomáticas, sometiéndolos a la ratificación del Congreso en las próximas sesiones.

19°. Dirigir las relaciones exteriores, nombrar los Agentes Diplomáticos y Consulares de la República, recibir los Ministros y admitir los Cónsules de las naciones extranjeras.

Los Agentes Diplomáticos y los Consulares con goce de sueldo deberán ser hondureños por nacimiento, ciudadanos en ejercicio de sus derechos y tener la preparación necesaria para desempeñar el cargo.

20°. Hacer que se recauden las rentas del Estado y reglamentar su inversión, con arreglo a la ley.

21°. Decretar, en los casos de invasión o de guerra interior, si los recursos del Estado fueren insuficientes, un empréstito general y proporcional, de cuya inversión dará cuenta al Congreso en sus próximas sesiones.

22°. Declarar en Estado de Sitio la República, o parte de ella, en receso del Congreso, de conformidad con la ley.

23°. Conceder cartas de naturalización, conforme a la ley.

24°. Organizar, dirigir y fomentar la instrucción pública y difundir la enseñanza popular.

25°. Publicar mensualmente el estado de ingresos y egresos de las rentas públicas.

26°. Nombrar, cuando lo crea conveniente, comisiones técnicas en asuntos de importancia o de trascendencia para el Estado.

27°. Vigilar sobre la exactitud de la moneda nacional, prohibir la emisión y circulación de cupones y cuidar de la uniformidad de pesas y medidas.

28°. Ejercer la suprema dirección de la Policía de Seguridad.

29°. Conceder indultos y conmutar las penas conforme a la ley.

Art. 122. Las providencias del Poder Ejecutivo que no se expidan por la Secretaría de Estado correspondiente, no deben cumplirse

El Presidente de la República y los Secretarios de Estado serán responsables por las leyes. las disposiciones que dicten en contravención a la Constitución y las leyes.

Art. 123°. El Vicepresidente de la República gozará de las mismas prerrogativas que los Diputados.

CAPÍTULO III
DE LOS SECRETARIOS DE ESTADO

Art. 124°. Para la administración general del país, habrá de cuatro a siete Secretarías de Estado, entre las cuales se distribuirán los ramos de Relaciones Exteriores, Hacienda, Crédito Público, Guerra, Marina, Aviación, Gobernación, Justicia, Beneficencia,

Sanidad, Educación Pública, Fomento, Trabajo, Agricultura y Comercio.

Art. 125°. Los Secretarios de Estado deben ser hondureños por nacimiento, mayores de veinticinco años y ciudadanos en ejercicio de sus derechos.

Art. 126°. No pueden ser Secretarios de Estado: 1. Los parientes del Presidente y Vicepresidente de la República dentro del cuarto grado de consanguinidad o afinidad. 2. Los que hubieren administrado o recaudado valores públicos, mientras no tengan el finiquito de solvencia de sus cuentas. 3. Los contratistas de aguardiente y los de obras y servicios públicos por cuenta de la Nación; y los que por tales contratas tengan reclamaciones. Pendientes. 4. Los deudores a la Hacienda Pública.

Art. 127—. Los Secretarios de Estado pueden asistir sin voto a las deliberaciones del Congreso.
A iniciativa de un Diputado, la Directiva del Congreso debe llamarlos, v aquéllos concurrir a contestar las interpelaciones que se les haga sobre asuntos referentes a la administración; excepto los de los ramos de Guerra y Relaciones Exteriores, si juzgan necesaria la reserva.

Art. 128—. Los Subsecretarios de Estado deben tener las mismas condiciones que los Secretarios, y sustituirán a éstos por ministerio de la ley.

TÍTULO VII
DEL PODER JUDICIAL

CAPÍTULO I
DE SU ORGANIZACION

Art. 129—. El Poder Judicial de la República se ejerce por una Corte Suprema de Justicia, por las Cortes de Apelaciones y por los Jueces inferiores que la ley establezca.

La Corte Suprema residirá en la capital de la República y estará com. puesta por cinco Magistrados propietarios. Tendrá, además, tres suplentes.

Art. 130—. Para ser Magistrado de la Corte Suprema de Justicia se requiere ser ciudadano en ejercicio de sus derechos, hondureño por nacimiento, abogado y mayor de treinta años.

Art. 131—. Los Magistrados de la Corte Suprema de Justicia serán elegidos por el Congreso Nacional.

Art. 132—. No pueden ser electos Magistrados de la Corte Suprema de Justicia los que tengan cualquiera de las inhabilidades establecidas para los Secretarios de Estado.

Art. 133—. Los Magistrados de las Cortes de Apelaciones serán nombrados de entre los abogados que hayan cumplido veinticinco años de edad.

Art. 134—. Los Jueces de Paz serán nombrados por los Jueces de Letras, serán por los Departamentales o Seccionales.

Art. 135—. No pueden ser Magistrados ni Jueces en un mismo Tribunal las personas ligadas por parentesco, dentro del cuarto grado de consanguinidad o segundo de afinidad.

Art. 136—. El período de los Magistrados de la Corte Suprema de Justicia será de seis años y tomarán posesión el primero de enero.

Art. 137—. La administración de Justicia es gratuita en la República.

Art. 138—. Un mismo Juez no puede serlo en diversas instancias en una misma causa. Tampoco podrán ser Jueces en una misma causa los parientes dentro del cuarto grado de consanguinidad o segundo de afinidad.

Art. 139——. Los Magistrados, Jueces y Oficiales del Ministerio Público no podrán ser obligados a prestar servicio militar, ni a concurrir a ejercicios o prácticas militares.

Art. 140——. Los Tribunales de Justicia podrán requerir el auxilio de la fuerza armada para el cumplimiento de sus resoluciones, y si les fuere negado o no la hubiere disponible, lo exigirán de los ciudadanos. El que indebidamente se negare a dar auxilio, incurrirá en responsabilidad.

Art. 141——. Es facultad privativa de las Cortes y demás Tribunales de Justicia, juzgar y ejecutar lo juzgado. A ellos corresponde la aplicación de las leyes en casos concretos que legalmente se sometan a su conocimiento, y negarles cumplimiento cuando sean contrarias a la Constitución.

Art. 142——. La ley reglamentará la organización y atribuciones de los Tribunales de Justicia.

Art. 143——. La Corte Suprema de Justicia será presidida por uno de los Magistrados Propietarios.
Las funciones del Presidente durarán un año, contado desde el primero de enero, turnándose los Magistrados por orden de antigüedad en el servicio del Tribunal. A falta de ésta, se estará a la antigüedad del título.
Los Magistrados tendrán el rango y precedencia correspondientes a su antigüedad en el servicio del Tribunal. Cuando el Presidente de la Corte Suprema de Justicia pase a desempeñar la Presidencia de la República, se repondrá en el primer cargo conforme al Reglamento Interior de dicho Tribunal.

CAPÍTULO II
DE LAS ATRIBUCIONES DE LA CORTE SUPREMA

Art. 144——. La Corte Suprema de Justicia, además de las atribuciones que la ley le confiere, ejercerá las siguientes:
1º. Hacer su Reglamento Interior.

2º. Conocer de los delitos oficiales y comunes de los altos funcionarios, cuando el Congreso los haya declarado con lugar a formación de causa.

3º. Autorizar a los Abogados y Notarios, recibidos dentro o fuera de la República, para el ejercicio de su profesión, y suspenderlos; todo con arreglo a la ley.

4º. Declarar que ha lugar o no a formación de causa contra los miembros del Tribunal Superior de Cuentas, contra el Fiscal General de Hacienda y contra los principales empleados nacionales o departamentales que la ley determine.

5º. Conocer de las causas de presas, de extradición y de las demás que deban juzgarse con arreglo al Derecho Internacional.

6º. Conocer en casación de las sentencias dictadas en segunda instancia.

7º. Nombrar los Magistrados de las Cortes de Apelaciones, los Jueces Departamentales y Seccionales y los oficiales del Ministerio Público de formidad con la ley.

8º. Publicar "La Gaceta Judicial".

Los gastos de esta publicación se tomarán de los fondos de Justicia.

9º. Admitir o no la renuncia de los funcionarios de su nombramiento, y conceder licencia tanto a éstos como a sus propios miembros.

Los Jueces Departamentales o Seccionales admitirán o no las renuncias, y concederán licencia a los Jueces de Paz.

CAPÍTULO III
DE LA INCONSTITUCIONALIDAD Y REVISIÓN

Art. 145—. Podrá establecerse directamente ante la Corte Suprema de Justicia, el recurso de inconstitucionalidad de una ley que se refiera a asuntos no ventilables ante los Tribunales, por toda persona que al serle aplicada en un caso concreto sea perjudicada en sus derechos. La ley reglamentará el uso de este recurso.

Art. 146—. Ningún poder ni autoridad puede avocarse causas pendientes ni abrir juicios fenecidos, salvo lo que dispone el artículo siguiente.

Art—. 147. Las causas juzgadas en materia penal pueden ser revisadas en toda época en favor de los condenados, a pedimento de éstos, de cualquiera otra persona, del Ministerio Público o de oficio.
La ley reglamentará los casos y la forma de la revisión.

CAPÍTULO IV
DE LA TESORERÍA DE JUSTICIA

Art. 148—. Se establece una Tesorería Especial de Justicia para el pago de los sueldos correspondientes a los empleados de la administración de Justicia y de los gastos del mismo ramo.
Una ley determinará los ingresos de dicha Tesorería.

TÍTULO VIII
DE LA HACIENDA NACIONAL

CAPÍTULO I
DE LOS BIENES NACIONALES

Art. 149—. Forman el Tesoro Público de la Nación:
1º Todos sus bienes, muebles y raíces.
2º. Todos sus créditos activos.
3º. El producto de los derechos, impuestos, contribuciones y demás cargas públicas.

Art. 150—. El Estado tendrá en todo tiempo el derecho de imponer a la propiedad privada de la tierra y de las aguas, ya sea de nacionales o de extranjeros, las modalidades que dicte el interés general por causa de necesidad o utilidad pública, previa indemnización.

Art. 151—. Para crear el patrimonio agrícola, el Estado dará en propiedad lotes de terreno a familias de hondureños naturales o naturalizados. La ley reglamentará las condiciones de adquisición y las obligaciones del donatario.

Art. 152—. Corresponde al Estado el dominio directo e imprescriptible de las riquezas naturales que se encuentren en el subsuelo.

Su explotación y beneficio serán determinados en las leyes respectivas.

Art. 153—. Corresponde al Estado el dominio pleno, inalienable e imprescriptible de las aguas de los mares territoriales en una extensión de doce kilómetros contados desde la más baja marea; y el dominio, también pleno, inalienable e imprescriptible de sus playas, y el de sus lagos, lagunas, esteros, ríos y riachuelos de corrientes constantes. Exceptúanse las vertientes que nacen y mueren dentro de propiedad particular.

Art. 154.—El uso de las aguas a que se refiere el artículo anterior corresponde a los habitantes de la Nación; pero el Gobierno podría celebrar con— tratas relativas al uso de ellas, sin establecer derechos exclusivos y sin per— juicio de las ordenanzas generales o locales que sobre la materia se promulguen.

Art. 155. Se prohíbe la enajenación del dominio pleno, excepto para los lotes de familia, de los terrenos del Estado que a continuación se expresan:

1° Los de las zonas limítrofes a los Estados vecinos y los situados en el litoral de ambos mares, en una extensión de cuarenta kilómetros hacia el interior del país.

2°. Los de los ejidos de pueblos y aldeas.

3°. Los de las islas, cayos, arrecifes, escolladeros, peñones, sirtes de arena. y bancos

4°. Los terrenos medidos y titulados a las tribus indígenas extinguidas y los que hubieren pertenecido a aldeas y municipios que ya no existen.

Art. 156—. Los bienes fiscales son imprescriptibles.

Art. 157—. Constituyen el tesoro cultural de la Nación:

1º Toda la riqueza artística e histórica existente en el país, la cual estará bajo la salvaguardia del Estado, que podrá prohibir su exportación y enajenación; en cuyos casos deberá adquirirla para él mismo.

2º. Las ruinas de antiguas poblaciones y los objetos arqueológicos, los cuales son inalienables e imprescriptibles.

3º. Los lugares notables por su belleza natural o por su valor artístico o histórico.

El Estado organizará un registro de dicho tesoro cultural, asegurará su custodia y establecerá las respectivas responsabilidades penales.

CAPÍTULO II
DEL PRESUPUESTO

Art. 158—. El Presupuesto será fijado por el Congreso con vista del proyecto que presente el Poder Ejecutivo; pudiendo prorrogarlo para el año siguiente.

Art. 159—. El cálculo de los ingresos probables no excederá del promedio de ellos durante los cinco años anteriores, más un tanto por ciento no mayor de cinco, salvo el caso de creación de nuevas rentas.

Art. 160—. El proyecto de Presupuesto será presentado por el Secretario de Estado en el Despacho de Hacienda dentro de los ocho días siguientes a la instalación del Congreso.

Art. 161—. Todo gasto que se haga fuera del Presupuesto es ilegal. Y al ser improbado por el Congreso, se deducirá la responsabilidad, civil y criminal a quien corresponda.

Art. 162—. Una ley Orgánica reglamentará la formación, ejecución y liquidación del Presupuesto General.

Art. 163—. Créase la Tesorería General de la República y la Especial de Caminos, con los ingresos que determine la ley.

CAPÍTULO III
DE LA FISCALIZACIÓN

Art. 164—. Para fiscalizar la administración del Tesoro Nacional, habrá un Tribunal Superior de Cuentas, cuyas atribuciones serán: 1. Examinar, aprobar o improbar las cuentas de los que administren fondos públicos. 2. Devolver al Ejecutivo las ordenes que no estuvieren arregladas a la ley, para los efectos que ella determine.

Art. 165—. Los miembros del Tribunal Superior de Cuentas deberán ser mayores de veinticinco años, tener el título de Abogado o Perito Mercantil, no ser acreedores ni deudores de la Hacienda Pública, no tener cuentas pendientes con ella y no ser contratistas ni concesionarios. Su número, organización y atribuciones, serán determinados por la ley que regula su funcionamiento.

Art. 166—. El Poder Ejecutivo, para celebrar contratas de importancia que comprometan a la Hacienda Nacional, deberá publicar previamente la propuesta en el periódico oficial "La Gaceta"; y, en el caso de no presentarse quien mejore la propuesta, podrá celebrar la contrata.
Siempre que se trate de obras o servicios públicos importantes deberá someterse a licitación el respectivo contrato.
Exceptúanse los casos que tengan por objeto proveer a las necesidades de la guerra y los contratos que por su naturaleza no puedan celebrarse sino con persona determinada.

Art. 167—. Habrá un Fiscal General de Hacienda propietario y un suplente para representar los intereses de la Hacienda Pública, cuyas atribuciones serán determinadas por la ley.
Los miembros del Tribunal Superior de Cuentas y el Fiscal General de Hacienda tendrán las inhabilidades establecidas para los Diputados.

Art. 168—. El período de los miembros del Tribunal Superior de Cuentas y del Fiscal General de Hacienda será de seis años y comenzará el primero de enero.

TÍTULO IX
DEL EJÉRCITO

Art. 169—. El Ejército es una institución destinada a la defensa nacional y al mantenimiento de la paz y el orden público.

Art. 170—. La fuerza pública es esencialmente obediente. Ningún cuerpo armado puede deliberar ni ejercer el derecho de petición.

La obediencia militar será arreglada a la ley y a las ordenanzas militares.

Art. 171—. El servicio militar es obligatorio. Todos los hondureños de veintiuno a treinta años forman el Ejército activo; y de más de treinta a cuarenta, la reserva. Una ley especial hará la organización de las milicias y de la Guardia Nacional que comprenderá a los individuos de cuarenta a cincuenta años y establecerá las causas de exención del servicio. En caso de guerra internacional son soldados todos los hondureños hábiles para portar arma.

Art. 172—. Los grados militares sólo se adquieren por riguroso ascenso. Los militares no pueden ser privados de sus grados, honores y pensiones sino de la manera determinada por la ley.

Art. 173. Los militares que tengan grado en el Ejército tienen derecho, después de cumplir cuarenta años, a renunciar sus despachos y quedar separados del servicio.

Art. 174—. Se establece el fuero de guerra para los delitos militares.

Art. 175—. Se crea el Estado Mayor del Ejército. Una ley determinará su organización y atribuciones. También se establecerán escuelas militares para la enseñanza de las diferentes armas del Ejército.

TÍTULO X
Del Régimen Departamental y Municipal

CAPÍTULO I
DEL GOBIERNO DEPARTAMENTAL

Art. 176—. Para la administración pública, se divide el territorio de la Nación en departamentos, cuya creación y límites decretará el Congreso Nacional. En cada departamento habrá los funcionarios que la ley determine.

Art. 177—. Los funcionarios departamentales serán hondureños, mayores de veinticinco años y ciudadanos en ejercicio de sus derechos.

Art. 178—. El Régimen Político, Militar, Judicial y Económico del territorio de La Mosquitia podrá ser distinto del adoptado para el resto de la República, según lo reglamente el Poder Ejecutivo.

CAPÍTULO II
DE LA ADMINISTRACION MUNICIPAL

Art. 179—. Para la administración de los departamentos, éstos se dividen en municipios autónomos, representados por Municipalidades electas por el pueblo.

Art. 180—. La ley reglamentará la organización y atribuciones de las Municipalidades. Estas atribuciones serán puramente económicas y administrativas.

Art. 181—.En el ejercicio de sus funciones privativas serán absolutamente independientes de los otros Poderes sin contrariar en ningún caso las leyes generales del país; y serán responsables por los abusos que cometan colectiva o individualmente, ante los Tribunales de Justicia.

Art. 182—.Las Municipalidades nombrarán libremente los empleados de su dependencia y los agentes de policía que costeen con sus propios fondos.

Art. 183—. Ni los Municipales ni el Tesorero podrán desempeñar cargo alguno municipal en los períodos siguientes mientras no haya recaído finiquito de solvencia en las cuentas en que hayan intervenido.

Art. 184—. Ningún miembro de las Municipalidades podrá ser obligado a aceptar otro nombramiento ni ser llamado al servicio militar, salvo el caso de guerra internacional. Es prohibido a los miembros de la Corporación Municipal el desempeño de empleos municipales remunerados.

TÍTULO XI
DE LA RESPONSABILIDAD
DE LOS FUNCIONARIOS PÚBLICOS

CAPÍTULO ÚNICO

Art. 185—. Todo funcionario público, al tomar posesión de su destino, hará la promesa siguiente: "PROMETO SER FIEL A LA REPUBLICA, CUMPLIR Y HACER CUMPLIR LA CONSTITUCION Y LAS LEYES".

Art. 186—. Todo empleado o funcionario público es responsable por su actos.

Art. 187—. El Congreso, con vista de la información judicial instruida y de conformidad con los trámites que determine su Reglamento, declarará si ha lugar o no a formación de causa contra el Presidente y Vicepresidente de la República, los Diputados, los

Magistrados de la Corte Suprema de Justicia, los Secretarios de Estado y los Agentes Diplomáticos, por los delitos comunes u oficiales que cometan mientras subsista su carácter oficial, para el efecto de ponerlos, en su caso, a disposición del Tribunal competente.

Art. 188——. No obstante la aprobación que el Congreso dé a la conducta del Ejecutivo, el Presidente de la República y los Secretarios de Estado podrán ser acusados por delitos oficiales. El término de prescripción para estas acciones empezará a correr cinco años después de haber cesado en sus funciones el acusado.

Art. 189——. Los empleados y funcionarios públicos que violaren cualquiera de los derechos y garantías consignados en esta Constitución serán responsables criminal y civilmente; y no podrán obtener indulto ni conmuta en el período en curso ni en el siguiente.
La prescripción de los delitos y penas en que incurran no comenzará sino después de dichos períodos.

Art. 190——. Cuando fuere absuelto un funcionario público a quien se hubiere declarado con lugar a formación de causa, volverá al ejercicio de sus funciones.

TÍTULO XII
DEL TRABAJO Y DE LA FAMILIA

CAPÍTULO ÚNICO

Art. 101——. La jornada máxima obligatoria asalariada será de ocho horas diarias. Por cada seis días de trabajo habrá uno de descanso.
Una ley sobre accidentes del trabajo establecerá las responsabilidades del patrono y las condiciones en que se harán efectivas.

Art. 192——. Se prohíben las labores insalubres o peligrosas y el trabajo nocturno industrial para las mujeres y los menores de diez y seis años. Dichas personas no deberán trabajar en los establecimientos comerciales después de las seis de la tarde.

Art. 193—. El trabajo de los menores de doce años no podrá ser objeto de contrato, y el de los mayores de esa edad y menores de diez y seis años, tendrá como jornada máxima la de seis horas por día.

Art 194.—El salario deberá ser pagado exclusivamente en moneda efectiva de curso legal en la República.

Art. 195—. Las grandes empresas industriales están obligadas a establecer Hospitales en el lugar de sus actividades para atender a los accidentes o enfermedades de sus operarios.

Art. 196—. Es deber del Estado velar por la salubridad pública y el bienestar higiénico de la Nación.

Art. 197—. La familia, como fundamento de la sociedad, estará bajo la protección del Estado. En consecuencia, proveerá a la organización de su patrimonio, al amparo efectivo de la maternidad y a la protección de los menores.

Art. 198—. El Estado impartirá y estimulará la enseñanza adecuada para que los habitantes de la República puedan adquirir instrucción agrícola, industrial, de artes y de oficios.

TÍTULO XIII
DE LAS LEYES CONSTITUTIVAS

CAPÍTULO ÚNICO

Art. 199—. Son Leyes Constitutivas: la de Imprenta, la Agraria, la de Elecciones, la de Amparo y la de Estado de Sitio.

TÍTULO XIV
DE LAS REFORMAS Y OBSERVANCIA DE LA CONSTITUCIÓN Y LEYES CONSTITUTIVAS

CAPÍTULO 1
DE LA REFORMA

Art. 200—. La Constitución y las Leyes Constitutivas podrán reformarse parcialmente par un Congreso en sesiones ordinarias, con dos tercios de votos de sus miembros, debiendo ratificarse el respectivo decreto por la siguiente legislatura ordinaria, también por dos tercios de votos de sus miembros para que la reforma entre en vigor. La reforma de los artículos 117, 118 y 200 o de uno o más de estoy tres y la reforma total de la Constitución y Leyes Constitutivas sólo podrá hacerse por una Asamblea Constituyente, convocada al efecto por el Congreso Nacional.

CAPÍTULO II
DE LA OBSERVANCIA

Art. 201—. Todas las leyes, decretos, reglamentos, órdenes y demás disposiciones que estuvieren en vigor al promulgarse esta Constitución, continuarán observándose en cuanto no se opongan a ella y mientras no fueren legalmente derogadas o modificadas.

Art. 202—. La Presidencia y Vicepresidencia Constitucional de la República ejercidas, respectivamente, por los ciudadanos Doctor y General don Tiburcio Carías Andino e Ingeniero y General don Abraham Williams Calderón, terminarán el primero de enero de mil novecientos cuarenta y tres; y, con tal fin, quedarán en suspenso hasta aquella fecha los efectos de los artículos 116, 117 y 118 de esta Constitución.

Art. 203—. Al clausurar sus sesiones la actual Asamblea Nacional Constituyente quedará convertida en Congreso Legislativo ordinario, y los Diputa dos que integren éste terminarán su período el cuatro de diciembre de mil novecientos cuarenta y dos; quedando en suspenso hasta esa fecha los efectos de los artículos 96, párrafo 19 y 100 de esta Constitución.

Art. 204—. Esta Constitución Política empezará a regir el quince de abril del año en curso, quedando derogada en esa fecha la emitida el diez de septiembre de mil novecientos veinticuatro.

Dado en Tegucigalpa, en el Salón de Sesiones de la Asamblea Nacional Constituyente, a los veintiocho días del mes de marzo de mil novecientos treinta y seis.

ANT° C. RIVERA,
Presidente, Diputado por el Departamento de Tegucigalpa.

TIMOTEO CHIRINOS Z., Vicepresidente. Diputado por el Departamento de Tegucigalpa.

CARLOS IZAGUIRRE, Diputado por el Departamento de El Paraíso.

MARTIN M. AGUERO, Diputado por el Departamento de Tegucigalpa.

MARIANO JIMENEZ T., Diputado por el Departamento de Santa Bárbara.

JESÚS AGUILAR PAZ, Diputado por el Departamento de Santa Bárbara.

A. J. ALVARADO, Diputado por el Departamento de Copán

R. ALVARADO ROMERO, Diputado por el Departamento de Valle.

PEDRO AMAYA R., Diputado por el Departamento Santa Bárbara,

RAFAEL AYALA, Diputado por el Departamento de Intibucá.

CARLOS CONRADO BONILLA, Diputado por el Departamento de Cortés.

G. BOQUIN B., Diputado por el Departamento de Comayagua.

ANT C, BUSTILLO, Diputado por el Departamento de Comayagua.

VICENTE CÁCERES, Diputado por el Departamento de Tegucigalpa.

E. CÁRCAMO M., Diputado por el Departamento de Choluteca.

Y. LANDA BLANCO, Diputado por el Departamento de Cortés.

J. HÉCTOR LEIVA, Diputado por el Departamento de Valle.

GREGORIO A. LOBO, Diputado por el Departamento de Olancho.

MANUEL LUNA C., Diputado por el Departamento de Copán.

MIIGUEL M. LAÍNEZ, Diputado por el Departamento de El Paraíso.

JESÚS B. MEMBREÑO, Diputado por el Departamento de Gracias.

EMIGDIO MENA, Diputado por el Departamento de Santa Bárbara

LIBERATO MENDOZA, Diputado por el Departamento de Choluteca.

JUAN V. MONCADA, Diputado por el Departamento de Colón.

JUAN C. MODRAGON, Diputado por el Departamento do Choluteca.

EARL C. COOPER., Diputado por el Departamento de Islas de la Bahía,

HORACIO MOYA POSAS, Diputado por el Departamento de Atlántida.

G. ELVIR. Diputado por el Departamento de El Paraíso.

R. MUÑOZ CABAÑAS, Diputado por el Departamento de Gracias.

M. FUNES A.. Diputado por el Departamento de Olancho.

PLUTARCO MUÑÓZ P., Diputado por el Departamento de Yoro.

PASTOR GOMEZ h., Diputado por el Departamento de Valle.

FEDERICO ORDÓÑEZ P., Diputado por el Departamento de Colón.

L. A. OSORIO. Diputado por el Departamento de Choluteca.

ALEJANDRO CASTRO. Diputado por el Departamento de Tegucigalpa.

LEOPOLDO HERNANDEZ. Diputado por el Departamento de Gracias.

SALOMON PAREDES G. Diputado por el Departamento de Cortés.

FELIX PEDRO PINEL PESA., Diputado por el Departamento de Choluteca.

J. INOCENTE TRIMINIO., Diputado por el Departamento de El Paraíso.

M. RAMÍREZ., Diputado por el Departamento de Yoro.

PEDRO F. TRIMINIO. Diputado por el Departamento de Tegucigalpa.

MARCO H. RAUDALES, Diputado por el Departamento de Tegucigalpa.

J. C. VALENZUELA. Diputado por el Departamento de Comayagua.

JESÚS RODEZNO., Diputado por el Departamento de Ocotepeque.

ELEAZAR F. VARGAS, Diputado por el Departamento de Olancho.

M. ROMERO L., Diputado por el Departamento de Cortés.

LORENZO J. VÁSQUEZ, Diputado por el Departamento de La Paz.

HUMBERTO CHÉVEZ PADILLA. Diputado por el Departamento de La Paz.

RODOLFO Z. VELÁSQUEZ, Diputado por el Departamento de Intibucá.

ALFREDO TABORA S., Diputado por el Departamento Copán

MIGUEL VILLELA VIDAL., Diputado por el departamento de Ocotepeque.

SABINO TINOCO., Diputado por el Departamento de Yoro.

MÓNICO ZELAYA., Diputado por el Departamento de Atlántida.

FERNANDO ZEPEDA D., Diputado por el Departamento de Tegucigalpa

JOSÉ ANTONIO TORRES, Diputado por el Departamento de La Paz.

M. A. BATRES., Secretario 2. Diputado por el Departamento de Gracias

G. CANTARERO P. Secretario 1. Diputado por el Departamento
de Intibucá.

RAÚL R. CUEVA. Pro Secretario. Diputado por el departamento de Copán.

ANDRÉS FELIPE DÍAZ. Secretario. Diputado por el departamento de Olancho

Al Poder Ejecutivo.
Por tanto: Publíquese.

Tegucigalpa, 28 de marzo de 1936.

TIBURCIO CARÍAS A.

El Secretario de Estado en los Despachos de Gobernación, Justicia, Sanidad y Beneficencia, Abraham Williams.

El Secretario de Estado en el Despacho de Relaciones Exteriores, Antonio Bermúdez M.

El Secretario de Estado en los Despachos de Guerra, Marina y Aviación, Juan Manuel Gálvez,

El Secretario de Estado en el Despacho de Hacienda y Crédito Público, por la ley, Armando Flores Fiallos.

El Secretario de Estado en el Despacho de Instrucción Pública, Jesús M. Rodríguez h.

El Secretario de Estado en los Despachos de Fomento, Agricultura y Trabajo, Salvador Aguirre.

DECRETO NO. 1 DEL JEFE SUPREMO DEL ESTADO DE HONDURAS, POR EL CUAL QUEDAN EN VIGENCIA TODAS LAS LEYES Y REGLAMENTOS QUE ESTABLECEN LA ORGANIZACIÓN POLÍTICA, ADMINISTRATIVA, JUDICIAL Y CIVIL DE LA REPÚBLICA DE HONDURAS 6 DE DICIEMBRE DE 1954

DECRETO LEY Nº 1

Por el cual el Jefe Supremo del Estado de Honduras, en Consejo de Ministros el día 6 de Diciembre de 1954 pone en vigencia las leyes y reglamentos que establecen la Organización Política de Honduras, en todo lo que no se oponga al Gobierno de facto.

DECRETO—LEY No. 1

JULIO LOZANO DIAZ,

Jefe Supremo del Estado de Honduras,

POR TANTO: En conformidad con el Artículo 89 de la Constitución Política vigente desde el 15 abril de 1936, el Congreso Nacional debía instalarse solemnemente en esta Capital el cinco de los corrientes, sin que tal instalación se haya efectuado por causas completamente ajenas a la actitud del Poder Ejecutivo.

CONSIDERANDO: Que la falta de funcionamiento normal de cualquiera de los Poderes del Estado constituye un rompimiento del orden constitucional, y en tal caso es de imprescindible necesidad adoptar una resolución para el mantenimiento del orden y la tranquilidad pública y promover el bienestar de los habitantes de la

Nación, así como para buscar los medios adecuados para restablecer la normalidad legal.

POR TANTO:

RESUELVO: Primero: asumir desde esta fecha todos los Poderes del Estado, por mientras una Asamblea Constituyente reorganiza el Gobierno en forma constitucional, para lo cual el Jefe del Estado emitirá la respectiva convocatoria a elecciones, en la forma y tiempo que considere oportunos.

SEGUNDO: Durante el actual estado de emergencia el Jefe de Estado gobernará el País asistido por los miembros de su Gabinete, y por un Consejo de Estado integrado por los Diputados al Congreso Nacional declarados electos por las Juntas Departamentales, en relación con los comicios practicados el diez de octubre último, y por otras personas que se tenga a bien nombrar, quienes gozarán de los emolumentos asignados en el Presupuesto General de Gastos de la Nación, a los referidos Diputados. Un Decreto—Ley especial establecerá definitivamente la composición, atribuciones y funcionamiento del Consejo de Estado.

TERCERO: EN TODO LO QUE NO SE OPONGA AL PRESENTE GOBIERNO DE FACTO, QUEDARÁN EN VIGENCIA TODAS LAS LEYES Y REGLAMENTOS QUE ESTABLECEN LA ORGANIZACION POLÍTICA, ADMINISTRATIVA. JUDICIAL Y CIVIL DE LA REPÚBLICA DE HONDURAS.

CUARTO: A partir de esta fecha, y por el término de treinta días prorrogables si a juicio del Jefe de Estado ello fuere necesario, se prohíben todas las reuniones, concentraciones y manifestaciones de carácter político, así como toda publicación oral o escrita, que directa o indirectamente tienda a alterar la tranquilidad pública. El Gobierno se reserva plena libertad de acción a este respecto.

QUINTO: El presente Decreto entrará en vigencia desde esta misma fecha y hora.

Dado en el Palacio Presidencial, a la una de la mañana del día seis de diciembre de mil novecientos cincuenta y cuatro.

El Jefe de Estado,
JULIO LOZANO DIAZ.

El Secretario de Estado en los Despachos de Gobernación, Justicia, Sanidad y Beneficencia, J. Antonio Ynestroza.

El Secretario de Estado en el Despacho de Relaciones Exteriores, J. Edgardo Valenzuela.

El Secretario de Estado en los Despachos de Hacienda y Crédito Público y Comercio, Marco A. Batres.

El Secretario de Estado en los Despachos de Fomento y Trabajo, por la Ley, Norberto Guillén B.

El Secretario de Estado en los Despachos de Guerra, Marina y Aviación, por la Ley, Leónidas Pineda

El Secretario de Estado en el Despacho de Agricultura, Benjamín Membreño

El Secretario de Estado en el Despacho de Educación Pública, por la Ley, Julio C. Palacios.

(Alcance al No 15.461 de LA GACETA, Diario Oficial de la República de Honduras, 6 de Diciembre de 1954).

CONSTITUCIÓN POLÍTICA DE LA REPÚBLICA DE HONDURAS DE 19 DE DICIEMBRE DE 1957

DECRETO NÚMERO 21

Nosotros, Diputados a la Asamblea Nacional Constituyente, en ejercicio de la soberanía que el pueblo nos ha delegado, invocando el nombre de Dios y con nuestra fe puesta en el destino democrático de Honduras, decretamos y sancionamos la siguiente:

Constitución Política

TÍTULO I
EL ESTADO Y SU FORMA DE GOBIERNO

CAPÍTULO ÚNICO

Art. 1°—. Honduras es un Estado soberano e independiente, constituido como República democrática, para asegurar el goce de la libertad, la justicia, el bienestar social y económico la y superación individual y colectiva de sus habitantes.

Art. 2°—. La soberanía reside en el pueblo, que la ejerce directamente o a través del poder público creado por su voluntad libremente expresada.

Art. 3°—. El gobierno, a través del sistema democrático, republicano y representativo, se ejerce por tres poderes complementarios e independientes entre sí; Legislativo, Ejecutivo y Judicial.

Art. 4°—. La alternabilidad en el ejercicio de la Presidencia de la República es obligatoria. La violación de esta norma da derecho a la insurrección popular.

Art. 5°—. Los funcionarios son depositarios de la autoridad del Estado, y al jurar el fiel cumplimiento de la Constitución y de las leyes, se obligan a ejercerla en función del servicio público. La función de servicio compro mete la responsabilidad directa del servidor público por acción y omisión.

La acción para hacer efectiva la responsabilidad de los funcionarios del Estado, por actos u omisiones punibles, es pública e imprescriptible. Todo acto que ejecuten fuera de la ley es nulo.

Art. 6°—. El territorio de Honduras está comprendido entre los Océanos Atlántico y Pacífico y las Repúblicas de Guatemala, El Salvador y Nicaragua. Son sus límites con la República de Guatemala, los establecidos por la sentencia arbitral emitida en Washington, Estados Unidos de América, el veintitrés de enero de mil novecientos treinta y tres; con la República de Nicaragua, los establecidos por la Comisión Mixta de Limites hondureño—nicaragüense, en los años de mil novecientos y mil novecientos uno, según descripción de la primera sección de la línea divisoria, que figura en el acta segunda de doce de junio de mil novecientos, y en las posteriores, hasta el portillo de Teotecacinte, y de este lugar hasta el Océano Atlántico, conforme el Laudo Arbitral pronunciado por su Majestad el Rey de España, el veintitrés de diciembre de mil novecientos seis. Con la República de El Salvador, la línea se determinará por arreglo directo o por arbitraje, con vista de la documentación en que apoya su derecho, sometiéndose los tratados respectivos a la ratificación del Poder Legislativo.

1°.—. Los territorios situados en tierra firme dentro de sus límites territoriales las islas y cayos en el Golfo de Fonseca, cuyos derechos están respaldados con títulos expedidos durante el Régimen Colonial.

2°. —. Las Islas de la Bahía, las del Cisne (Swan Islands), Santanilla o Santillana, Viciosas, Misteriosas y los Cayos: Gorda, Vivorillos, Cajones, Becerro, Cocorocuma, Caratasca, Falso, Gracias a Dios, Los Bajos, Pichones, Palo de Campeche y los demás situados en el Atlántico histórica y jurídicamente que le pertenecen.

3°. —. También pertenecen al Estado de Honduras y están sujetos a su jurisdicción y control, el subsuelo, el espacio aéreo, la estratósfera, el mar territorial, y el lecho y el subsuelo de la plataforma submarina, zócalo continental e insular y otras áreas submarinas adyacentes a su territorio fuera de la zona del mar territorial y hasta una profundidad de doscientos metros o hasta donde la profundidad de las aguas suprayacentes, más allá de este límite, permita la explotación de los recursos naturales del lecho y del subsuelo.

En los casos a que se refieren los tres párrafos anteriores, el dominio de la nación es inalienable e imprescriptible y sólo podrán hacerse concesiones por el gobierno de la República a los particulares o sociedades civiles o mercantiles constituidas o incorporadas conforme a las leyes hondureñas, con la condición de que se establezcan trabajos regulares para la explotación de los elementos de que se trata y se cumpla con los requisitos que prevengan las leyes. Tratándose del petróleo y de los carburos de hidrógenos sólidos, líquidos o gaseosos, una ley especial determinará la forma en que podrá llevarse a cabo la explotación de estos productos y de otros similares.

4°. Como consecuencia de las declaraciones anteriores, el Estado se reserva el derecho de establecer la demarcación de las zonas de control y protección de las riquezas nacionales en los mares continentales e insulares que queden bajo control del Gobierno de Honduras, y de modificar dicha demarcación de acuerdo con las circunstancias sobrevinientes por razón de los nuevos descubrimientos, estudios e intereses nacionales que fueren advertidos en lo futuro.

5°. La presente declaración de soberanía no desconoce legítimos derechos similares de otros Estados sobre la base de reciprocidad, ni afecta a los derechos de libre navegación de todas las naciones, conforme al Derecho Internacional.

Art. 7—. Ninguna autoridad puede celebrar pactos, tratados o convenciones u otorgar concesiones que comprometan la soberanía e independencia de la República. Quien lo haga será juzgado por traición a la Patria. En cualquier tiempo podrá deducirse la responsabilidad consiguiente a quienes los hayan celebrado, o contribuido a su ejecución.

Art. 8—. Los estados extranjeros sólo podrán adquirir en el territorio de la República, sobre bases de reciprocidad, los inmuebles necesarios para sede de sus representaciones diplomáticas, sin perjuicio de lo que establezcan los convenios internacionales.

Art. 9—. Cualquier tratado o convención que celebre el Poder Ejecutivo referente al territorio nacional o a la organización política del país, requerirá la aprobación del Congreso Nacional, por votación no menor de tres cuartas partes de sus miembros.

Art. 10—. Honduras es un Estado disgregado de la República de Centro América. En consecuencia, reconoce como una necesidad primordial volver a la unión con uno o más Estados de la antigua Federación. A este efecto, queda facultado el Poder Legislativo para ratificar los tratados que tienden manera a realizarla parcial o totalmente, siempre que se propongan de manera justa y democrática.

Art. 11—. Honduras hace suyos los principios y prácticas del Derecho Internacional que propendan a la solidaridad humana, al respeto de la soberanía de los pueblos y al afianzamiento de la paz y la democracia universales.

Art. 12—. Dentro de la política de solidaridad continental, Honduras proclama como ineludible la validez y ejecución de las sentencias arbitrales.

Art. 13—. Son símbolos nacionales: la Bandera, el Escudo y el Himno. La ley regular su uso.

Art. 14—.El idioma oficial de la República es el español.

TÍTULO II
NACIONALIDAD Y CIUDADANÍA

CAPÍTULO I
DE LOS HONDUREÑOS

Art. 15—. La nacionalidad es el vínculo espiritual y material que unifica a los hondureños por lazos de tradición, intereses y aspiraciones comunes.

Art. 16—. La nacionalidad hondureña se adquiere por nacimiento y por naturalización.

Art. 17—. Son hondureños por nacimiento:
1º—. Los que nazcan en territorio de la República, sea cual fuere la nacionalidad de sus padres, a excepción de los hijos de los agentes diplomáticos y de extranjeros transeúntes;
2º.—. Los hijos de padre o madre hondureños nacidos en el extranjero;
3º—. Los que nazcan a bordo de embarcaciones o aeronaves de guerra hondureña, y los nacidos en naves mercantes, cuando éstas se encuentren en aguas territoriales de Honduras; y
4º.—. El infante de padres ignorados encontrado en el territorio de Honduras.

Art. 18—. Se consideran como hondureños naturales, los originarios de las otras Repúblicas de Centro América que después de un año de residencia en el país, manifiesten por escrito ante la autoridad competente, el de— seo de ser hondureños y tienen los requisitos legales, siempre que exista reciprocidad en el país de origen y hasta donde ésta se extienda.

Art. 19.— Son hondureños por naturalización: 1º. Los españoles y los originarios de países americanos que tengan un año de residencia en la República; 2º. Los demás extranjeros que hayan residido en el país más de dos años consecutivos. En ambos casos, el solicitante debe renunciar previamente a su nacionalidad y manifestar su deseo de adoptar la nacionalidad hondureña ante la autoridad competente; 3°. Los que obtengan carta de naturalización decretada por el Congreso Nacional; y 4°. Los inmigrantes que formando parte de grupos seleccionados traídos por el Gobierno para fines agrícolas o industriales, después de un año de residencia en el país, llenen los requisitos de ley.

Art. 20—. Ningún hondureño por nacimiento tendrá nacionalidad distinta de la hondureña, mientras resida en el territorio de la República.

Art. 21—. Ningún hondureño naturalizado podrá desempeñar en su país de origen, funciones oficiales en representación de Honduras.

Art. 22—. Ni el matrimonio, ni su disolución, afectan la nacionalidad de los cónyuges o de sus hijos.

Art. 23—. La nacionalidad hondureña se pierde: 1°. Por naturalización voluntaria en país extranjero; y 2°. Por cancelación de la carta de naturalización.

Art. 24—. Todo hondureño está obligado a defender la patria, respetar las autoridades y contribuir al sostenimiento y engrandecimientos moral y material de la nación.

CAPÍTULO II
DE LOS EXTRANJEROS

Art. 25—. Los extranjeros están obligados desde su ingreso al territorio de la República, a respetar las autoridades y a cumplir las leyes.

Art. 26—. Los extranjeros gozan en Honduras de todos los derechos civiles de los hondureños, con las restricciones que, por razones calificadas de orden público, seguridad o interés nacional, establezcan las leyes. Quedarán sujetos a todas las cargas ordinarias y extraordinarias de carácter general a que estén obligados los hondureños.

Art. 27—. No podrán hacer reclamaciones, ni exigir indemnización alguna del Estado, sino en la forma y en los casos en que pudieran hacerlo los hondureños.

Los extranjeros no podrán ocurrir a la vía diplomática sino en los casos de denegación de justicia. Para este efecto no se entenderá por denegación de justicia que un fallo no sea favorable al reclamante. Los que contravinieren esta disposición perderán el derecho de habitar en el país.

Art. 28—. Los extranjeros sólo podrán desempeñar empleos en la enseñanza de las ciencias y de las artes, excepto los de carácter directivo, y prestar al Estado servicios técnicos o de asesoramiento, cuando no haya hondureños que puedan desempeñar esos empleos o prestar estos servicios.

Art. 29—. La extradición sólo podrá otorgarse en virtud de ley o de tratados, por delitos comunes y nunca por delitos políticos, aunque por consecuencia de éstos resulte un delito común.

Art. 30—. Las leyes establecerán la forma y casos en que puede negarse al extranjero la entrada al territorio nacional. El Poder Ejecutivo tiene la facultad exclusiva de hacer abandonar el territorio nacional, de conformidad con la ley, a todo extranjero cuya permanencia juzgue inconveniente.

Art. 31—. Los extranjeros tienen los mismos derechos y deberes individuales y sociales que los hondureños, con las excepciones y limitaciones que esta Constitución y las leyes establecen.

Art. 32—. No podrán desarrollar actividades políticas de carácter nacional ni internacional, bajo pena de ser sancionados de conformidad con la ley.

Art. 33—. Los extranjeros estarán sujetos a una ley especial.

CAPÍTULO III
DE LOS CIUDADANOS

Art. 34—. La ciudadanía es la condición jurídica que confiere derechos e impone deberes de orden político y de carácter patriótico a los hondureños.

Art. 35—. Son ciudadanos todos los hondureños, varones y mujeres, mayores de dieciocho años.

Art. 36—. Son derechos del ciudadano: elegir y ser electo, asociarse constituir partidos políticos, de acuerdo con la ley; ingresar o renunciar a los ya constituidos; optar a los cargos públicos, según sus capacidades y los de más que reconocen las leyes de acuerdo con el ejercicio funcional de la democracia.

Los individuos de alta en el Ejército o en la Policía no podrán ejercer el sufragio, pero sí serán elegibles en los casos no prohibidos por la ley.

Art. 37—. Son deberes del ciudadano: cumplir y velar por que se cumpla la Constitución de la República y servir al Estado de conformidad con las leyes.

Art. 38—. La calidad de ciudadano se suspende, se pierde y se restablece conforme a las siguientes prescripciones:

Se suspende:

1º. Por auto de prisión, declaratoria de reo, o de haber lugar a formación de causa; 2º. Por sentencia firme que prive de los derechos políticos; 3º. Por interdicción civil, por estar declarado deudor fraudulento o por vagancia legalmente declarada; y 4º. Por negarse a desempeñar, sin justa causa, un cargo de elección popular. En este caso, la suspensión durará el tiempo que debiera desempeñar el cargo rehusado.

Se pierde:

1°. Por prestar servicios, en tiempo de guerra, a enemigos de Honduras o de sus aliados; 2°. Por ayudar a un extranjero o a un gobierno extranjero en cualquier reclamación diplomática o ante un tribunal internacional, en contra de la Nación; 3°. Por desempeñar en el país sin la licencia debida, empleo de nación extranjera del ramo militar o de carácter político; 4°. Por aceptar sin el permiso debido, condecoraciones que impliquen obediencia o sumisión al Gobierno que las otorgue; 5°. Por coartar la libertad de sufragio, adulterar documentos electorales o emplear medios fraudulentos para burlar la voluntad popular; y 6°. Por incitar, promover o apoyar el continuismo o la reelección del Presidente de la República.

Se restablece:
1°. Por sobreseimiento confirmado; 2°. Por sentencia firme absolutoria; 3°. Por cumplimiento de la pena; 4°. or amnistía o por indulto; y 5°. Por rehabilitación de conformidad con la ley.

TÍTULO III

CAPÍTULO I
EL SUFRAGIO Y LOS PARTIDOS POLITICOS

Art. 39—. El sufragio es una función cívica primordial. Su ejercicio para los ciudadanos es irrenunciable como derecho e ineludible como obligación.

Art. 40—. El voto será directo, igualitario y secreto.

Art. 41—. Los partidos políticos son asociaciones constituidas conforme a la ley, por ciudadanos hondureños en pleno ejercicio de sus derechos cívicos, para fines electorales y de orientación política.

Art. 42—. Los partidos políticos legalmente organizados e inscritos, tienen carácter de instituciones de derecho público, cuya existencia y libre funcionamiento garantiza esta Constitución.

Art. 43—. Los partidos políticos deberán normar su organización, funcionamiento y actividad, de acuerdo con los principios democráticos y republicanos que inspiran esta Constitución.

Art. 44—. Los ciudadanos hondureños tienen derecho a fundar partidos políticos de conformidad con lo que establecen esta Constitución y la Ley Electoral.

Art. 45—. La Ley Electoral fijará el número necesario de afiliados, para la organización e inscripción de los partidos políticos.

Art. 46—. Se declara punible todo acto por el cual se prohíba o limite el ciudadano participar en la vida política de la Nación.

Art. 47—. Se prohíbe la formación o funcionamiento de partidos políticos que proclamen o practiquen doctrinas contrarias al espíritu democrático del pueblo hondureño, o que por sus programas ideológicos o vinculaciones inter nacionales atenten contra la soberanía del Estado. En estos casos el Congreso Nacional resolverá previo informe del Consejo Nacional de Elecciones.

No quedan incluidas en esta prohibición las organizaciones que proclamen la unión centroamericana o las doctrinas panamericanas o de solidaridad continental.

CAPÍTULO II
FUNCIÓN ELECTORAL

Art. 48—. Para todo lo relacionado con los actos y procedimientos electorales, habrá un Consejo Nacional de Elecciones cuya organización y atribuciones serán establecidas por la Ley Electoral.

Art. 49—. El Consejo Nacional de Elecciones tendrán jurisdicción en toda la República, será absolutamente independiente y se comunicará directamente con los Poderes Públicos.

Art. 50—. Sin perjuicio de los demás atribuciones que determina la Ley Electoral. el Consejo Nacional de Elecciones tendrá las siguientes:

a) Dirigir y vigilar la elaboración del Censo Nacional Electoral: b) Registrar a los partidos políticos y a los candidatos que reúnan los requisitos establecidos por la ley; c) Convocar a elecciones de autoridades supremas y municipales; d) Mandar que se repongan las vacantes que ocurran en el Poder Legislativo; e) Organizar, dirigir y supervisar el proceso electoral; f) Proponer al Poder Ejecutivo el Presupuesto de Gastos de los organismos electorales; g) Recibir los expedientes relativos a los escrutinios; declarar la elección de los ciudadanos ungidos por medio del sufragio y extenderles sus credenciales; h) Conocer en única instancia de la nulidad de las elecciones; i) Oír y resolver quejas y consultas electorales; y j) Hacer el nombramiento de los miembros que integren los organismos electorales departamentales y vigilar que los lo formen los organismos locales, reúnan las condiciones y tengan las prerrogativas que manda la Ley Electoral.

Art. 51—. El Consejo Nacional de Elecciones será nombrado por acuerdo del Poder Ejecutivo; durará seis años en el ejercicio de sus funciones; y sus miembros tendrán las mismas condiciones, inmunidades e inhabilidades de los Diputados.

El Consejo Nacional de Elecciones se integrará en la forma siguiente: a) Un propietario y un suplente designado por cada uno de los partidos políticos debidamente inscritos; b) Un propietario y un suplente designados por las asociaciones de comerciantes, industriales, agricultores y ganaderos.

La Ley Electoral reglamentará la forma en que estas asociaciones harán la designación a que se refiere este inciso; y c) Un propietario y un suplente, propuestos separadamente por las asociaciones profesionales, Federación de Asociaciones Femeninas Hondureñas, Federación de Estudiantes Universitarios, Federación Hondureña de Maestros y Sindicatos de Trabajadores.

Cada una de las agrupaciones indicadas en este inciso, propondrá un propietario y un suplente al Poder Ejecutivo, y éste seleccionará entre los propuestos, el propietario y el suplente que deberán integrar el Consejo Nacional de Elecciones.

Art. 52—. La Ley Electoral determinará la forma de integración y funcionamiento de los demás organismos electorales.

Art. 53—. El Censo Nacional Electoral es permanente e inalterable, la inscripción de los ciudadanos comenzará el dos de enero de cada año y se cerrará el treinta de abril siguiente.

Las modificaciones ocurridas por muerte, cambio de vecindad y suspensión o pérdida de la ciudadanía, se verificarán en el tiempo y con las modalidades que determine la Ley Electoral.

Art. 54—. Para la declaratoria de elección de Diputados al Congreso Nacional o la Asamblea Nacional Constituyente, se adopta el sistema de representación proporcional, a base de cocientes y residuos electorales. Para la declaratoria de elección de miembros de las Corporaciones Municipales, se adopta el sistema de simple mayoría.

Art. 55—. La acción penal por los delitos electorales establecidos por la ley, es pública y prescrita en seis años.

Art. 56—. Conocerá de los delitos y faltas electorales la justicia ordinaria, conforme al derecho común, sin distinción de fueros.

TÍTULO IV
DERECHOS Y GARANTÍAS INDIVIDUALES

CAPÍTULO ÍNICO

Art. 57—. La dignidad de ser humano es inviolable, todos los hombres son iguales ante la ley. Los habitantes de la República de Honduras tienen derecho a ser protegidos, sin discriminación alguna, en el goce de su vida, seguridad, honor, libertad, trabajo y propiedad.

Art. 58—. Los derechos de cada hombre están limitados por los derechos de los demás, por la seguridad de todos y por las justas exigencias del bienestar general y del desenvolvimiento democrático.

Art. 59—. Las declaraciones, derechos y garantías que enumera esta Constitución, no serán entendidas como negación de otros derechos no especificados que nacen de la soberanía nacional, de la forma republicana y democrática de gobierno y de la dignidad del hombre.

Art. 60—. Las leyes y disposiciones gubernativas o de cualquier otro orden, que regulen el ejercicio de los derechos y garantías reconocidas en esta Constitución, serán nulas si los disminuyen, restringen o tergiversan.

Art. 61—. El derecho a la vida es inviolable. La pena de muerte queda abolida en Honduras.

Art. 62.—Ninguna persona será sometida a torturas, penas infamantes o tratos crueles, inhumanos o degradantes.

Nadie podrá ser arbitrariamente detenido, preso ni desterrado. Se prohíbe todo rigor que no se limite a la detención del delincuente o procesado. Las cárceles son establecimientos de seguridad y defensa social. Se procurará en ellas la readaptación social del delincuente.

Art. 63—. La declaración obtenida por medio de la violencia es nula e induce responsabilidad contra el funcionario que la haya ejecutado.

Art. 64—. Toda persona acusada de delito tiene derecho a que no se prejuzgue su responsabilidad.

Art. 65—. Ninguna persona será objeto de injerencias en su vida privada, en su familia, en su domicilio o en su correspondencia.

No se interceptará la comunicación telefónica. No se violará el derecho del pueblo a la protección de sus personas, hogares, papeles y efectos, contra registros, incautaciones y allanamientos arbitrarios.

Sólo se expedirán mandamientos autorizando registros, allanamientos o arrestos por autoridad judicial, y éstos, únicamente cuando exista proceso del que y resulte indicio racional que amerite el registro u ocupación de las cosas la detención de las personas.

Art. 66—. La correspondencia particular, papeles y libros privados son inviolables y sólo podrán ocuparse o revisarse por auto de juez competente en los asuntos civiles, mercantiles, laborales y criminales que la ley determine, debiendo registrarse en presencia del poseedor o a falta de éste, de su mandatario o de dos testigos, devolviéndose los que no tengan relación con lo que se indaga. Los que fueron sustraídos no harán fe en juicio.

Art. 67—. Toda persona tiene derecho para requerir amparo contra cualquier atentado o arbitrariedad de que sea víctima, y para hacer efectivo el ejercicio de todas las garantías que esta Constitución establece, cuando sea indebidamente coartada en el goce de ellas, por leyes o actos de cualquier autoridad, agente o funcionario público.

Art. 68—. La Constitución reconoce la garantía del Habeas Corpus. Toda persona ilegalmente detenida, presa o cohibida de cualquier modo en el goce de su libertad individual, o que sufriere vejámenes, aún cuando su prisión o detención fuere fundada en ley, o cualquiera otra en su nombre, sin necesidad de poder, tiene el derecho de pedir ante el Tribunal respectivo, verbalmente, por telégrafo, o por escrito, su inmediata exhibición, ya sea para que se le restituya su libertad, se haga cesar los vejámenes o termine la coacción a que estuviere sujeta. Si el Tribunal decretare la libertad de la persona, ésta quedará libre en el mismo acto y lugar.

Cuando así se solicite o el juez o tribunal lo juzgue pertinente, la exhibición reclamada se practicará en el lugar donde se encuentre el detenido, sin previo aviso ni notificación a las partes.

La garantía del Habeas Corpus será concebida libre de costas. La exhibición personal del detenido en cuyo favor se hubiere presentado dicho recurso es ineludible. La autoridad que ordenare y los agentes que ejecutaren el ocultamiento del detenido, o que en cualquier otra forma burlaren esta garantía, incurrirán en el delito de detención ilegal.

Art. 69—. La orden de detención que no emane de autoridad competente o que se haya dictado sin las formalidades legales, es atentatoria.

La detención para inquirir no podrá pasar de seis días. La incomunicación de un detenido no excederá de veinticuatro horas. La contravención a estos preceptos producirá responsabilidad penal, sin perjuicio de las demás sanciones que establezca la ley.

Art. 70—. No podrá proveerse auto de prisión sin que preceda plena prueba de haberse cometido un crimen o simple delito que merezca pena de privación de la libertad y sin que resulte indicio racional de quien sea su autor. En la misma forma se hará la declaratoria de reo.

Art. 71—. Nadie será obligado a incriminarse mediante su propia declaración en materia penal y de policía, ni a declarar contra su cónyuge, ni contra sus parientes dentro del cuarto grado de consanguinidad o segundo de afinidad. El silencio del procesado no podrá tenerse en cuenta ni considerarse en perjuicio suyo.

Art. 72—. Nadie podrá ser encarcelado por deudas.

Art. 73—. Nadie puede ser juzgado otra vez por los mismos hechos punibles que motivaron anteriores enjuiciamientos.

Art. 74—. Nadie puede ser llevado a la cárcel aún con auto de prisión, ni detenida en ella, si presentare fianza suficiente, cuando por el delito no deba aplicarse pena que pase de tres años.

Art. 75—. Nadie puede ser penado sin juicio previo que se funde en ley anterior al hecho del proceso, ni ser preso o detenido sino en los lugares que determine la ley.

Art. 76—. La "orden superior" dictada sin las formalidades legales, es atentatoria.
Incurren en responsabilidad criminal que determinará la ley, tanto el funcionario que la dicte como el subalterno que la ejecute.

Art. 77—. El delincuente infraganti puede ser aprehendido por cualquier persona y en cualquier lugar para entregarlo a la autoridad competente.

Art. 78—. El derecho de defensa es inviolable. Nadie puede ser condenado sin haber sido citado, oído y vencido en juicio, mediante procedimiento que le asegure las garantías necesarias para su defensa.
Ninguna persona puede ser juzgada por comisiones especiales, ni por otros jueces que los designados por la ley. Subsiste el fuero de guerra para los delitos y faltas contra la disciplina militar, pero los tribunales militares en ningún caso y por ningún motivo podrán extender su jurisdicción sobre personas que no pertenezcan al Ejército.
Cuando en un delito o falta de orden militar estuviese complicado un paisano o militar de baja, conocerá del caso la autoridad civil que corresponda.

Art. 79—. Corresponde al Estado nombrar procuradores que defiendan a los pobres, velen por las personas e intereses de los menores y demás incapaces, les den asistencia legal y los representen judicialmente en la defensa de su libertad individual y de sus derechos laborales.

Art. 80—. Toda persona o reunión de personas tienen derecho a dirigir sus peticiones a las autoridades legalmente constituidas, de que se les resuelvan y se les haga saber la resolución correspondiente.

Art. 81.—Ninguna persona puede ser inquietada o perseguida por sus opiniones. Las acciones privadas que no alteren el orden público o que no causen daño a terceros, estarán siempre fuera de la acción de la ley.

Art. 82—. El domicilio y todo otro recinto privado de los habitantes de la República son inviolables. No obstante pueden ser allanados en virtud de orden escrita de juez competente, para impedir la comisión o impunidad de delitos o evitar daños graves a las personas o a la propiedad, con sujeción a lo que prescribe la ley. Siempre que el domicilio que haya de allanarse no sea el del reo a quien se persigue, la autoridad o sus agentes solicitarán previamente el permiso del morador. El allanamiento del domicilio no puede verificarse desde las seis de la tarde hasta las seis de la mañana, sin previo permiso del jefe de la casa.

Art. 83—. Las libertades de expresión del pensamiento e información son inviolables. Este derecho incluye el de no ser molestado a causa de sus opiniones, el de investigar y recibir informaciones y el de trasmitirlas y difundirlas por cualquier medio de expresión.

No se aprobará ley alguna que las restrinja. La Ley de Emisión del Pensamiento determinará las responsabilidades en que incurran los que abusaren de tal libertad en perjuicio de la honra, reputación o intereses de personas o entidades.

Art. 84—. Los talleres tipográficos, las estaciones radiodifusoras, así como los otros medios de emisión del pensamiento y sus maquinarias y enseres respectivos, no podrán ser secuestrados, decomisados o confiscados; tampoco pue. den ser clausurados o interrumpidas sus labores por razón de delito o falta en la emisión del pensamiento. Los edificios donde se encuentren instalados los talleres dedicados a publicaciones de cualquier índole, sólo podrán apropiarse previa declaración judicial de necesidad y utilidad públicas mediante procedimientos que determinará la ley.

Aún en este caso, la expropiación sólo podrá llevarse a la práctica cuando se haya proveído para la publicación un local adecuado, en el cual puedan instalarse los equipos y talleres para que continúen operando.

Art. 85—. El Estado reconoce el derecho de reunión pacífica y sin armas. Las reuniones al aire libre y las manifestaciones públicas no pueden ser restringidas ni coartadas.

La ley regulará el ejercicio de este derecho con el único objeto de garantizar el orden público. En igual forma tienen derecho todos los habitantes de asociarse libremente para promover, ejercer y proteger sus intereses políticos, económicos, sindicales, religiosos, culturales y de cualquier otra índole, siempre que se propugne el imperio de la democracia en la República.

Art. 86—. Honduras reconoce el derecho de asilo en caso de persecución que no sea motivada por delito común, conforme a los convenios internacionales de que es signataria.

Art. 87—. La expulsión de hondureños del territorio nacional es atentatoria. La contravención a este precepto constituye delito, y en cualquier tiempo podrá deducírsele responsabilidad penal y civil al funcionario que viole esta garantía. El legislador especificará este delito y la pena que le corresponda.

Art. 88—. Toda persona tiene derecho a circular libremente y a elegir su residencia en el territorio nacional. A ninguna persona se le podrá obligar a cambiar su residencia, salvo por mandato judicial basado en la ley. Todo hondureño tiene derecho a obtener pasaporte, a salir del país y regresar a él sin restricción alguna.

Art. 89—. Toda persona tiene derecho a una educación que propenda al pleno desarrollo de su personalidad y al fortalecimiento del respeto de los derechos humanos.

Art. 90—. Los habitantes de la república pueden tener y portar arma con arreglo a la ley.

Art. 91—. Se prohíbe la usura. Es de orden público la ley que señale límite máximo al interés del dinero. La misma ley determinará las penas que deban aplicarse a los contraventores.

Art. 92—. Ninguna ley tiene efecto retroactivo, excepto en materia penal cuando la nueva ley favorezca al delincuente o procesado.

Art. 93—. Todo servicio que no deba prestarse gratuitamente, en virtud de la ley o de sentencia fundada en ley, debe ser remunerado.

Art. 94—. Sólo un Congreso ordinario impone contribuciones y demás cargas públicas.

Art. 95—. Los ministros de las diversas religiones no podrán ejercer cargos públicos de elección popular.

Art. 96—. Nadie está obligado al pago de cargas o impuestos que no hayan sido legalmente decretados.

Art. 97—. La policía es una institución del Estado de carácter puramente civil, encargada de velar por la conservación del orden público, proteger a las personas y a la propiedad y ejecutar las resoluciones, disposiciones, mandatos y decisiones legales de las autoridades y funcionarios públicos.

El Poder Ejecutivo podrá someter la policía civil al régimen militar cuando sea preciso mantener el orden público y se haga necesaria la defensa de las instituciones democráticas.

Art. 98—. La acción para perseguir las infracciones de los derechos y garantías establecidos en este Capítulo es pública, sin caución ni formalidad de ninguna especie y por simple denuncia.

TÍTULO V
GARANTÍAS SOCIALES

CAPÍTULO I
LA FAMILIA

Art. 99—. La familia, el matrimonio y la maternidad están bajo la protección del Estado. Se garantiza la igualdad jurídica de los cónyuges.

Art. 100—. Sólo es válido el matrimonio autorizado por funcionario competente para formalizarlo.

Art. 101—. Se reconoce el matrimonio de hecho entre personas legalmente capacitadas para contraerlo. La ley señalará las condiciones para que surta los efectos del matrimonio civil.

Art. 102—. Las calificaciones sobre la naturaleza de la filiación, quedan abolidas. No se consignará declaración alguna diferenciando los nacimientos, ni sobre el estado civil de los padres en las actas de inscripción de aquéllas, ni en ningún documento, atestado o certificación referente a la filiación. En consecuencia no se reconocen desigualdades entre los hijos, teniendo todos los mismos derechos y deberes.

Art. 103—. Se reconoce el derecho de adopción. Una ley especial regulará esta institución.

Art. 104—. Se autoriza la investigación de la paternidad. La ley determinará el procedimiento.

Art. 105—. Los padres de familia pobres con cinco o más hijos menores, recibirán especial protección del Estado. En iguales circunstancias de idoneidad, gozarán de preferencia para el desempeño de cargos públicos.

Art. 106—. Los padres están obligados a alimentar, asistir y educar a sus hijos. El Estado velará por el cumplimiento de estos deberes.

Art. 107—. Corresponde al Estado velar por la salud física, mental y moral de la infancia, creando los institutos y dependencias necesarios adecuados.

Las leyes de protección a la infancia son de orden público, y los establecimientos oficiales destinados a dicho fin, tienen el carácter de Centros de Asistencia Social.

Se declaran de utilidad pública y gozarán del apoyo del Estado los Centros de Asistencia Social creados por iniciativa privada.

Art. 108—. Los menores deficientes físicos o mentales, los huérfanos, los ancianos, los abandonados, los delincuentes o predelincuentes estarán sometidos a una legislación especial de vigilancia, rehabilitación y protección. No se permitirá el ingreso de un menor de dieciocho años a una cárcel o presidio.

Art. 109—. El patrimonio familiar será objeto de una legislación protectora especial.

Art. 110—. Se reconoce el divorcio como causa de disolución del vínculo matrimonial.

CAPÍTULO II
DEL TRABAJO Y PREVISION SOCIAL

Art. 111—. Toda persona tiene derecho al trabajo, a escoger libremente su ocupación y a renunciar a ella, a condiciones equitativas y satisfactorias de trabajo, y a la protección contra el desempleo.

Art. 112—. Las leyes que rigen las relaciones entre patronos y trabajado— res son de orden público. Serán nulas las disposiciones y convenciones que contravengan o restrinjan las garantías siguientes:

1º. La jornada ordinaria de trabajo diurno no podrá exceder de ocho horas diarias y cuarenta y cuatro a la semana, equivalentes a cuarenta y ocho de salario. La jornada ordinaria de trabajo nocturno no podrá exceder de seis horas diarias y treinta y seis a la semana. El trabajo en horas extraordinarias será remunerado en la forma que determine la ley. Estas disposiciones no se aplicarán en los casos de excepción, muy calificados, que la ley señale. El trabajador gozará de un día de descanso, preferentemente el domingo, por cada seis de trabajo.

2º. A trabajo igual debe corresponder salario igual, sin discriminación alguna, siempre que el puesto, la jornada y las condiciones de eficiencia y tiempo de servicios sean también iguales.

3º. El salario deberá pagarse con moneda de curso legal.

4º El valor del salario, el de las indemnizaciones y prestaciones sociales, constituyen un crédito privilegiado en casos de quiebra o concurso del empleador.

5º. Todo trabajador tiene derecho a devengar un salario mínimo fijado periódicamente con intervención del Estado y de los trabajadores y empleadores, suficiente para cubrir las necesidades normales de su hogar en el orden material, moral y cultural, atendiendo a las modalidades de cada trabajo, a las particulares condiciones de cada región y de cada labor, al costo de la vida, a la aptitud relativa de los trabajadores y a los sistemas de remuneración de las empresas. Igualmente se señalará un salario mínimo profesional en aquellas actividades en que el mismo no estuviere regulado por un contrato o convención colectivo.

El salario mínimo estará exento de embargo, compensación y descuento, salvo lo dispuesto por la ley atendiendo a obligaciones familiares y sindicales del trabajador.

6º. El patrono estará obligado a observar, en la instalación de sus establecimientos, los preceptos legales sobre higiene y salubridad, a adoptar las medidas adecuadas para prevenir accidentes en el uso de las máquinas, instrumentos y materiales de trabajo, así como a organizar de tal manera éste, que resulte para la salud y la vida de los trabajadores la mayor garantía compatible con la naturaleza de la negociación, bajo las penas que al efecto establezcan las leyes. Se establecerá una protección especial para la mujer y el menor de dieciocho años.

7º. Los menores de catorce años y los que habiendo cumplido esa edad, sigan sometidos a la enseñanza en virtud de la legislación nacional, no podrán ser ocupados en ninguna clase de trabajo. Las autoridades encargadas de vigilar el trabajo de estos menores podrán autorizar su ocupación cuando lo consideren indispensable para la subsistencia de los mismos, o de sus padres o hermanos y siempre que ello no impida cumplir con el mínimo de instrucción obligatoria.

Para menores de dieciséis años, la jornada de trabajo, que deberá ser diurna, no podrá exceder de seis horas y de treinta y seis semanales; en cualquier clase de trabajo.

8º. El trabajador tendrá derecho a vacaciones anuales remuneradas cuya extensión y oportunidad serán reguladas por la ley. En caso de despido injustificado, el patrono pagará en efectivo, a más de las indemnizaciones que la ley señale, la parte de vacaciones correspondiente al período trabajado.

9º. Los trabajadores tendrán derecho a descanso remunerado en los días feriados que señale la ley; ésta determinará la clase de labores en que no regirá esta disposición, pero en estos casos, los trabajadores tendrán derecho a remuneración extraordinaria.

10º. La mujer tiene derecho al descanso antes y después del parto, sin pérdida de su trabajo ni del salario. En el período de lactancia tendrá derecho a descanso extraordinario por día para amamantar a sus hijos. No podrá despedirse del trabajo a la mujer grávida, salvo causas justificadas que señalare taxativamente la ley.

11º. Los patronos están obligados a indemnizar al trabajador por los accidentes de trabajo y las enfermedades profesionales, de conformidad con la ley.

12º. Se reconoce el derecho de huelga y de paro. La ley reglamentará su ejercicio y podrá someterlo a restricciones especiales en los servicios públicos que determine.

13º. Los trabajadores y los patronos tienen derecho a asociarse libremente para los fines exclusivos de su actividad económico—social, fundando sindicatos o asociaciones profesionales. La ley regulará este derecho.

14°. El Estado tutela los contratos colectivos e individuales entre patronos y trabajadores.

Art. 113—. La ley garantiza la estabilidad de los trabajadores en sus empleos, de acuerdo con las características de las industrias y profesiones y las justas causas de separación. Cuando el despido injustificado surta efecto, el trabajador tendrá derecho a la remuneración debida durante la suspensión del trabajo y a la indemnización o a que se le reintegre al trabajo, a su elección.

Art. 114—. Se reconoce al trabajador a domicilio una situación jurídica análoga a la de los demás trabajadores, habida consideración a las peculiaridades de su labor.

Art. 115—. Los trabajadores domésticos serán amparados por la legislación social. A quienes presten servicios de carácter doméstico en empresas industriales, comerciales, sociales y demás equiparables, serán considerados como trabajadores manuales y tendrán los derechos reconocidos a éstos.

Art. 116—. La ley regulará el contrato de los trabajadores ferrocarrileros, mineros, de la marina mercante y de la Aeronáutica, habida cuenta de sus modalidades particulares.

Art. 117—. Los trabajadores intelectuales independientes y el resultado de su actividad, deberán ser objeto de una legislación protectora.

Art. 118—. El trabajador tiene derecho a la independencia de su conciencia moral, cívica y política. La ley le garantiza contra toda injerencia del patrono a este respecto.

Art. 119—. Las leyes laborales estarán inspiradas en la armonía del capital y del trabajo, como factores de la producción.
El Estado debe tutelar los derechos de los trabajadores y al mismo tiempo proteger el capital y la empresa privada.

Art. 120—. En igualdad de condiciones los trabajadores hondureños tendrán la preferencia sobre los extranjeros. La ley fijará el porcentaje de trabajadores hondureños para las empresas o patronos, el que, en ningún caso, será inferior al noventa por ciento, salvo las excepciones que determine. El Poder Ejecutivo podrá modificar dicho porcentaje cuando los requerimientos de la agricultura o la conveniencia nacional así lo demanden, y establecer, en condiciones de reciprocidad, excepciones para los trabajadores centroamericanos.

Art. 121—. Con el fin de hacer efectivas las garantías y leyes laborales, el Estado vigilará e inspeccionará las empresas.

Art. 122—. Se establece la jurisdicción del trabajo, a la cual quedan sometidas todas las controversias que originen las relaciones entre el capital y el trabajo. La ley establecerá las normas correspondientes a dicha jurisdicción y los organismos que hayan de ponerlas en práctica.

Art. 123—. El Estado tiene la obligación de promover la conciliación y el arbitraje para la solución pacífica de los conflictos de trabajo.

Art. 124—. El Estado promoverá la preparación técnica de los trabajadores y la elevación de su nivel cultural económico.
Es deber de las empresas industriales, en las esferas de su especialidad, crear escuelas destinadas a promover la educación obrera entre los hijos de sus operarios o asociados. La ley regulará esta materia.

Art. 125—. El Estado fomentará la construcción de viviendas y de colonias para los trabajadores, y velará porque llenen condiciones de salubridad. Con este fin tiene facultades para inspeccionar las viviendas construidas por las empresas y para dictar las medidas necesarias de conformidad con los reglamentos generales de sanidad.

Art. 126—. La ley determinará las empresas y patronos que por el número de sus trabajadores o la importancia de su capital, estarán obligados a proporcionar a los obreros habitaciones adecuadas, escuelas, enfermerías y demás servicios y atenciones propicias al bienestar físico y de su familia. y moral del trabajador

Art. 127—. Toda persona tiene derecho a la seguridad de sus medios eco nómicos de subsistencia en caso de incapacidad para trabajar u obtener trabajo retribuido. Los servicios de seguro social serán prestados y administrados por entidades autónomas y cubrirán los casos de enfermedad, maternidad, subsidios de familia, vejez, orfandad, paro forzoso, accidentes de trabajo y enfermedades profesionales, y todas las demás contingencias que afecten la capacidad de trabajar y consumir. La ley promoverá el establecimiento de tales servicios, a medida que las necesidades sociales lo exijan.

El Estado creará instituciones de asistencia y de previsión social.

Art. 128—. La ley regulará los alcances, extensión y funcionamiento del régimen de seguridad social. El Estado, patronos y trabajadores están obliga dos a contribuir al financiamiento y a facilitar el mejoramiento y expansión del seguro social.

Art. 129—. Se considera de utilidad pública la emisión de la Ley de Se. guro Social.

Art. 130—. La ley regulará la formación de empresas cooperativas, ya sean comerciales, agrícolas, industriales, de consumo o de cualquier índole, sin que se eluda o adultere el régimen del trabajo establecido en esta Constitución.

Art. 131—. El Estado protegerá al campesino y a este fin legislará, entre otras materias, sobre el patrimonio familiar inembargable y exento de toda clase de impuestos, créditos agrícolas, indemnización por pérdida de cosechas, cooperativas de producción y consumo, cajas de previsión, escuelas prácticas de agricultura y granjas de experimentación agropecuarias, obras de riego y vías rurales de comunicación.

Art. 132—. Los derechos consignados en este Capítulo son irrenunciables. Serán nulas las estipulaciones que los restrinjan o supriman.

Art. 133—. Los derechos y garantías enumerados en este Capítulo no excluyen los que emanen de los principios de justicia social aceptados por nuestro país en convenciones internacionales.

Art. 134—. Es de utilidad pública la emisión del Código de Trabajo que regulará las relaciones entre el capital y el trabajo, colocándolas sobre una base de justicia social, de modo que garantice al trabajador las condiciones necesarias para una vida normal, y al capital un compensación equitativa de su inversión.

CAPÍTULO III
CULTURA

Art. 135—. La educación es función esencial del Estado, para la conservación, el fomento y difusión de la cultura, la cual deberá proyectar sus beneficios a la sociedad sin discriminación de ninguna naturaleza.

Art. 136—. El Estado está obligado a desarrollar la educación fundamental del pueblo, creando al efecto los organismos técnicos necesarios, dependientes directamente del Ministerio de Educación Pública.

Art. 137—. El Estado sostendrá e incrementará la organización de establecimientos de enseñanza preescolar, primaria y media, comprendiendo las escuelas prevocacionales, vocacionales y artísticas. Además, impulsará el desarrollo de la educación extraescolar por medio de bibliotecas, centros culturales y otras formas de difusión de la cultura.

Art. 138—. La dirección técnica de la educación corresponde al Estado. La enseñanza impartida oficialmente es gratuita y laica y la primaria será además obligatoria y costeada por el Estado.

Art. 139—. La formación de maestros de educación es función preferente del Estado.

Art. 140—. El maestro tiene derecho a los goces y privilegios que fije la ley. Principalmente a un sueldo que, atendiendo su importante misión, lo dignifique, social, económica y culturalmente.

Art. 141—. La ley determinará el correspondiente Escalafón del Magisterio, que garantice su estabilidad, su ascenso y su eficiencia.

Art. 142—. La enseñanza privada está sujeta a la inspección y reglamentación aprobada por el Estado.

Art. 143—. Para ejercer la docencia se requiere acreditar capacidad en la forma que la ley disponga.

Art. 144—. En los centros docentes, públicos o privados, la enseñanza de la Constitución, Educación Cívica, Historia y Geografía Nacionales, estará a cargo de profesores hondureños por nacimiento. Se garantiza la libertad de cátedra.

Art. 145—. La enseñanza de la moral, como asignatura independiente será obligatoria en todos los centros docentes, primaria y secundarios, públicos y privados del país.

Art. 146—. La Universidad Nacional es una institución autónoma, con personería jurídica. Goza de la exclusividad de organizar, dirigir y desarrollar la enseñanza superior y educación profesional; contribuirá a la investigación científica, a la difusión general de la cultura y cooperará al estudio de los problemas nacionales.

La ley y sus estatutos fijarán su organización, funcionamiento y atribuciones

Sólo tendrán validez oficialmente, los títulos de carácter académico otorgados y reconocidos por la Universidad Nacional Autónoma.

La Universidad Nacional Autónoma es la única facultada para resolver sobre la incorporación de profesionales egresados de universidades extranjeras.

Serán reconocidos además los títulos que no tengan carácter universitario y cuyo otorgamiento corresponda al Estado.

Sólo las personas que ostenten título válido podrán ejercer actividades

Art. 147—. El Estado contribuirá al sostenimiento, desarrollo y engrandecimiento de la Universidad Nacional Autónoma, como rectora de la cultura, con una asignación privativa anual del dos por ciento del Presupuesto de Ingresos netos de la Nación, excluidos los préstamos. La Universidad está exonerada de toda clase de impuestos y contribuciones.

Art. 148—. El Estado proveerá becas para estudios profesionales, de artes y de industrias populares y para el perfeccionamiento o especialización de postgraduados que por vocación, capacidad y otros méritos se hagan acreedores a esta protección. La ley reglamentará esta materia.

Art. 149—. El Estado fomentará y contribuirá al sostenimiento de escuelas para ciegos, sordomudos y retardados mentales.

Art. 150—. El Estado contribuirá al sostenimiento de escolares pobres de solemnidad de acuerdo con una ley especial.

Art. 151—. Se establece la colegiación profesional obligatoria. La ley regla. mentará su organización y funcionamiento.

Art. 152—. Los tesoros arqueológicos, artísticos, e históricos están bajo la vigilancia y protección del Estado. Se prohíbe su exportación y podrá impedirse su enajenación o transformación cuando así lo exigiere el interés patrio.

Art. 153—. Las artes e industrias populares son elementos de la cultura nacional y gozarán de especial protección, a fin de conservar su autenticidad artística y mejorar su producción y distribución.

CAPÍTULO IV
PROPIEDAD

Art. 154—. El Estado reconoce, fomenta y garantiza la propiedad privada.

Art. 155—. Nadie puede ser privado de su propiedad, sino en virtud de ley o de sentencia fundada en ley.

Art. 156—. La expropiación de bienes por causa de necesidad o utilidad pública, debe ser calificada por la ley o por sentencia fundada en ley, y no se verificará sin previa indemnización.

En caso de guerra o conmoción interior, no es indispensable que la indemnización sea previa; sin embargo, el pago correspondiente se hará a más tardar dos años después de concluido el estado de emergencia.

Art. 157—. Se reconoce la función social de la propiedad privada. Las limitaciones que establezca la ley, tendrán por base motivos de necesidad y utilidad pública o de interés social.

Art. 158—. El derecho de propiedad no perjudicará el derecho eminente del Estado dentro de sus límites territoriales, ni podrá sobreponerse a los derechos que tengan las instituciones nacionales o las obras de carácter nacional.

Art. 159—. Los terrenos del Estado, ejidales, comunales o de propiedad privada situados en las zonas limítrofes a los Estados vecinos, los situados en el litoral de ambos mares, en una extensión de cuarenta kilómetros, hacia el interior del país, y los de las islas, cayos, arrecifes, escoladeros, peñones, sirtes y bancos de arena, sólo podrán ser adquiridos, en dominio pleno o menos pleno, por hondureños de nacimiento, por sociedades integradas en su totalidad por socios hondureños, y por los Bancos del Estado, bajo pena de nulidad del respectivo acto o contrato.

Se prohíbe a los Registradores de la Propiedad la inscripción de documentos que contraríen esta disposición.

Se exceptúan los bienes urbanos.

Art. 160—. Todo autor, inventor, productor o comerciante gozará temporalmente de la propiedad exclusiva de su obra, invención, marca o nombre comercial, con arreglo a la ley.

Art. 161—. El derecho de reivindicar los bienes confiscados es imprescriptible.

Art. 162—. Ninguna persona que tenga la libre administración de sus bienes, puede ser privada del derecho de terminar sus asuntos civiles por transacción o arbitramento.

TÍTULO VI

CAPÍTULO UÚNICO
DE LA SUSPENSIÓN DE GARANTÍAS

Art. 163—. Las garantías establecidas en los Artículos 66, 68, 69, 74, 76, 82, 83, 85, 88 y 90 de esta Constitución, podrán suspenderse temporalmente en toda la República o parte de ella, cuando así lo exija la seguridad del Estado, en caso de grave peligro por causa de perturbación interior o guerra exterior; por trastorno del orden público que amenace la paz y tranquilidad de la República, por epidemia o por cualquier otra calamidad.

Art. 164—. El Congreso Nacional podrá decretar la suspensión de garantías individuales señaladas en el artículo anterior, hasta por sesenta días.

Art. 165—. Cuando no estuviere reunido el Congreso Nacional, el Poder Ejecutivo podrá suspender las garantías a que se refiere el Artículo 163 hasta por treinta días. En este caso deberá dar cuenta al

Congreso Nacional en la próxima legislatura, de los motivos que dieron lugar a la suspensión de dichas garantías y de los actos ejecutados durante dicho período.

Art. 166—. El territorio en que se suspendan las garantías se regirá, durante la suspensión, por la Ley de Estado de Sitio; pero ni en esta ley, ni en ninguna otra, podrá disponerse la suspensión de otras garantías que las enumeradas en el Artículo 163.

Art. 167—. Durante el período de sitio, ningún hondureño ni periodista activo de la prensa hablada o escrita, será objeto de extrañamiento ni sufrirá persecución alguna por sus opiniones.

Art. 168—. En caso de guerra internacional, podrá establecerse la censura de la correspondencia.

Art. 169—. Los delitos cometidos durante el período de suspensión de garantías contra la estructura de las instituciones y la seguridad del Estado, serán juzgados por los Tribunales respectivos.

Art. 170—. Queda prohibido al Poder Ejecutivo la detención de persona alguna por más de diez días, durante el término de estado de sitio, sin ponerla a la orden del Tribunal correspondiente.

Art. 171—. Tampoco podrán hacerse, durante la suspensión de garantías, declaraciones de nuevos delitos ni imponerse otras penas, que las establecidas en las leyes vigentes al decretarse la suspensión.

Art. 172. Si el Ejecutivo violare cualesquiera de las disposiciones contempladas en este Capítulo, el perjudicado o cualquiera otra persona en su nombre, podrá recurrir de amparo.

TÍTULO VII
PODERES DEL GOBIERNO
PODER LEGISLATIVO

CAPÍTULO I
SU ORGANIZACION

Art 173—. El Poder Legislativo se ejerce por un Congreso de Diputados que serán elegidos por sufragio directo. El Congreso Nacional se reunirá en la capital de la República ordinariamente el veintiuno de noviembre de cada año, sin necesidad de convocatoria.

Los Diputados deben ser ciudadanos en el ejercicio de sus derechos, mayores de veinticinco años, hondureños por nacimiento o nacidos en el extranjero de hondureños por nacimiento que conserven su nacionalidad, debiendo ser originarios o vecinos del departamento por el cual fueren electos.

Art. 174—. Las sesiones del Congreso Nacional durarán cien días laborables, prorrogables hasta por cincuenta más, cuando lo exijan asuntos de interés nacional; el Congreso decretará la prórroga por iniciativa de uno o más de sus miembros o a excitativa del Poder Ejecutivo. En estos casos sólo tratará de los asuntos que motivaron el respectivo decreto de convocatoria.

Art. 176—. El diecisiete de noviembre de cada año se reunirán los Diputados en juntas preparatorias, y con la concurrencia de cinco por lo menos se organizará el Directorio a fin de dictar las providencias necesarias para la instalación del Congreso.

Art. 177—. La mitad más uno de los miembros de que se compone el Congreso será suficiente para su instalación y para celebrar sesiones.

Art. 178—. Ni el mismo Congreso ni ninguna otra autoridad del Estado podrán impedir la instalación del Congreso o decretar su disolución. La contravención a este precepto constituye delito.

Art. 179—. Un número de cinco Diputados podrán convocar extraordinariamente al Congreso para cualquier lugar de la República, cuando el Ejecutivo haya impedido su instalación o la celebración de sus sesiones.

Art. 180—. Los Diputados serán electos por un período de seis años contados desde el día en que el Consejo Nacional de Elecciones declare su elección, de conformidad con lo prescrito en la respectiva ley y no podrán ser reelectos. En caso de falta absoluta de un Diputado terminará su período el suplente llamado por el Congreso.

Art. 181—. Los Diputados tienen obligación de reunirse en asamblea en las fechas fijadas por esta Constitución, y asistir a todas las sesiones del Congreso, salvo incapacidad de orden mayor debidamente comprobada.

Art. 182—. Los Diputados incorporados o los que tengan credencial extendida por el Consejo Nacional de Elecciones, que dejaren de asistir a las sesiones sin causa justificada y rompieren el quórum, serán expulsados del Congreso y perderán por un período de diez años el derecho de optar a los cargos públicos. El Reglamento Interior regulará este precepto.

Art. 183—. Los Diputados no podrán abstenerse de votar ni votar en blanco.

Art. 184—. No pueden ser elegidos Diputados:
1°. El Presidente de la República.
2°. Los Secretarios y Subsecretarios de Estado.
3°. Los funcionarios y empleados del Poder Ejecutivo, excepto aquellos que desempeñen empleos de carácter puramente docente
4°. Los funcionarios y empleados del Poder Judicial.
5°. El Contralor General de la República, el Subcontralor y demás miembros de la Contraloría.
6°. El Procurador General de la República.
7°. Los militares en servicio activo.

8°. Los individuos de alta en la Policía Nacional.

9°. Los miembros del Consejo Nacional de Elecciones.

10°. Los Agentes Diplomáticos y Consulares.

11°. Los miembros del Directorio del Banco Central y de la Junta Directiva del Banco Nacional de Fomento y los directivos de las demás instituciones autónomas.

12°. Los parientes del Presidente de la República y de los Secretarios de Estado, dentro del cuarto grado de consanguinidad y segundo de afinidad.

13°. Los que tengan pendientes contratos por concesiones con el Estado para explotación de riquezas nacionales, o de empresas de servicios públicos, así como los representantes o apoderados de aquéllos o de compañías extranjeras que se hallen en los mismos casos.

14°. Los deudores morosos de la Hacienda Pública y los que tengan c tas pendientes por la administración de fondos nacionales.

Art. 185°. Los Diputados gozarán desde el día en que se les declare electos, de las siguientes prerrogativas:

1°. De inmunidad personal para no ser detenidos, acusados ni juzgados aún con estado de sitio, si el Congreso no los declara previamente con lugar a formación de causa. 2°. No ser llamados al servicio militar sin su consentimiento. 3°. No ser responsables por sus opiniones o iniciativas parlamentarias en ningún tiempo; y 4°. No ser demandados civilmente desde quince días antes hasta quince días después de las sesiones ordinarias y extraordinarias del Congreso, salvo el caso de reconvención.

Art. 186—. La elección de Diputados al Congreso Nacional se hará sobre la base de un Diputado propietario y un suplente por cada treinta mil habitantes o fracción que exceda de quince mil. En aquellos departamentos que tuvieren población menor de treinta mil habitantes, se elegirá un Diputado propietario y un Diputado suplente. El Congreso con vista del aumento de la población podrá modificar la base para la elección de los Diputados.

Art. 187—. Los Diputados en ejercicio no podrán obtener cargos públicos remunerados durante el tiempo para el que han sido elegidos, excepto los de enseñanza, y los relacionados con los servicios profesionales de asistencia social. Podrán, asimismo, desempeñar los cargos de Secretario y Subsecretario de Estado o Representante Diplomático. En estos últimos casos se reincorporán al Congreso al cesar en sus funciones. Los Diputados suplentes pueden desempeñar empleos o cargos públicos, locales o departamentales, sin que su aceptación y ejercicio produzca la pérdida de su calidad de tales.

CAPÍTULO II
DE LAS ATRIBUCIONES DEL CONGRESO

Art. 188—. Corresponden al Congreso Nacional las atribuciones siguientes: 1º. Abrir, suspender y cerrar sus sesiones. 2º. Convocar a sesiones extraordinarias a iniciativa de uno o más de sus miembros o a excitativa del Poder Ejecutivo. 3º. Incorporar a sus miembros con vista de las credenciales y recibirles la promesa constitucional. 4º. Llamar a los respectivos suplentes, en caso de falta absoluta o de legítimo impedimento de los propietarios. 5º. Admitir la renuncia de sus miembros por causas legales debidamente comprobadas. 6º. Emitir su Reglamento Interior. 7º. Hacer el escrutinio de votos y declarar la elección de Presidente, Designados a la Presidencia y Diputados al Congreso Nacional, cuando el Consejo Nacional de Elecciones no lo hubiere hecho. Cuando concurran en un mismo ciudadano diversas elecciones, será determinada la preferencia en el orden siguiente: 1º, Presidente de la República; y 2º, Diputado al Congreso Nacional. La elección de propietario se preferirá a la de suplente. 8º Elegir para el período constitucional que comienza el veintiuno de diciembre, cinco Magistrados Propietarios de la Corte Suprema de Justicia y tres Magistrados Suplentes. En caso de falta absoluta de alguno de ellos, elegir al que deba terminar su período. 9º. Elegir al Contralor, Subcontralor, Procurador y Subprocurador Generales de la República. 10º. Recibir la promesa constitucional al Presidente de la República y Designados a la Presidencia declarados electos y a los demás funcionarios que elija, y admitirles o no admitirles su renuncia. 11°. Conceder permiso al Presidente de la República cuando se ausente del país por más de treinta días. 12°. Cambiar la residencia de los Poderes del Estado por causas graves. 13°. Declarar si ha lugar o no ha lugar a formación de causa contra el Presidente y Designados a la Presidencia; Diputados, Magistrados de la Corte Suprema de Justicia, Miembros del Consejo Nacional de Elecciones, Secretarios de Estado y Agentes Diplomáticos durante sus funciones. 14°. Conceder amnistía por delitos políticos y delitos comunes conexos con los políticos. Fuera de este caso el Congreso no podrá dictar resoluciones por vía de gracia. 15°. Decretar premios y conceder privilegios temporales a los autores o inventores y a los que hayan introducido nuevas industrias o perfeccionado las existentes de utilidad general. 16°. Conceder o negar permiso a los hondureños, para aceptar condecoraciones o empleos de otro Estado. 17°. Aprobar o improbar los contratos que lleven involucrados exenciones, privilegios y concesiones fiscales, o cualquier otro contrato que haya de producir sus efectos en el siguiente período presidencial. 18°. Aprobar o improbar la conducta administrativa del Poder Ejecutivo. 19°. Declarar la suspensión de garantías, de conformidad con lo prescrito en esta Constitución, y ratificar, modificar o improbar la dictare el Poder Ejecutivo, de acuerdo con la ley. 20°. Conferir los grados de Mayor a General de División a iniciativa del Poder Ejecutivo y del Jefe de las Fuerzas Armadas. 21°. Permitir o negar el tránsito por la República, de tropas de otro país. 22°. Declarar la guerra y hacer la paz. 23°. Aprobar o improbar los tratados y convenciones que el Ejecutivo haya celebrado. Pero en los tratados sobre intercambio comercial celebrados con otros países siguiendo el sistema de listas de artículos, podrá el Ejecutivo cuando así le conviniere a los intereses de la nación poner en práctica las modificaciones a tales listas por el mero canje de notas de cancillería cuando así se hubiere convenido en el tratado respectivo. 24°. Hacer la elección del Jefe de las Fuerzas Armadas. 25°. Resolver las diferencias que resulten entre el Presidente de la República y el Jefe de las Fuerzas Armadas. 26°. Fijar el número de fuerzas del Ejército Permanente. 27°. Crear y suprimir empleos y decretar honores y pensiones por relevantes servicios prestados a la Patria. 28°. Fijar anualmente el Presupuesto General de Egresos e Ingresos, tomando como base el proyecto que remita el Poder Ejecutivo, y resolver sobre su modificación a instancia del mismo. 29°. Decretar el peso, ley y tipo de moneda nacional y el patrón de pesas y medidas. 30°. Establecer impuestos, contribuciones y otras cargas públicas; 31°. Decretar empréstitos. 32°. Establecer mediante una ley los casos en que procede el otorgamiento de subsidios o subvenciones con fines de utilidad pública o como instrumento de desarrollo económico. 33°. Aprobar o improbar finalmente las cuentas de los gastos públicos, tomando por base los informes que rinde la Contraloría General de la República y las reservas que presente a tal respecto el Poder Ejecutivo. 34°. Reglamentar el pago de la deuda nacional, a iniciativa del Poder Ejecutivo. 36°. Aprobar o improbar la enajenación de los bienes nacionales o su aplicación a usos públicos. 37°. Habilitar puertos y crear y suprimir aduanas. 38°. Crear puertos libres a iniciativa del Poder Ejecutivo. 39°. Reglamentar el comercio marítimo, terrestre y aéreo. 40°. Decretar, interpretar, reformar y derogar las leyes. 41°. Establecer los emblemas nacionales; y 42°. Las demás que expresamente le confiere la ley.

Art. 189—. El Poder Legislativo no podrá suplir o declarar el estado civil de las personas, conceder títulos profesionales ni honoris causa. Los estudios y formalidades que para la obtención de dichos títulos requieren las leyes correspondientes, no podrán dispensarse, salvo reforma de carácter general de las mismas.

Art. 190°. Las facultades del Poder Legislativo son indelegables, excepto las que se refieren a dar posesión a los altos funcionarios del Estado.

CAPÍTULO III
DE LA COMISIÓN PERMANENTE

Art. 191—. El Congreso Nacional, por medio de su Directorio, antes de cerrar sus sesiones, nombrará entre sus miembros siete propietarios y siete suplentes para que formen la Comisión Permanente, debiendo ésta en su primera sesión, elegir su Presidente y Secretario.

Art. 192—. Son atribuciones de la Comisión Permanente, en receso del Congreso:

1—. Emitir su Reglamento Interior.

2—. Emitir dictamen y llenar los otros trámites en los negocios que hubieren quedado pendientes, para que puedan ser considerados en la próxima legislatura.

3—. Preparar, para someter a la consideración del Congreso, los proyectos de reformas a las leyes secundarias del país, y los otros proyectos de leyes que a su a juicio demanden las necesidades del mismo.

4—. Recibir del Poder Ejecutivo los decretos emitidos en los últimos diez días de sesiones del Congreso, con sanción o sin ella.

5—. Recibir las denuncias de violación a esta Constitución.

6—. Mantener bajo su custodia y responsabilidad, el archivo del y Congreso.

7—. Publicar una edición de todos los decretos y resoluciones por el Congreso en sus anteriores sesiones, dentro de los tres meses emitidos siguientes a la clausura del mismo.

8—. Convocar al Congreso a sesiones extraordinarias, a excitativa del Poder Ejecutivo, o cuando la exigencia del caso lo requiera.

9—. Presentar al Congreso un informe detallado de sus trabajos durante el año.

10—. Elegir interinamente al Contralor, Subcontralor, Procurador y Subprocurador Generales de la República.

11—. Llamar a integrar a otros Diputados, por falta de los miembros de la Comisión.

12—. Conocer en receso del Congreso de las diferencias que sugieren entre el Presidente de la República y el Jefe de las Fuerzas Amadas.

13—. Conceder permiso al Presidente de la República para ausentarse del territorio nacional por más de treinta días, cuando el Congreso no estuviere reunido.

PODER EJECUTIVO

CAPÍTULO IV
ORGANIZACIÓN

Art. 193—. El Poder Ejecutivo se ejercerá por un ciudadano que se denominará Presidente de la República, y en su defecto por uno de los Designados.

Art. 194—. El Presidente de la República y los Designados a la Presidencia, serán electos conjunta y directamente por el pueblo, por simple mayoría de votos. La elección será declarada por el Consejo Nacional de Elecciones y en su defecto por el Congreso Nacional.

Art. 195—. El período presidencial será de seis años y empezará el veintiuno de diciembre.

Art. 196—. El ciudadano que haya desempeñado a cualquier título la Presidencia de la República, no podrá ser Presidente o Designado presidencial en el periodo siguiente.

Art. 197—. El funcionario que viole el artículo anterior o que proponga reformarlo, y los que lo apoyen directa o indirectamente, cesarán de inmediato en el desempeño de sus respectivos cargos y quedarán inhabilitados para el ejercicio de toda función pública.

Art. 198—. Para ser Presidente de la República y Designado a la Presidencia, se requiere:
1º. Ser hondureño por nacimiento.
2º. Ser mayor de treinta años.
3º. Estar en el goce de los derechos de ciudadano; y
4º. Ser del estado seglar.

Art. 199—. No puede ser electo Presidente de la República, para el período siguiente: 1º. El ciudadano que hubiere ejercido la Presidencia en propiedad o interinamente, en el curso de un período. 2º. Los Secretarios de Estado que ejercieren o hubieren ejercido su cargo, dentro de los seis meses anteriores a la práctica de las elecciones. 3º. Los miembros del Consejo Nacional de Elecciones, así como los representantes o apoderados de concesionarios del Estado o de empresas que exploten servicios públicos; y 4º. Los parientes del Presidente y Designados, que hubieren ejercido la Presidencia en el período inmediatamente anterior, dentro del cuarto grado de consanguinidad o segundo de afinidad.

Art. 200—. El Presidente de la República no podrá ausentarse del territorio nacional por más de treinta días, sin permiso del Congreso Nacional o de su Comisión Permanente.

Art. 201—. Si la falta del Presidente fuere absoluta, el Designado sorteado por el Congreso Nacional ejercerá el Poder por el tiempo que falte del período constitucional. A falta de éste, lo sustituirá otro de los Designados en la misma forma que preceptúa este artículo.

Pero si también faltaren de modo absoluto los tres Designados, el Poder Ejecutivo será ejercido por el Consejo de Ministros, el que deberá convocar a elecciones presidenciales dentro de los quince días siguientes, las cuales se practicarán dentro de un plazo no menor de dos meses ni mayor de cuatro, contado desde la fecha de su convocatoria. Efectuada la elección, el Consejo Nacional de Elecciones, o en su defecto el Congreso Nacional, hará dentro de veinte días la declaratoria correspondiente, y el ciudadano electo tomará inmediatamente posesión del cargo, computándose su período presidencial desde el veintiuno de diciembre siguiente.

En sus ausencias temporales el Presidente podrá llamar a cualquiera de los Designados para que lo sustituya, a su elección. Si la ausencia fuere menor de treinta días podrá encargarse del Poder Ejecutivo el Consejo de Ministros.

Art. 202—. Si al comenzar un período constitucional, no se presentare el Presidente electo, por mientras éste se presenta ejercerá el Poder Ejecutivo el Designado a la Presidencia favorecido en el sorteo practicado por el Congreso Nacional.

Art. 203—. Si la elección del Presidente y Designados no estuviese hecha y declarada antes del veintiuno de diciembre, el Poder Ejecutivo será ejercido por el Consejo de Ministros, que procederá en la forma prevenida en el párrafo segundo del Artículo 201 de esta Constitución.

Art. 204—. La promesa de ley de los sustitutos del Presidente de la República será prestada ante el Presidente del Congreso Nacional, si estuviere reunido; y en su defecto, ante el Presidente de la Corte Suprema de Justicia.

CAPÍTULO V
ATRIBUCIONES DEL PODER EJECUTIVO

Art. 205—. El Presidente de la República tiene la Administración General del país.

Son sus atribuciones:

1°. Dirigir la política del Estado y representarlo. 2°. Mantener ilesos la independencia, el honor de la República y la integridad e inviolabilidad del territorio nacional. 3°. Mantener la paz y seguridad interior de la República y repeler todo ataque o agresión exterior. 4°. Restringir el ejercicio de las garantías, de acuerdo con el Consejo de Ministros, con sujeción a lo establecido en esta Constitución. 5°. Dar a los funcionarios del Poder Judicial, los auxilios y necesiten para hacer efectivas sus resoluciones. 6°. Ejercer el mando en Jefe de las Fuerzas Armadas en concepto de Comandante General. 7°. Velar en general por la conducta oficial de los funcionarios y empleados públicos, para seguridad y prestigio del Gobierno y del Estado. 8°. Declarar la guerra y hacer la paz en receso del Congreso, el cual será convocado inmediatamente. 9°. Permitir o negar, en receso del Congreso, el tránsito por de tropas terrestres, navales o aéreas de otro país. 10°. Ejercer la suprema dirección de la Policía de Seguridad. 11°. Organizar, dirigir y fomentar la educación pública; combatir el analfabetismo y procurar la difusión y perfeccionamiento de la instrucción agrícola, industrial y técnica en general. 12°. Hacer que se recauden las rentas del Estado y reglamentar su inversión con arreglo a la ley. 13°.

Autorizar las operaciones crediticias que hagan necesarias las fluctuaciones estacionales en los ingresos y egresos. 14º. Publicar trimestralmente el estado de egresos e ingresos de las rentas públicas. 15º. Autorizar, en Consejo de Ministros, las operaciones crediticias a largo plazo, que el Estado celebre para financiar proyectos de desarrollo. 16º. Dictar todas las medidas y disposiciones que, dentro de la órbita legal, están a su alcance para promover un amplio desarrollo de la agricultura, como base de la riqueza de la Nación. 17º. Ejercer la vigilancia y control de las instituciones bancarias y de más establecimientos de crédito, conforme a la ley. 18º. Presentar anualmente al Congreso, dentro de los ocho días siguientes a su instalación, por medio de la Secretaría de Estado respectiva, el proyecto de Presupuesto General de Egresos e Ingresos de la administración pública. 19º. Contratar empréstitos y someterlos a la consideración del Congreso para su aprobación, modificación o improbación. 20º. Fomentar la inmigración con fines agrícolas, industriales y culturales conforme a la ley. 21º. Disponer de las Fuerzas Militares, organizarlas y distribuirlas de conformidad con la ley. 22º. Conferir grados militares desde Subteniente hasta Capitán inclusive. 23º. Velar porque el ejército sea apolítico, esencialmente profesional, obediente y no deliberante. 24º. Dirigir las relaciones exteriores. Nombrar los Representantes Diplomáticos y funcionarios consulares de la República, que deberán ser hondureños por nacimiento. 25º. Recibir a los agentes diplomáticos y expedir y retirar el exequátur, a los cónsules de naciones extranjeras. 26º. Celebrar tratados sometiéndolos a la ratificación del Congreso, y verificar sin tardanza el canje o el depósito del instrumento de ratificación, sin perjuicio de lo que sobre plazo y forma para celebrar el canje o el depósito, se acordare en el respectivo tratado. 27º. Celebrar cualquiera otra clase de convenios de orden económico y cultural. 28º. Presentar en la instalación del Congreso ordinario una relación general de los actos de su administración y de los planes para el siguiente ejercicio fiscal. 29º. Organizar, orientar y realizar planes de fomento e integración económica, dirigidos al mejoramiento de las condiciones de vida del pueblo hondureño. 30º. Presentar por medio de los respectivos Secretarios de Estado, dentro de los quince primeros días de la instalación del Congreso, en sus sesiones ordinarias, un informe o memoria circunstanciada de cada uno de los Ramos de la Administración Pública. 31°. Someter al Congreso, el decreto que expida sobre suspensión de garantías, como lo prescribe el Art. 165 de esta Constitución; 32°. Participar en la formación de las leyes, presentando proyectos al Congreso por medio de los Secretarios de Estado. 33°. Sancionar las leyes que emita el Congreso, con esta expresión: "POR TANTO, EJECUTESE". Usar el veto en los casos que corresponda, y promulgar las disposiciones legislativas que no necesiten sanción del Ejecutivo, con la siguiente expresión: "POR TANTO, PUBLÍQUESE". 34°. Conceder y cancelar cartas de naturalización, conforme a la ley; 35°. Cumplir y hacer cumplir la Constitución y las leyes, expidiendo los reglamentos y ordenes conducentes, sin alterar el espíritu de aquéllas. 36°. Mantener la salubridad pública y mejorar las condiciones higiénicas del país y de los habitantes, con la amplitud y la eficacia que la necesidad demande. 37°. Conferir condecoraciones de conformidad con la ley. 38°. Crear y suprimir servicios públicos. 39°. Conceder pensiones y gratificaciones de acuerdo con la ley. 40°. Indultar y conmutar las penas, conforme a la ley. 41°. Nombrar y remover a los Secretarios y Subsecretarios de Estado y a los demás funcionarios y empleados, cuya designación no esté atribuida a otras autoridades. 42°. Convocar al Congreso a sesiones extraordinarias, por medio de la Comisión Permanente o proponerle la prórroga de las ordinarias; y 43°. Las demás que le confieren la Constitución

CAPÍTULO VI
SECRETARIOS DE ESTADO

Art. 206—. Para la administración general del país, habrá por lo menos nueve Ministerios o Secretarías de Estado, entre las cuales se distribuirán los Ramos de Gobernación, Justicia, Relaciones Exteriores, Economía, Hacienda, Defensa Nacional, Sanidad Pública, Asistencia Social, Educación Pública, Comunicaciones y Obras Públicas, Trabajo y Previsión Social, Recursos Naturales, Seguridad Pública y los demás que de acuerdo con la ley se consideren necesarios.

Art. 207—. Los decretos, reglamentos, acuerdos, órdenes y providencias del Presidente de la República, deberán ser autorizados por los Secretarios de Estado en sus respectivos ramos o por los Subsecretarios en su caso. Sin estos requisitos no tendrán fuerza legal. Los Secretarios de Estado y los Subsecretarios, serán solidariamente responsables con el Presidente de la República, por los actos que autoricen. De las resoluciones tomadas en Consejo de Ministros, serán responsables los Ministros presentes, a menos que hubieren razonado su voto en contra.

Art. 208—. Para ser Secretario de Estado, se requieren las mismas cualidades que para ser Presidente de la República.

Art. 209—. No pueden ser Secretarios de Estado:
1º. Los parientes del Presidente de la República dentro del cuarto grado consanguinidad o segundo de afinidad; 2º. Los que hubieran administrado o recaudado valores públicos, mientras no tengan el finiquito de solvencia de sus cuentas; 3º. Los contratistas de obras, servicios o empresa públicas, que se costeen con fondos del Estado o del Municipio, sus fiadores y los que de resultas de tales obras o servicios tengan reclamaciones pendientes o apoderado de concesionarios del Estado de empresas que exploten servicios públicos; 4º. Los deudores a la Hacienda Pública o Municipal.

Art. 210—. Los Secretarios de Estado pueden asistir sin voto a las deliberaciones del Congreso. A iniciativa de un Diputado, el Congreso puede llamarlos y aquéllos deben concurrir a contestar las interpelaciones que se les hagan sobre asuntos referentes a la administración; salvo los relacionados con actividades diplomáticas o militares, en que se juzgare necesaria la reserva.

Art. 211—. El Presidente de la República convoca y preside el Consejo de Ministros. Todas las resoluciones del Consejo se tomarán por mayoría, y, en caso de empate, el Presidente tendrá doble voto. El Consejo se reunirá a iniciativa del Presidente, para tomar resolución en todos los asuntos que juzgue de importancia nacional y para conocer de los casos que señale la ley.

Art. 212—. Los Secretarios de Estado deben presentar anualmente al Congreso, dentro de los quince primeros días de su instalación, un informe de los en los respectivos despachos. El Secretario de Estado en el Despacho de Economía y Hacienda, presentará además el proyecto de Presupuesto General de Egresos e Ingresos de la Administración pública.

Art. 213—. Los Subsecretarios de Estado deben tener las mismas condiciones que los Secretarios y sustituirán a éstos por ministerio de la ley.

PODER JUDICIAL

CAPÍTULO VII
ORGANIZACIÓN

Art. 214—. El Poder Judicial de la República se ejerce por una Corte Suprema de Justicia, por las Cortes de Apelaciones y por los Juzgados que la ley establezca. La Corte Suprema de Justicia residirá en la capital de la República y estará integrada por cinco Magistrados propietarios y por tres suplentes.

Art. 215—. Para ser Magistrado de la Corte Suprema de Justicia, se requiere ser ciudadano en el ejercicio de sus derechos, hondureño por nacimiento.
Abogado de los Tribunales de la República, mayor de treinta años, del estado seglar y haber desempeñado los cargos de Juez de Letras o Magistrado de las Cortes de Apelaciones durante un año, por lo menos, o ejercido la profesión por cinco años.

Art. 216—. Para ser Magistrado de las Cortes de Apelaciones, se requiere: ser ciudadano en el ejercicio de sus derechos, hondureño, Abogado, mayor de treinta años, del estado seglar y haber desempeñado el cargo de Juez de Letras durante un año, por lo menos, o ejercido la profesión por cinco años.

Art. 217—. Los Magistrados de la Corte Suprema de Justicia serán electas por el Congreso Nacional.

Art. 218—. No pueden ser elegidos o nombrados Magistrados de la Corte Suprema de Justicia y de las Cortes de Apelaciones, los que tengan cualesquiera de las inhabilidades establecidas para los Secretarios de Estado, y los parientes entre sí, comprendido dentro del cuarto grado de consanguinidad o segundo de afinidad.

Art. 219—. En ningún juicio habrá más de dos instancias, y el Magistrado o Juez que haya ejercido jurisdicción en alguna de ellas, no podrá c conocer responsabilidad. otra, ni en casación, en el mismo asunto, sin incurrir en responsabilidad.

Tampoco podrán ser Jueces en una misma causa los parientes dentro del cuarto grado de consanguinidad o segundo de afinidad.

Art. 220—. La calidad de Magistrado o de Juez de Letras es incompatible con el ejercicio de la abogacía y con la de funcionario o empleado de los otros Poderes, excepto la de profesor de enseñanza y la de diplomático en misión transitoria.

Art. 221—. El período de los Magistrados de la Corte Suprema de Justicia, será de seis años y tomarán posesión de sus cargos el 21 de diciembre.

Art. 222—. Los Jueces de Paz serán nombrados por los Jueces de Letras.

Art. 223—. La administración de justicia es gratuita.

Art. 224—. Los Magistrados, Jueces y Oficiales del Ministerio Público no podrán ser obligados a prestar servicio militar, ni a concurrir a ejercicios o prácticas militares.

Art. 225—. Los Tribunales de Justicia podrán requerir el auxilio de las Fuerzas Armadas para el cumplimiento de sus resoluciones, y si les fuere negado o no la hubiere disponible, lo exigirán de los ciudadanos. El que injustificadamente se negare a dar auxilio incurrirá en responsabilidad.

Art. 226—. Es facultad privativa de las Cortes y demás Tribunales de Justicia juzgar y ejecutar lo juzgado. A ellos corresponde la aplicación de las leyes en casos concretos que legalmente se sometan a su conocimiento.

Art. 227—. La ley reglamentará la organización y atribuciones de los tribunales, juzgados y oficiales del Ministerio Público.

Art. 228—. La Corte Suprema de Justicia será presidida por uno de los Magistrados propietarios. Las funciones del Presidente durarán un año contado desde el 21 de diciembre, turnándose los Magistrados en el orden de su elección.

Art. 229—. Los cargos del Poder Judicial, serán remunerados sin excepción.

Art. 230—. Los Magistrados y Jueces no podrán ser separados de sus funciones sino en los casos de delito, en cuya averiguación hubiere recaído auto de prisión o declaratoria de reo, por mala conducta o por incumplimiento en las obligaciones de su cargo. Estas circunstancias serán calificadas por la Corte Suprema de Justicia mediante información sumaria y audiencia del interesado. Los traslados de los Jueces y Magistrados de las Cortes de Apelaciones serán regulados por la ley.

Art. 231—. Para cooperar en la administración de justicia, habrá una policía judicial que dependerá directamente de los funcionarios del ramo.
Una ley especial regulará su organización y funcionamiento.

CAPÍTULO VIII
ATRIBUCIONES DE LA CORTE SUPREMA DE JUSTICIA

Art. 232—. La Corte Suprema de Justicia, además de las atribuciones c la ley confiere, ejercerá las siguientes:

1°. Hacer su Reglamento Interior. 2°. Conocer de los delitos oficiales y comunes de los altos funcionarios de la República, cuando el Congreso Nacional los haya declarado c lugar a formación de causa. 3°. Autorizar a los Abogados y Notarios para el Ejercicio de su profesión, suspenderlos y rehabilitarlos de conformidad con la ley. 4°. Declarar que ha o no lugar a formación de causa, contra los funcionarios y empleados que la ley determine. 5°. Conocer de las causas de presas, de extradición y de las demás que deben juzgarse conforme al Derecho Internacional. 6°. Conocer de los recursos de casación conforme a la ley. 7°. Conocer de los recursos de amparo y revisión con arreglo a la ley. 8°. Nombrar los Magistrados de las Cortes de Apelaciones, los Jueces de Letras, los de Trabajo, los Registradores de la Propiedad y los Oficiales del Ministerio Público. 9°. Publicar la "Gaceta Judicial". 10°. Admitir o no admitir la renuncia de los funcionarios de su nombramiento, y conceder licencias tanto a éstos como a sus propios miembros. 11°. Declarar la inconstitucionalidad de las leyes en la forma y casos previstos en esta Constitución. 12°. Formar el proyecto de presupuesto del Poder Judicial y remitirlo en su oportunidad a quien corresponda, para su inclusión en el Presupuesto General de Egresos e Ingresos.

CAPÍTULO IX
PAGADURÍA DE LOS FONDOS DE JUSTICIA

Art. 233—. La Pagaduría Especial de Justicia, atenderá el pago de los sueldos correspondientes a los funcionarios y empleados de la administración de Justicia, y los gastos del mismo Ramo.

Art. 234—. A efecto de cumplir lo preceptuado en el artículo anterior, la Tesorería General de la República acreditará por trimestres anticipados los fondos necesarios para hacer los pagos del Ramo.

Art. 235—. La Pagaduría Especial de Justicia estará bajo la dependencia inmediata de la Corte Suprema, a quien le corresponde el nombramiento del Pagador.

Dicho pagador deberá caucionar su responsabilidad de conformidad con la ley.

TÍTULO VIII

CAPÍTULO ÚNICO

Art. 236—. Las leyes podrán ser declaradas inconstitucionales por razón de forma o de contenido, de acuerdo con lo que establecen los artículos siguientes.

Art. 237—. A la Corte Suprema de Justicia le compete el conocimiento y la resolución originaria y exclusiva en la materia, y deberá pronunciarse con los requisitos de las sentencias definitivas.

Art. 238—. La declaración de inconstitucionalidad de una ley y la inaplicabilidad de las disposiciones afectadas por aquélla, podrán solicitarse por todo el que se considere lesionado en su interés directo, personal o legítimo: 1º. Por vía de acción, que deberá entablar ante la Corte Suprema de Justicia. 2º. Por vía de excepción, que podrá oponer en cualquier procedimiento judicial; y 3º. El juez o tribunal que conociere en cualquier procedimiento judicial también podrá solicitar de oficio la declaración de inconstitucionalidad de una ley y su inaplicabilidad, antes de dictar resolución. En este caso y en el previsto por el numeral anterior, se suspenderán los procedimientos, elevándose las actuaciones a la Corte Suprema de Justicia.

Art. 239—. El fallo de la Corte Suprema de Justicia se referirá exclusivamente al caso concreto, y sólo tendrá efecto en los procedimientos en que se haya pronunciado.

Art. 240—. Ningún poder ni autoridad puede avocarse causas pendientes ni abrir juicios fenecidos, salvo lo que dispone el artículo siguiente.

Art. 241—. Las causas juzgadas en materia penal pueden ser revisadas en toda época en favor de los condenados a pedimento de éstos, de cualquier otra persona, del Ministerio Público o de oficio.
Este recurso se interpondrá ante la Corte Suprema de Justicia. La ley reglamentará los casos y la forma de revisión.

TÍTULO IX

CAPÍTULO ÚNICO
DE LA FORMACIÓN, SANCIÓN
Y PROMULGACIÓN DE LA LEY

Art. 242—. Tienen exclusivamente la iniciativa de ley los Diputados, el Presidente de la República por medio de los Secretarios de Estado y la Corte Suprema de Justicia en asuntos de su competencia. Cuando el Congreso estime necesaria la emisión de una ley, podrá nombrar una comisión de su seno para elaborar el proyecto correspondiente.

Art. 243—. Ningún proyecto de ley será definitivamente votado sino después de tres deliberaciones efectuadas en distintos días, salvo en caso de ser calificado por la mitad más uno de votos.

Art. 244—. Todo proyecto de ley al aprobarse por el Congreso, se pasará al Poder Ejecutivo a más tardar dentro de tres días de haber sido votado, a fin de que este le dé su sanción y lo haga promulgar como ley.

Art. 245—. La sanción de la ley se hará con esta fórmula. "Por tanto, Ejecútese".

Art. 246—. Si el Poder Ejecutivo encontrare inconveniente para sancionar el proyecto de ley, lo devolverá al Congreso dentro de diez días con esta fórmula "Vuelva al Congreso", exponiendo las razones en que cuerdo. Si en el término expresado no lo objetare, se tendrá como sancionado y lo promulgará como ley. Cuando el Ejecutivo devolviere el proyecto, el Congreso lo someterá a nueva deliberación; y si fuere ratificado por dos tercios de votos, lo pasará de nuevo al Poder Ejecutivo, con esta fórmula: "Ratificado constitucionalmente" y aquél lo publicará sin tardanza.

Si el veto se fundare en que el proyecto de ley es inconstitucional, no podrá someterse a nueva deliberación sin oír previamente el dictamen de la Corte Suprema de Justicia. Esta emitirá su informe en el término que el Congreso le señale.

Art 247—. Cuando el Congreso vote un proyecto de ley al terminar sus sesiones y el Ejecutivo crea inconveniente sancionarlo, está obligado a darle aviso inmediatamente para que permanezca reunido hasta diez días, contados desde la fecha en que el Congreso recibió el proyecto, y no haciéndolo, deberá verificarlo en los ocho primeros días de las sesiones del Congreso siguiente.

Art. 248—. No será necesaria la sanción ni el Poder Ejecutivo podrá poner el veto en los actos y resoluciones siguientes: 1º. En las elecciones que el Congreso haga o declare, o en las renuncias que admita o deseche. 2º. En las declaraciones de haber o no lugar a formación de causa. 3º. En los decretos que se refieran a la conducta del Poder Ejecutivo. 4º. En los reglamentos que expida para su régimen interior. 5º. En los acuerdos para trasladar su residencia a otro lugar, temporal. mente y para suspender sus sesiones o para convocar a sesiones extraordinarias. 6º. En la Ley del Presupuesto; y 7º. En los tratados o contratos que impruebe el Congreso. En estos casos el Ejecutivo promulgará la ley con esta fórmula: "POR TANTO: PUBLÍQUESE".

Art. 249—. Siempre que un proyecto de ley, que no proceda de iniciativa de la Corte Suprema de Justicia, tenga por objeto reformar o derogar cualesquiera de las disposiciones contenidas en los Códigos de la República, no podrá discutirse sin oír la opinión de aquel Tribunal. La Corte emitirá su informe en el término que el Congreso le señale.

Esta disposición no comprende las leyes del orden político, económico y administrativo.

Art. 250—. Ningún proyecto de ley desechado total o parcialmente, podrá discutirse de nuevo en la misma legislatura.

Art. 251—. La ley es obligatoria en virtud de su promulgación y después de haber transcurrido veinte días de terminada su publicación en el periódico oficial "La Gaceta".

Podrá sin embargo, restringirse o ampliarse en la ley misma el plazo de que habla este artículo y ordenarse en casos especiales, otra forma de promulgación.

TÍTULO X

CAPÍTULO I
ECONOMÍA

Art. 252—. El sistema económico de Honduras debe inspirarse en principios de eficiencia en la producción y de justicia social en la distribución del ingreso nacional, y se basa en el reconocimiento y la coexistencia armónica de los factores e instituciones siguientes:

a) La empresa y la propiedad privada, y la empresa y la propiedad estatal y municipal; b) El productor, el consumidor y el trabajador individual, y las asociaciones de productores, las sociedades de consumidores y los sindicatos de trabajadores; y, c) Las demás asociaciones reconocidas por la ley.

La ley determinará la forma y requisitos de constitución de dichas asociaciones.

Art. 253—. El trabajo y el capital, como factores de la producción, gozan de la protección del Estado. Las cooperativas se declaran de conveniencia y utilidad social.

Art. 254—. El Estado atenderá a la defensa y conservación de los recursos naturales y reglamentará el uso, goce y aprovechamiento de ellos, de acuerdo con el interés social. La enunciación de estas libertades no excluye el reconocimiento de cualesquiera otras que emanen de los principios democrático—liberales que informan esta Constitución.

Art. 256—. El Estado, por razones de orden público y de interés social, podrá reservarse el ejercicio de determinadas industrias básicas, explotaciones y servicios de interés público, y dictar leyes y medidas económicas, fiscales y de seguridad pública para encauzar, estimular y suplir la iniciativa privada, con fundamento en una racional y sistemática planeación económica.

Art. 257—. La intervención del Estado en la economía tendrá por base el interés público y por límite los derechos y libertades fundamentales reconocidas por la Constitución.

Art. 258—. El objeto principal del Estado en el fomento de la actividad económica será el de contribuir a promover un creciente y ordenado nivel de producción, empleo e ingreso, distribuido equitativamente este último entre los factores que contribuyen a su formación, en condiciones de razonable estabilidad monetaria, con el objeto de proporcionar a toda la población una existencia digna y decorosa.

Art. 259—. El Estado ordenará sus relaciones económicas externas sobre las bases de la cooperación internacional, la integración económica centroamericana y el respeto de los tratados y convenios que suscriba, en lo que no se opongan al interés nacional.

Art. 260—. El capital privado extranjero estará sujeto a las mismas obligaciones y limitaciones que la ley establezca para el capital nacional, y gozará de los mismos derechos y privilegios.

La ley podrá, sin embargo conceder un tratamiento preferencial o reservar determinados campos de inversión al capital hondureño, centroamericano, en atención al interés nacional.

Art. 261—. La dirección y coordinación de la política económica general del Estado corresponde al Poder Ejecutivo, con el auxilio de un organismo superior de planeación económica y de los demás órganos técnicos competentes. Las Secretarías de Estado y los organismos autónomos y semiautónomos ajustarán sus programas y proyectos a la política económica general del Estado, a fin de asegurar un mínimo de unidad y consistencia entre los objetos generales y los objetos parciales.

Leyes especiales establecerán lo concerniente a la creación y funciones de los organismos a que se refiere el primer párrafo de este artículo.

Art. 262—. El derecho de emisión monetaria corresponderá exclusivamente al Estado, que lo ejercerá por medio del Banco Central de Honduras, institución autónoma de servicio público, que se regirá por su ley orgánica y sus reglamentos.

El régimen bancario, monetario y crediticio será determinado por la ley.

El Banco Central tendrá a su cargo la formulación y desarrollo de la política monetaria, crediticia y cambiaria del país.

Art. 263—. En la política agraria el Estado fomentará primordialmente el desarrollo de la propiedad rural y de tipo familiar, que constituya una unidad económica de producción y el establecimiento de servicios de crédito y educación agrícola, favoreciendo de preferencia a las familias de hondureños.

La dimensión de las unidades de producción se determinará regionalmente de acuerdo con la explotación agrícola, ganadera o mixta, que el Estado estime conveniente fomentar en la zona, en las condiciones técnicas y económicas correspondientes.

La ley determinará las condiciones de adquisición y las obligaciones del adjudicatario.

Art. 264—. La ley podrá establecer restricciones, modalidades o prohibiciones especiales para la adquisición, transferencia, uso y disfrute de la propiedad estatal y municipal, por razones de orden público, de interés social o de conveniencia nacional.

Art. 265—. El Estado no concederá ni autorizará monopolios en favor de los particulares. No se consideran como tales los privilegios temporales que se concedan a los inventores, descubridores o autores, en concepto de derechos de propiedad científica, literaria, artística o comercial, patentes de invención o marcas de fábrica.

Las empresas que por la naturaleza de sus actividades constituyan monopolio de hecho, se someterán a la legislación especial.

Art. 266—. La ley determinará el régimen jurídico a que se sujetará la explotación y aprovechamiento de los bosques, yacimientos de petróleo, substancias orgánicas e inorgánicas y demás riquezas naturales que se encuentren en el subsuelo y en la plataforma submarina.

CAPÍTULO XII
RÉGIMEN FINANCIERO

Art. 267—. Las cargas fiscales, estatales y municipales, deben inspirarse en principios de uniformidad y equidad y tendrán por base la capacidad tributaria del contribuyente.

Art. 268—. El sistema impositivo municipal deberá armonizarse con el sistema impositivo estatal.

HACIENDA PÚBLICA

Art. 269—. Forman la Hacienda Pública: a) Todos los bienes muebles e inmuebles del Estado; b) Todos sus créditos activos; y, c) Sus disponibilidades líquidas.

Art. 270—. Son obligaciones financieras del Estado:
a) Las deudas contraídas para gastos corrientes o de inversión pública originadas en la ejecución del Presupuesto; y b) Las demás deudas reconocidas legalmente por el Estado.

Art. 271—. La administración de los fondos públicos corresponde al Poder Ejecutivo. Para la percepción, custodia y erogación de dichos fondos habrá un ser. vicio general de tesorería. El Poder Ejecutivo, sin embargo, podrá delegar en el Banco Central las funciones de recaudador y depositario.

PRESUPUESTO

Art. 272—. Son recursos financieros del Estado: a) Los ingresos que perciba por causa de impuestos, tasas, contribuciones, regalías, donaciones o de cualquier otro título; b) Los ingresos provenientes de las empresas estatales; y, c) Los ingresos extraordinarios que provengan del crédito público o de otro concepto.

Art. 273—. Todos los egresos e ingresos fiscales del Gobierno y sus dependencias constarán en el Presupuesto General, que se votará anualmente.
Los egresos e ingresos de las municipalidades, Distrito Central y des autónomas se regirán por leyes especiales. e

Art. 274—. Todos los ingresos fiscales ordinarios, constituirán un solo fondo. No podrá crearse ingreso ordinario alguno destinado a un fin específico.
No obstante, la ley podrá afectar ingresos al servicio de la Deuda Pública y disponer que el producto de determinados impuestos y contribuciones generales, sea dividido entre la Hacienda Nacional y la de los municipios, en proporciones o cantidades previamente señaladas.
La ley podrá asimismo, autorizar a determinadas empresas estatales o mixtas para que perciban, administren o inviertan recursos financieros provenientes de ejercicio de las actividades económicas que les corresponden.

Art. 275—. El cálculo de los ingresos fiscales no podrá exceder del monto que resulte de una estimación técnica de los ingresos corrientes probables, de los ingresos extraordinarios y del superávit financiero del ejercicio inmediato anterior para el cual se vota el Presupuesto.

Art. 276—. No podrá hacerse ningún compromiso o pago fuera de las asignaciones votadas en el Presupuesto. Cualquier cantidad exigida, invertida o pagada fuera del Presupuesto y sin aprobación legal, hará civil y criminalmente responsable al funcionario que ordene la exacción o gasto indebido; también lo será el ejecutor si no prueba su inculpabilidad.

Art. 277—. El Poder Ejecutivo bajo su responsabilidad y siempre que el Congreso Nacional no estuviere reunido, podrá contraer empréstitos, variar el destino de una partida autorizada o abrir créditos adicionales, para satisfacer necesidades urgentes o imprevistas en casos de guerra, conmoción interna o calamidad pública o para atender compromisos internacionales; de todo lo cual dará cuenta pormenorizada al Congreso Nacional en sus próximas sesiones.

Art. 278—. El Presupuesto será votado por el Poder Legislativo con vista del proyecto que presente el Poder Ejecutivo.

Art. 279—. El Proyecto de Presupuesto será presentado por el Poder Ejecutivo dentro de los quince días siguientes a la instalación del Congreso Nacional.

Art. 280—. La Ley Orgánica del Presupuesto establecerá todo lo concerniente a la formación, votación, ejecución y liquidación del Presupuesto. Cuando al cierre de un ejercicio fiscal no se hubiere votado el Presupuesto para el nuevo ejercicio, continuará en vigencia el correspondiente al período anterior.

Art. 281—. Los contratos para la ejecución de obras públicas que celebren los Poderes del Estado, las Municipalidades y las instituciones autónoma compras que se hagan con fondos de estas entidades y las ventas o arrendamientos de bienes pertenecientes a las mismas, se harán mediante licitación acuerdo con a la ley.

Exceptuándose los contratos que tengan por objeto proveer a las necesidades ocasionadas por un estado bélico y los que por su naturaleza no celebrarse sino con persona determinada.

Art. 282—. Habrá una Proveeduría General de la República. La ley determinará los requisitos de su organización, atribuciones y puedan funciones.

Art. 283—. Créase una oficina de Administración de Bienes Nacionales que tendrá a su cargo el control y vigilancia de la propiedad estatal, mueble e inmueble. La ley determinará su organización y atribuciones.

CAPÍTULO III
FISCALIZACIÓN

Art. 284—. La fiscalización preventiva de la ejecución del Presupuesto General de Egresos e Ingresos de la República, estará a cargo del Poder Ejecutivo, que deberá especialmente: 1º. Verificar la recaudación y vigilar la custodia, el compromiso y la erogación de fondos públicos; y 2º. Aprobar todo egreso de fondos públicos de acuerdo con el Presupuesto. La ley establecerá los procedimientos y alcance de esta fiscalización.

Art. 285—. La fiscalización preventiva de los organismos autónomos, del Distrito Central y de las Municipalidades, se ejercerá de acuerdo con lo que determinen las leyes respectivas.

Art. 286—. Para la fiscalización a posteriori de la Hacienda Pública habrá un organismo auxiliar del Poder Legislativo, denominado Contraloría General de la República que se regirá por su ley orgánica y tendrá independencia funcional y administrativa. Sus atribuciones serán: 1º. Verificar la administración de los fondos y bienes públicos y glosar las cuentas de los funcionarios y empleados que las manejen. 2º. Fiscalizar la gestión financiera de las dependencias de la administración pública, instituciones autónomas, semiautónomas, los establecimientos gubernamentales, el Distrito

Central, las Municipalidades y las entidades que se costeen con fondos del erario nacional o que reciban subvención o subsidio del mismo. 3º. Examinar la contabilidad del Estado y las cuentas que sobre la gestión de la Hacienda Pública rinda el Poder Ejecutivo al Congreso Nacional e informar a éste del resultado de su examen; y 4º. Ejercer las demás funciones que su ley orgánica le señale.

Art. 287—. La fiscalización a posteriori del Banco Central de Honduras, en lo relacionado con el manejo de fondos del Estado, estará a cargo de la Contraloría General de la República que rendirá informes sobre tal fiscalización al Congreso Nacional.

La fiscalización a posteriori de los demás Institutos de crédito que reciban fondos del Estado en cuanto a la aplicación de tales fondos en operaciones o negocios estrictamente bancarios, se ejercerá por la Superintendencia de Bancos, y en los demás casos por la Contraloría General de la República.

Art. 288—. La Contraloría deberá rendir al Congreso, dentro de los primeros cuarenta días de finalizado el año económico, un informe exponiendo la labor realizada durante dicho año, con exposición de opiniones y sugerencias que considere necesarias para lograr mayor eficiencia en el manejo de los fondos y bienes públicos.

Este informe, del cual simultáneamente se enviará copia al Presidente de la República, deberá ser publicado por la Contraloría en forma detallada o en resumen, exceptuando lo relacionado con secretos militares u otros aspectos que pudieran afectar la seguridad nacional.

Art. 289—. La Contraloría General de la República estará a cargo de un Contralor General y de un Subcontralor elegidos por el Congreso Nacional, quienes tendrán las mismas inhabilidades y gozarán de iguales prerrogativas que los Diputados.

Art. 290—. Para ser Contralor y Subcontralor se requiere: ser hondureño por nacimiento, mayor de veinticinco años, ciudadano en el ejercicio de sus derechos, de reconocida honradez y competencia, poseer el título de Abogado o Licenciado en Economía o Administración Pública o Perito Mercantil y Contador Público.

Art 291—. Las funciones del Contralor y Subcontralor Generales, se extenderán hasta un año después de vencido el período que corresponda a los Poderes del Estado. No podrán ser reelectos para el período siguiente.

Art 292—. La organización y atribuciones de la Contraloría General de la República serán determinadas por la ley que regule su funcionamiento, la cual también el procedimiento que se seguirá para la elaboración, aprobación y ejecución de su presupuesto.

Art 293—. El Contralor y Subcontralor serán responsables ante el Congreso Nacional, de los actos ejecutados en el ejercicio de sus funciones y solamente podrán ser removidos por éste, cuando se les comprobare la comisión de irregularidades graves o delitos.

CAPÍTULO IV
PROCURADURÍA GENERAL DE LA REPÚBLICA

Art. 294—. Para representar los intereses del Estado créase la Procuraduría General de la República, cuya organización y atribuciones serán determinadas por la ley.

Art. 295—. Habrá un Procurador General y un Subprocurador, que serán electos por el Congreso Nacional por un período de seis años, y no podrán ser reelectos para el período siguiente. A

Art. 296—. Para ser Procurador General de la República y Subprocurador se requiere ser hondureño por nacimiento, mayor de veinticinco años, ciudadano en el ejercicio de sus derechos, de reconocida honradez y competencia y poseer el título de Abogado.

Art. 297—. El Procurador General de la República tendrá las mismas prerrogativas e inhabilidades establecidas por esta Constitución para los Diputados.

Art. 298—. Las acciones civiles y criminales que resulten de las intervenciones fiscalizadoras de la Contraloría General de la República, serán ejercitadas por el Procurador General con excepción de las correspondientes al Distrito Central y las Municipalidades, que quedarán a cargo de los funcionarios que las leyes respectivas indiquen.

CAPÍTULO V
INSTITUCIONES AUTÓNOMAS

Art. 299—. Para la mayor eficiencia en la administración de los intereses nacionales, para garantizar sin fines de lucro, la satisfacción de las necesidades colectivas de servicio público, y, en general, para lograr la mayor efectividad de la administración, se reconocen los organismos autónomos con criterio de descentralización de la administración pública.

Los organismos autónomos forman parte del engranaje general de la administración, y el grado de autonomía de cada uno se determinará en la ley de su creación, según la naturaleza y propósitos de sus respectivas funciones.

Art. 300—. Las instituciones autónomas del Estado gozan de independencia en materia de gobierno y administración, y sus directores responden por su gestión.

Art. 301—. Las instituciones autónomas existentes, y las que se crearen, se regirán por sus leyes y reglamentos.

Art. 302—. Para la discusión y aprobación de leyes que afecten a una institución autónoma, el Congreso Nacional oirá previamente la opinión de aquélla.

Art. 303—. Para la creación de nuevos organismos autónomos, el Congreso Nacional resolverá por los dos tercios de votos de sus miembros.

Art. 304—. Los organismos autónomos, estarán obligados a presentar al Gobierno, por medio de la Secretaría de Estado respectiva, los resultados líquidos de la actividad financiera de su ejercicio económico anterior.

Art. 305—. Los resultados líquidos de la actividad financiera a que se refiere el artículo anterior se incorporarán en la liquidación final del Presupuesto General de Egresos e Ingresos de la Nación, con excepción de los del Banco Central de Honduras.

TÍTULO XI

CAPÍTULO ÚNICO
SERVICIO CIVIL

Art. 306—. Se establece el régimen del Servicio Civil, con el fin de regular las relaciones de trabajo entre los servicios públicos y el Estado; someter la administración de personal a métodos científicos basados en el sistema de méritos; lograr la eficiencia en la función pública, proteger a sus servidores y crear la carrera administrativa.

Art. 307—. Créase la Dirección General del Servicio Civil, a cargo de un director y adscrita a la Presidencia de la República, sin dependencia de ningún Ministerio en particular. Un consejo integrado por tres miembros, de nombramiento del Poder Ejecutivo, regirá sus funciones de acuerdo con la ley.

TRANSITORIO

Art. 308—. El Poder Ejecutivo deberá someter un proyecto de Ley de Servicio Civil, de acuerdo con los Artículos 306 y 307, a la consideración del primer Congreso Nacional ordinario. El régimen del Servicio Civil será implantado gradualmente al entrar en vigencia la mencionada ley.

TÍTULO XII

CAPÍTULO ÚNICO
RESPONSABILIDAD

Art. 309—. Todo funcionario público al tomar posesión de su cargo hará la promesa siguiente: "PROMETO SER FIEL A LA REPUBLICA, CUMPLIR Y HACER CUMPLIR LA CONSTITUCION Y LAS LEYES".

Art. 310—. Los funcionarios y empleados públicos son responsables de sus actos.

Art. 311—. No obstante la aprobación que el Congreso dé a la conducta del Poder Ejecutivo, el Presidente de la República y los Ministros de Estado podrán ser acusados por delitos oficiales. El término de prescripción para esas acciones, empezará años después de haber cesado en sus funciones el acusado.

Art. 312—. Los funcionarios y empleados públicos que violaren cualesquiera de los derechos y garantías consignados en esta Constitución, serán responsables civil y criminalmente, no podrán obtener indulto ni conmuta en el período en curso ni en el siguiente.

Art. 314—. Se presume enriquecimiento ilícito cuando el aumento del capital del funcionario o empleado, desde la fecha en que haya tomado posesión de su cargo hasta aquella en que haya cesado en sus funciones, fuere notablemente superior al que normalmente hubiere podido tener en virtud de los sueldos y emolumentos que haya recibido legalmente y de los incrementos de su capital o de sus ingresos por cualquiera otra causa.
Para determinar dicho aumento, el capital y los ingresos del funcionario o empleado, el de su cónyuge y el de sus hijos se considerarán en conjunto. La declaración de bienes de los funcionarios y empleados se hará de conformidad con la ley.

Cuando fuere absuelto un funcionario público a quien se hubiere separado de su cargo o a quien se hubiere declarado con lugar a formación de causa, volverá al ejercicio de sus funciones.

TÍTULO XIII

CAPÍTULO ÚNICO
DE LAS FUERZAS ARMADAS

Art. 315—. Las Fuerzas Armadas de Honduras son una institución nacional de carácter permanente, esencialmente profesional, apolítica, obediente y no deliberante. Se instituyen para defender la integridad territorial y la soberanía de la República, para mantener la paz, el orden público y el imperio de esta Constitución; velando sobre todo porque no se violen los principios de libre sufragio y de alternabilidad en el ejercicio de la Presidencia de la República.

Art. 316—. Estarán sujetas a las disposiciones de la ley constitutiva de las Fuerzas Armadas y a las demás leyes y reglamentos que regulen su funcionamiento. Cooperando con el Poder Ejecutivo en las labores de alfabetización, educación, agricultura, conservación de recursos naturales, vialidad, comunicaciones, colonización y actividades de emergencia, siempre que el servicio no sufra menoscabo. Se establece el fuero de guerra para los delitos militares.

Art. 317—. El servicio militar es obligatorio para todos los ciudadanos y será regulado por una ley especial. En caso de guerra internacional, estarán obligados al servicio militar todos los hondureños hábiles, sin discriminación alguna.

Art. 318—. Las Fuerzas Armadas estarán bajo el mando directo del Jefe de las Fuerzas Armadas; por su intermedio ejercerá el Presidente de la República, la función constitucional que le corresponda respecto al instituto armado. Las funciones meramente administrativas estarán a cargo de la Secretaría de Estado en el Despacho de Defensa.

Art. 319—. Las ordenes que imparta el Presidente de la República a las Fuerzas Armadas, por intermedio del Jefe de las mismas, deberán ser acatadas. Cuando surja alguna diferencia, deberá ser sometida a la consideración del Congreso, el que decidirá por mayoría de votos. Esta resolución será definitiva y deberá ser acatada.

Art. 320—. El Jefe de las Fuerzas Armadas deberá ser un oficial superior, hondureño por nacimiento, y será designado por el Congreso Nacional de una terna propuesta por el Consejo Superior de la Defensa Nacional. Durará en sus funciones seis años y sólo podrá ser removido de su cargo por el Congreso Nacional cuando hubiere sido declarado con lugar a formación por dos tercios de votos de sus miembros, y en los demás casos pre la ley constitutiva de las Fuerzas Armadas.

No podrá ser nombrado Jefe de las Fuerzas Armadas ningún pariente Presidente de la República o de sus sustitutos legales, dentro del cuarto grade de consanguinidad o segundo de afinidad.

Art. 321—. El Jefe de las Fuerzas Armadas, al tomar posesión de su cargo, prestará ante el Congreso Nacional el siguiente solemne juramento: "A MI NOMBRE Y A NOMBRE DE LAS FUERZAS ARMADAS DE HONDURAS, SOLEMNEMENTE JURO QUE JAMAS NOS CONVERTIREMOS EN INSTRUMENTOS DE OPRESION; QUE AUNQUE PROVINIERAN DE NUESTROS SUPERIORES JERARQUICOS, NO ACATAREMOS ORDE— NES QUE VIOLEN LA LETRA O EL ESPIRITU DE LA CONSTITUCION; QUE DEFENDEREMOS LA SOBERANIA NACIONAL Y LA INTEGRIDAD DE NUESTRO TERRITORIO; QUE RESPETAREMOS LOS DERECHOS Y LIBERTADES DEL PUEBLO; QUE MANTENDREMOS LA APOLITICIDAD Y DIGNIDAD PROFESIONAL DE LAS FUERZAS ARMADAS; Y QUE DEFENDEREMOS LA EFECTIVIDAD DEL LIBRE

SUFRAGIO CIUDADANO Y LA ALTERNABILIDAD EN EL EJERCICIO DE LA PRESIDENCIA DE LA REPUBLICA".

Art. 322—. En caso de ausencia temporal del Jefe de las Fuerzas Armadas, desempeñará sus funciones el Secretario de la Defensa. En caso de ausencia o falta definitiva, el Consejo Superior de la Defensa Nacional pondrá, dentro de los quince días siguientes, la terna de candidatos para que el Congreso Nacional nombre a quien ha de llenar la vacante por el resto del período para el que aquél hubiere sido designado.

Art. 323—. El Estado Mayor de las Fuerzas Armadas es un organismo de la Jefatura de las mismas y tendrá las funciones que la ley indique.

Art. 324—. El Consejo Superior de la Defensa Nacional será un órgano de consulta en todos los asuntos relacionados con las Fuerzas Armadas, y actuará como tribunal superior de las mismas, en los asuntos que se sometan a sus conocimiento y decisión.

Art. 325—. El Consejo Superior de la Defensa Nacional estará integrado por el Jefe de las Fuerzas Armadas, el Secretario de Defensa, el Jefe del Estado Mayor de las Fuerzas Armadas, los Jefes de Zonas Militares, los Comandantes de Cuerpos Militares de la capital y los demás que la ley constitutiva establezca.
Tendrá su asiento en la ciudad capital y podrá ser convocado por el Presidente de la República, por el Jefe de las Fuerzas Armadas, por el Secretario de la Defensa y por cualquier miembro de las Fuerzas Armadas de acuerdo con la ley.

Ar. 326.—. Los nombramientos de Jefes, comandantes y demás nombramientos militares, los hará el Jefe de las Fuerzas Armadas por medio de la Secretaría de la Defensa. Los de orden administrativo, los del Estado Mayor Presidencial y Guardia Presidencial los hará el Presidente de la República, por medio de la misma Secretaría.

Art. 327—. El territorio de la República se dividirá en Zonas Militares para la mayor eficiencia del servicio.

Cada zona estará bajo el mando de un oficial superior nombrado por el Jefe de las Fuerzas Armadas y funcionará de acuerdo con las disposiciones de la ley respectiva.

Art. 328—. Los grados militares sólo se adquieren por riguroso ascenso y deberán otorgarse atendiendo al tiempo de servicio, capacitación y servicios especiales prestados a la Patria.

Los militares no podrán ser privados de sus grados honores y pensiones en otra forma que en la fijada por la ley. Los ascensos desde Subteniente hasta Capitán inclusive, serán otorgados por el Presidente de la República a propuesta del Jefe de las Fuerzas Armadas. Los ascensos desde Mayor hasta General inclusive, serán otorgados por el Congreso Nacional a propuesta conjunta del Presidente de la República y del Jefe de las Fuerzas Armadas.

Es requisito previo para todo ascenso, la declaración de aptitud hecha por el Estado Mayor de las Fuerzas Armadas.

Art. 329—. Créase la Escuela Militar de Honduras; en ella se educarán los Caballeros Cadetes, aspirantes a Oficiales de las Fuerzas Armadas. La Secretaría de la Defensa tendrá a su cargo la organización de dicha escuela y cubrirá los gastos que impenda su funcionamiento. La Jefatura de las Fuerzas Armadas organizará y supervisará centros especiales de capacitación en las diferentes armas y servicios.

Art. 330—. La administración de los fondos asignados al Ramo de Defensa, estará a cargo de la Pagaduría de las Fuerzas Armadas.

Art. 331—. En caso de guerra, declaratoria de estado de sitio o emergencia nacional, todo cuerpo armado que funcione normalmente bajo otra dependencia, quedará bajo el mando directo de la Jefatura de las Fuerzas Armadas por mientras dura la guerra, el estado de sitio o la emergencia.

TÍTULO XIV
DEL REGIMEN DEPARTAMENTAL Y MUNICIPAL

CAPÍTULO X
DEL REGIMEN DEPARTAMENTAL

Art. 322—. Para la administración pública, se divide el territorio nacional en departamentos, cuya creación y límites decretará el Congreso Nacional.

Art. 333—. Los funcionarios departamentales serán hondureños por nacimiento, mayores de veinticinco años y ciudadanos en el ejercicio de sus derechos. Los empleados serán mayores de dieciocho años y tendrán las demás calidades señaladas para los funcionarios.

CAPÍTULO II
DEL REGIMEN MUNICIPAL

Art. 334—. Para su administración, los departamentos se dividen en municipios autónomos representados por municipalidades electas por el pueblo, en la forma que la ley disponga.

Como base de su autonomía económica, créase el Banco Municipal Autónomo, cuya organización y funciones serán determinadas por la ley.

El Distrito Central formado por los Municipios de Tegucigalpa y de Comayagüela, se regirá por su ley especial.

Art. 335—. La ley reglamentará la organización y atribuciones de las municipalidades. Estas atribuciones serán únicamente económicas y administrativas.

Art 336—. En el ejercicio de sus funciones privadas, las Municipalidades serán absolutamente independientes de los otros poderes, sin contrariar en ningún caso las leyes generales del país, y serán responsables por los abusos cometan individual o colectivamente, ante los Tribunales de Justicia.

Art. 337—. Las Municipalidades nombrarán libremente a los empleados de que su dependencia y los agentes de policía que costeen con sus propios fondos.

Art. 338—. Los miembros de una municipalidad, no podrán desempeñar en la misma, cargo alguno municipal en el período siguiente.

TÍTULO XV

CAPÍTULO I
DE LA REFORMA

Art. 339—. La reforma de esta Constitución podrá decretarse parcialmente por el Congreso Nacional en sesiones ordinarias, con dos tercios de votos de la totalidad de sus miembros. El decreto señalará al efecto el artículo o artículos que hayan de reformarse debiendo ratificarse por la siguiente legislatura ordinaria, por igual número de votos, para que entre en vigencia. En ningún caso la reforma de los artículos 4°, 195, 196, 199 y del presente, podrá realizarse por el procedimiento anterior.

CAPÍTULO II
INVIOLABILIDAD DE LA CONSTITUCIÓN

Art. 340—. Esta Constitución no perderá su eficacia y vigor, aún cuando por alguna rebelión o golpe de Estado por no haberse reunido el Congreso en la fecha señalada en la misma, o por cualquier otra causa se interrumpa su observancia.

En tales casos el Poder que siga funcionando legalmente, Legislativo, Ejecutivo o Judicial, tienen la obligación de dictar sin dilación las medidas necesarias para el debido cumplimiento de las disposiciones infringidas.

TÍTULO XVI
DISPOSICIONES TRANSITORIAS

Art. 341—. Todas las leyes, decretos, reglamentos, órdenes y demás disposiciones que estuviesen en vigor al promulgarse esta Constitución, continuarán observándose en cuanto no se opongan a ella, mientras no fueren legalmente derogadas o modificadas.

Art. 342—. Para el período de 1957, serán Presidente Constitucional de la República y Designados a la Presidencia, los ciudadanos elegidos por esta Asamblea Nacional Constituyente.

Art. 343—. Los Magistrados de la Corte Suprema de Justicia, el Procurador y Subprocurador Generales de la República, el Jefe de las Fuerzas Armadas, el Contralor y Subcontralor Generales de la República elegidos por esta Asamblea, ejercerán sus funciones constitucionalmente, durante el mismo período a que se refiere el artículo anterior, con excepción del Contralor y Subcontralor Generales, que terminarán su período de acuerdo con la disposición constitucional respectiva.

Art. 344—. Promulgada y jurada esta Constitución en sesión pública y solemne, y recibida la promesa de ley a los funcionarios a que se refieren los dos artículos anteriores, la Asamblea Nacional Constituyente clausurará sus sesiones, convirtiéndose en Congreso Nacional ordinario, para el período constitucional que se iniciará el 21 de diciembre del presente año.

ARTÍCULO FINAL

Art. 345—. La presente Constitución entrará en vigencia el 21 de diciembre del presente año, quedando derogada en esa fecha la emitida el veintiocho de marzo de mil novecientos treinta y seis.

Dado en el Salón de Sesiones del Palacio Legislativo, en Tegucigalpa, capital de la República de Honduras, a los diecinueve días del mes de diciembre de mil novecientos cincuenta y siete.

Presidente:
MODESTO RODAS ALVARADO h.

Vicepresidente: Héctor Orlando Gómez Cisneros

Secretario: Carlos Manuel Arita
Secretario: Miguel Alfonso Cubero
Prosecretario: Óscar Mejía Arellano
Prosecretario: Miguel Rafael Muñoz

POR EL DEPARTAMENTO DE ATLÁNTIDA:
Jaime Gutiérrez Galán
Carmen Meléndez de Cálix

POR EL DEPARTAMENTO DE COLÓN:
José Alfredo Castillo Melhado

POR EL DEPARTAMENTO DE COMAYAGUA:
Natividad de Jesús Chinchilla
Santos Cantarero Suazo
Marcial Ponce Ochoa

POR EL DEPARTAMENTO DE COPÁN:
Ramón Medina Cueva
Julio César Garrigó
Federico Leiva Lagos
Ricardo Pineda Tábora

POR EL DEPARTAMENTO DE CORTÉS:
Carmen Griffin de Lefebvre
Eugenio Matute Canizales
Salvador Ramos Alvarado
Ildefonso Orellana Bueso
Héctor Armando Zelaya

POR EL DEPARTAMENTO DE CHOLUTECA:
Juan María Herrera Regalado
Edas G. Maradiaga
Arturo Morales Chávez
Joaquín Salinas C.

POR EL DEPARTAMENTO DE EL PARAÍSO:
Federico González C.
Mario Armando Idiáquez
Raúl Sevilla Gamero

POR EL DEPARTAMENTO DE FRANCISCO MORAZAN:
Miguel Galindo Cerrato
Humberto Díaz B.
Óscar Flores Midence
Ezequiel Escoto Manzano
Erlinda Landa Blanco de Bonilla
Horacio Moya Posas
Abraham Willams C.

POR EL DEPARTAMENTO DE GRACIAS A DIOS:
Fausto Echeverría Haylock

POR EL DEPARTAMENTO DE INTIBUCA:
Ismael Martínez Argueta

POR EL DEPARTAMENTO DE ISLAS DE LA BAHIA:
Lemmuel Mac Nab

POR EL DEPARTAMENTO DE LA PAZ:
Gilberto Cáceres Molina
Roberto Suazo Córdova

POR EL DEPARTAMENTO DE LEMPIRA:
Ernesto H. Aguilar Núñez
Pedro Pineda Madrid
Leopoldo Hernández
Santos Sorto Paz

POR EL DEPARTAMENTO DE OCOTEPEQUE:
Manuel Avilés Pinto

POR EL DEPARTAMENTO DE OLANCHO:
Vicente García Rivera
José Porfirio Lobo López

POR EL DEPARTAMENTO DE SANTA BÁRBARA:
Modesto Batres
Joaquín Medina Alvarado
Matías Castellanos R.
Jerónimo Suazo Alcerro

POR EL DEPARTAMENTO DE VALLE:
Juan Blas Aguilar Flores
Julio César Vijil
Abraham Zúñiga R.

POR EL DEPARTAMENTO DE YORO:
Francisco Lozano España
Trinidad Danilo Paredes
Fabio Murillo Díaz
Sixto Quezada Soto

Al Poder Ejecutivo.
Por tanto: Publíquese.

Tegucigalpa, D. C., 19 de diciembre de 1957.

HECTOR CARACCIOLI.   OSWALDO LOPEZ A.

El Secretario de Estado en los Despachos de Gobernación y Justicia. **Raúl Flores Gómez.**

El Secretario de Estado en el Despacho de Relaciones Exteriores, **Alejandro Alfaro Arriaga**

El Secretario de Estado en el Despacho de Defensa, **Oswaldo López A.**

El Secretario de Estado en el Despacho de Educación Pública, **Hernán Corrales P.**

El Secretario de Estado en los Despachos de Economía y Hacienda. **Gabriel A. Mejía.**

El Secretario de Estado en el Despacho de Fomento, **Rubén Clare Vega.**

El Secretario de Estado en el Despacho de Sanidad y Beneficencia, **Roberto Lázarus.**

El Secretario de Estado en el Despacho de Trabajo y Previsión Social, **Rogelio Martínez Agustinus**

El Secretario de Estado en el Despacho de Recursos Naturales, **Andrés Alvarado Puerto.**

DECRETO NÚMERO 22

LA ASAMBLEA NACIONAL CONSTITUYENTE, que por la voluntad soberana del pueblo hondureño está investida de todos los Poderes de la Nación.

CONSIDERANDO: que al tenor del Artículo 342, una vez promulgada y jurada la Constitución, en sesión pública y solemne, y recibida la promesa de ley a los funcionarios a que se refieren los Artículos 340 y 341, esta Asamblea deberá clausurar sus sesiones y convertirse en Congreso Nacional ordina rio, para el período constitucional que se inicia hoy 21 de diciembre;

CONSIDERANDO: que la Constitución de la República entrará en vigencia hoy 21 de diciembre del presente año, de conformidad con su artículo final

POR TANTO, en uso de las facultades de que está investida, DECRETA:

Artículo Único.—La Asamblea Nacional Constituyente desde el momento de la clausura de sus sesiones, conviértese en Congreso Nacional ordinario, para el período constitucional que se inicia hoy.

Dado en Tegucigalpa, D. C., Capital de la República de Honduras, el día veintiuno de diciembre de mil novecientos cincuenta y siete.

MODESTO RODAS ALVARADO h.
Presidente.

MIGUEL ALFONSO CUBERO, Secretario.
CARLOS MANUEL ARITA, Secretario.

AL PODER EJECUTIVO.
POR TANTO: Publíquese.

Tegucigalpa, D. C., 21 de diciembre de 1957.

R. VILLEDA MORALES.

El Secretario de Estado en los Despachos de Gobernación y Justicia, Lisandro Valle.

DECRETO NÚMERO 23

LA ASAMBLEA NACIONAL CONSTITUYENTE, que por voluntad soberana del pueblo hondureño está investida de todos los Poderes de la Nación,

DECRETA:

Artículo Único—. Clausurar sus sesiones el día de hoy. Dado en Tegucigalpa, D. C., Capital de la República de Honduras el día veintiuno de diciembre de mil novecientos cincuenta y siete.

MODESTO RODAS ALVARADO h.,
Presidente

M. R. Muñoz, Marcial P. Ochoa, Óscar Mejía Arellano, A. Zúniga R., José Castillo Melhado, Santos Cantarero Suazo, J. B. Aguilar F., Joaquín Salinas C., Leopoldo Hernández, Fausto Echeverría, J. M. Herrera, Roberto Suazo C., Humberto Díaz B., V. García Rivera, Ezequiel Escoto M., I. Martínez A., Raúl D. Sevilla, Eugenio Matute C., Jaime Gutiérrez Galán, Federico Leiva, Julio C. Garrigó, Salvador Ramos A., M. Castellanos R., Miguel Galindo Cerrato, M. A. Idiáquez, Manuel Avilés Pinto, Ramón Medina Cueva, Horacio Moya Posas y Arturo Morales

MIGUEL ALFONSO CUBERO, Secretario.
CARLOS MANUEL ARITA, Secretario.

Al Poder Ejecutivo.
    Por tanto: Publíquese.

Tegucigalpa, D. C., 21 de diciembre de 1957.

RAMÓN VILLEDA MORALES.

El Secretario de Estado en los Despachos de Gobernación y Justicia, Lisandro Valle.
El Secretario de Estado en el Despacho de Relaciones Exteriores, Andrés Alvarado Puerto.
El Secretario de Estado en el Despacho de Defensa, Antonio Molina O.
El Secretario de Estado en el Despacho de Educación Pública, Juan Miguel Mejía.

El Secretario de Estado en los Despachos de Economía y Hacienda, Fernando Villar.

El Secretario de Estado en el Despacho de Fomento, Roberto Martínez O.

El Secretario de Estado en el Despacho de Trabajo y Previsión Social, Óscar A. Flores.

El Secretario de Estado en el Despacho de Recursos Naturales, Francisco Milla B.

DECRETO Nº 1 DE LAS FUERZAS ARMADAS DEL ESTADO DE HONDURAS POR EL CUAL QUEDAN EN VIGENCIA TODAS LAS LEYES Y REGLAMENTOS QUE ESTABLECEN LA ORGANIZACIÓN POLÍTICA, ADMINISTRATIVA, JUDICIAL Y CIVIL DE LA REPÚBLICA DE HONDURAS.

3 de Octubre de 1963.

DECRETO NÚMERO 1º.

Por el cual las Fuerzas Armadas ponen en vigencia las Leyes Secundarias, Reglamentos, Ordenanzas y demás disposiciones legales, que norman la vida Jurídica y Administrativa de la Nación, en tanto no se opongan a las disposiciones que emanen del Gobierno Militar.

Tegucigalpa, 3 de octubre de 1963.

CONSIDERANDO: Que en esta fecha y de conformidad con el Manifiesto lanzado a la consideración del pueblo hondureño, LAS FUERZAS ARMADAS DE HONDURAS, se han hecho cargo de los Poderes del Estado en defensa de las instituciones democráticas, la paz y la tranquilidad de la Nación.

CONSIDERANDO: Que es imperativo centralizar el ejercicio de los Poderes Públicos, para una eficiente administración de la República.

POR TANTO:

RESUELVE:

Artículo 1º—. Las fuerzas Armadas de la República, conservando su jerarquía militar, asumen los Poderes del Estado.

Artículo 2º—. Queda disuelto el actual Congreso Nacional.

Artículo 3º—. Para el ejercicio de los Poderes del Estado, designase al Jefe de las Fuerzas Armadas, Coronel de Aviación Oswaldo López Arellano, quien gobernará mediante Decretos Leyes con carácter de Jefe de Gobierno.

ARTICULO 4º—. QUEDAN EN VIGENCIA LAS LEYES SECUNDARIAS: REGLAMENTOS, ORDENANZAS Y DEMAS DISPOSICIONES LEGALES, QUE NORMAN LA VIDA JURIDICA Y ADMINISTRATIVA DE LA NACION, EN TANTO NO SE OPONGAN A LAS DISPOSICIONES QUE EMANEN DEL GOBIERNO MILITAR.

Artículo 5º—. El presente Decreto entra en vigencia en esta misma fecha. Tegucigalpa, D. C., 3 de octubre de 1963. FUERZAS ARMADAS DE HONDURAS.—Sello.—Jefatura de las Fuerzas Armadas de Honduras.

(LA GACETA, Número 18.108.—Tegucigalpa, D. C., Honduras, viernes 25 de Octubre de 1963).

CONSTITUCIÓN POLÍTICA DE LA REPÚBLICA DE HONDURAS DE 3 DE JUNIO DE 1965

DECRETO NÚMERO 20
PREÁMBULO

Nosotros, Representantes del Pueblo Soberano de Honduras, reunidos en Asamblea Nacional Constituyente, interpretando con fidelidad las justas aspiraciones nacionales e invocando la protección de Dios, decretamos y sancionamos la siguiente:

Constitución de la República

TÍTULO I

CAPÍTULO ÚNICO
EL ESTADO Y SU FORMA DE GOBIERNO

Artículo 1—. Honduras es un Estado soberano e independiente, constituido como República democrática, para asegurar el goce de la libertad, la justicia, el bienestar social y económico y la superación individual y colectiva de sus habitantes.

Artículo 2—. La Soberanía reside originalmente en el pueblo y de éste dimanan todos los Poderes públicos, los que serán ejercitados por el Estado.

Artículo 3—. Los funcionarios del Estado no tienen más facultades que las que expresamente les confiere la ley. Todo acto que ejecuten fuera de la ley es nulo, y acarrea responsabilidad.

Artículo 4—. El Gobierno es republicano, democrático y representativo: se ejerce por los Poderes complementarios e independientes: Legislativo, Ejecutivo y Judicial y se fundamenta en el principio de la integración nacional.

La integración implica la participación de todos los sectores políticos, económicos y sociales en la administración pública, principio éste que las autoridades deben respetar, a fin de asegurar y fortalecer la nacionalidad hondureña y hacer viable el progreso de Honduras, basado en la estabilidad política y la conciliación nacional.

Artículo 5—. El territorio de Honduras está comprendido entre los Océanos Atlántico y Pacífico y las Repúblicas de Guatemala, El Salvador y Nicaragua. Sus límites con la República de Guatemala, son los establecidos por la sentencia arbitral emitida en Washington, Estados Unidos de América, el veintitrés de enero de mil novecientos treinta y tres; con la República de Nicaragua, los establecidos por la Comisión Mixta de límites hondureña—nicaragüense, en los años de mil novecientos uno, según descripción de la primera sección de la línea divisoria, que figura en el acta segunda de doce de junio de mil novecientos y en las posteriores, hasta el Portillo de Teotecacinte, y de este lugar hasta el Océano Atlántico, conforme al Laudo Arbitral dictado por Su Majestad el Rey de España, el veintitrés de diciembre de mil novecientos seis, cuya validez fue declarada por la Corte Internacional de Justicia, en sentencia de diez y ocho de noviembre de mil novecientos sesenta. Con la República de El Salvador, la línea fronteriza se determinará por arreglo directo de las Partes o por cualquiera de los procedimientos establecidos en el Tratado Americano de Soluciones Pacíficas, "Pacto de Bogotá", y en el Derecho Internacional, que sea más apropiado a la solución definitiva del problema limítrofe, sirviendo de base la documentación colonial existente hasta el quince de septiembre de mil ochocientos veintiuno, y la posterior relacionada con la remedida de los terrenos fronterizos, que aclara los linderos de los terrenos a que se refieren los títulos coloniales.

PERTENECEN A HONDURAS

1°—. Los territorios situados en tierra firme dentro de sus límites territoriales y las islas, islotes y cayos en el Golfo de Fonseca, cuya posesión está respaldada con títulos expedidos durante el Régimen Colonial Español.

2°—. Las Islas de la Bahía, las Islas del Cisne (Swan—Islands) llamadas también Santanilla o Santillana, Viviosas, Misteriosas y los Cayos: Gorda, Vivorillos, Cajones, Cocorocuma, Caratasca, Falso, Gracias a Dios, Los Bajos, Pichones, Palo de Campeche y los demás situados en el Atlántico que histórica, gráfica y jurídicamente le corresponden.

3°—. También pertenecen al Estado de Honduras y están sujetos a su jurisdicción y control, el subsuelo, el espacio aéreo, el mar territorial en una extensión de doce millas náuticas y el lecho y el subsuelo de la plataforma submarina, zócalo continental e insular, y otras áreas submarinas adyacentes a su territorio fuera de la zona del mar territorial y hasta una profundidad de doscientos metros o hasta donde la profundidad de las aguas suprayacentes, más allá de este límite, permita la explotación de los recursos naturales del lecho y del subsuelo.

En los casos a que se refieren los tres párrafos anteriores, el dominio de la nación es inalienable e imprescriptible y sólo podrán otorgarse concesiones por el Gobierno de la República a los particulares o sociedades civiles o mercantiles constituidas o incorporadas conforme a las leyes hondureñas, con la condición de que se establezcan trabajos regulares para la explotación de los elementos de que se trata y se cumpla con los requisitos que prevengan las leyes. Tratándose del petróleo y de otros hidrocarburos, una ley especial determinará la forma en que podrá llevarse a cabo la explotación de esos productos y de otros similares.

4°—. Como consecuencia de las declaraciones anteriores, el Estado se reserva el derecho de establecer la demarcación de las zonas de control y protección de los recursos naturales los mares continentales e insulares que queden bajo control del Gobierno de Honduras, y de modificar dicha demarcación de acuerdo con las circunstancias sobrevinientes por razón de los nuevos des—

cubrimientos, estudios e intereses nacionales que fueren advertidos en el futuro; y

5°—. La presente declaración de soberanía no desconoce legítimos derechos similares de otros Estados sobre la base de reciprocidad, ni afecta a los derechos de libre navegación de todas las naciones, conforme al Derecho Internacional.

Artículo 6°—. Ninguna autoridad puede celebrar pactos, tratados o convenciones u otorgar concesiones que lesionen la soberanía e independencia de la República. Quien lo haga será juzgado por traición a la Patria. En cualquier tiempo podrá deducirse la responsabilidad consiguiente a quienes los hayan celebrado o contribuido a su ejecución.

Artículo 7—. Cualquier tratado o convención que celebre el Poder Ejecutivo referente al territorio nacional o a la organización política del país requerirá la aprobación del Congreso Nacional, por votación no menor de tres cuartas partes de sus miembros.

Artículo 8—. Los estados extranjeros sólo podrán adquirir en el territorio de la República, sobre bases de reciprocidad, los inmuebles necesarios para sede de sus representaciones diplomáticas, sin perjuicio de lo que establezcan los convenios internacionales.

Artículo 9—. Honduras es un Estado disgregado de la República Federal de Centro América. En consecuencia, reconoce como una necesidad primordial volver a la unión con uno o más Estados de la antigua Federación. A este efecto, queda facultado el Poder Legislativo para ratificar los tratados que tiendan a realizarla parcial o totalmente, siempre que se propongan de manera justa y democrática.

Artículo 10°—. Honduras hace suyos los principios y prácticas del Derecho Internacional que propendan a la solidaridad humana, al respeto de la soberanía de los pueblos y al afianzamiento de la paz y la democracia universales.

Artículo 11º—. La Bandera de Honduras es un símbolo nacional. Constará de tres franjas iguales y horizontales, la superior y la inferior, de color azul turquesa y la del centro blanca. Llevará en medio cinco estrellas de cinco ángulos salientes del mismo color azul, formando con cuatro de ellas un cuadrilongo paralelo a las franjas, en el centro del cual estará colocada la res. tante. El ancho del conjunto de las tres franjas deberá ser contenido dos veces en la longitud. El Escudo es un símbolo nacional. Está compuesto de un triángulo equilátero, en cuya base hay un volcán entre dos castillos, sobre los cuales está un arco iris y debajo de éste, tras el volcán, se levanta un sol esparciendo luz. El triángulo está colocado sobre un terreno que se figura bañado por ambos mares. En torno de él hay un óvalo que contiene en letras doradas la leyenda:

"REPUBLICA DE HONDURAS, LIBRE, SOBERANA E INDEPENDIENTE —15 DE SEPTIEMBRE DE 1821".—En la parte superior del óvalo, aparece una aljaba llena de flechas de la que penden cuernos de la abundancia unidos por un lazo, y descansando todo sobre una cordillera de montañas, en las que descuellan tres árboles de roble a la derecha y tres pinos a la izquierda, y en distribución conveniente: dos bocaminas, una barra, un barreno, una cuña, una almádana y un martillo.

El Himno es un símbolo nacional, conceptuado en tal carácter, por Decreto N° 42, de trece de noviembre de mil novecientos quince.

Artículo 12—. El idioma oficial de la República es el español.

Artículo 13—. Toda la riqueza artística, histórica y arqueológica del país constituye el tesoro cultural de la Nación; estará bajo la salvaguardia del Estado, y la ley establecerá lo que estime oportuno para su defensa y conservación.

TÍTULO II

CAPÍTULO I
DE LOS HONDUREÑOS

Artículo 14—. La nacionalidad hondureña se adquiere por nacimiento y naturalización.

Artículo 15—. Son hondureños por nacimiento:
1°—. Los nacidos en el territorio nacional, con excepción de los hijos de los agentes diplomáticos; 2°—. Los hijos de padre o madre hondureños nacidos en el extranjero; 3°—. Los que nazcan a bordo de embarcaciones o aeronaves de guerra hondureñas, y los nacidos en naves mercantes, cuando éstas se encuentren en aguas territoriales de Honduras; y, 4°—. El infante de padres ignorados encontrado en el territorio de Honduras.

Artículo 16°—. Se consideran como hondureños naturales, los originarios de los otros Estados que formaron parte de la República Federal de Centro América, que después de un año de residencia en el país, manifiesten por escrito ante la autoridad competente, el deseo de ser hondureños y que llenen los requisitos legales, siempre que exista reciprocidad en el país de origen y hasta donde ésta se extienda.

Artículo 17—. Son hondureños por naturalización: 1°—.Los españoles por nacimiento y los originarios de países americanos que tengan un año de residencia en la República; 2°—. Los demás extranjeros que hayan residido en el país más de dos años consecutivos. En ambos casos el solicitante debe renunciar previamente a su nacionalidad y manifestar su deseo de adoptar la nacionalidad hondureña ante la autoridad competente. Las condiciones señaladas podrán modificarse a base de convenio o reciprocidad; 3°—. Los extranjeros que hayan obtenido carta de naturalización; 4°—. La persona extranjera, casada con hondureño, que optare por la nacionalidad hondureña, o si conforme a la ley de su país, le correspondiere la nacionalidad del cónyuge; y, 5°—. Los inmigrantes que formando parte de grupos seleccionados traídos por el Gobierno para fines agrícolas o industriales, después de un año de residencia en el país, llenen los requisitos de ley.

Artículo 18—. Ningún hondureño por nacimiento tendrá nacionalidad distinta de la hondureña, mientras resida en el territorio de la República.

Artículo 19—. Ningún hondureño naturalizado podrá desempeñar en su país de origen, funciones oficiales en representación de Honduras.

Artículo 20—. Ni el matrimonio, ni su disolución, afectan la nacionalidad de los cónyuges o de sus hijos.

Artículo 21—. La nacionalidad hondureña se pierde: 1°—. Por naturalización voluntaria en país extranjero; y, 2°—. Por cancelación de la carta de naturalización.

Artículo 22—. La nacionalidad hondureña por nacimiento se recupera cuan— do el que la hubiere perdido se domicilia en el territorio de la República y declara su voluntad de recuperarla, o cuando permanece en el país por un período no menor de dos años.

Artículo 23—. Todo hondureño está obligado a defender a la Patria, respetar a las autoridades y contribuir al sostenimiento y engrandecimiento moral y material de la nación.

CAPÍTULO 11
DE LOS EXTRANJEROS

Artículo 24—. Los extranjeros están obligados desde su ingreso al territorio de la República a respetar a las autoridades y a cumplir las leyes.

Artículo 25—. Los extranjeros gozan en Honduras de todos los derechos civiles de los hondureños, con las restricciones que por razones calificadas de orden público, seguridad o interés nacional, establezcan las leyes.

Quedarán sujetos a todas las cargas ordinarias y extraordinarias de carácter general a que estén obligados los hondureños.

Artículo 26—. Los extranjeros no podrán hacer reclamaciones, ni exigir indemnización alguna del Estado, sino en la forma y en los casos en que pudieran hacerlo los hondureños.

No podrán ocurrir a la vía diplomática, sino en los casos de denegación de Justicia. Para este efecto no se entenderá por denegación de justicia que un fallo no sea favorable al reclamante. Los que contravinieren esta disposición perderán el derecho de habitar en el país.

Artículo 27—. Los extranjeros sólo podrán desempeñar empleos en la enseñanza de las ciencias y de las artes, excepto los de carácter directivo, y prestar al Estado servicios técnicos o de asesoramiento, cuando no haya hondureños que puedan desempeñar esos empleos o prestar estos servicios.

Artículo 28—. La extradición sólo podrá otorgarse en virtud de ley o de tratados, por delitos comunes y nunca por delitos políticos, aunque por consecuencia de éstos resulte un delito común.

El Poder Ejecutivo tiene la facultad exclusiva de hacer abandonar el territorio nacional, de conformidad con la ley, a todo extranjero cuya permanencia juzgue inconveniente.

Artículo 30—. Los extranjeros tienen los mismos derechos y deberes individuales y sociales que los hondureños, con las excepciones y limitaciones que esta Constitución y las leyes establezcan.

Artículo 31—. No podrán desarrollar actividades políticas de carácter nacional, bajo pena de ser sancionados de conformidad con la ley.

Artículo 32—. Los extranjeros estarán sujetos a una ley especial.

CAPÍTULO III
DE LOS CIUDADANOS

Artículo 33—. Son ciudadanos todos los hondureños, hombres y mujeres, mayores de dieciocho años.

Artículo 34—. Son derechos del ciudadano: 1°—. Ejercer el sufragio; y, 2°—. Optar a los cargos públicos.

Todos los hondureños, sin distinción de sexos, son admisibles a los cargos públicos, salvo las incompatibilidades que las leyes señalan y las limitaciones que esta Constitución establece. Los ciudadanos de alta en el Ejército, en Cuerpos de Seguridad y Cuerpos Armados, no podrán ejercer el sufragio, pero sí serán elegibles en los casos no prohibidos por la ley.

Artículo 35—. Son obligaciones del ciudadano, además de otras señaladas en esta Constitución: a) Inscribirse en el Registro Electoral; b) Votar en las elecciones populares; c) Desempeñar, salvo excusa o renuncia con causa justificada, los cargos de elección popular y los concejiles; y, d) Prestar Servicio Militar y los demás que exija el Estado.
La ley reglamentará estas obligaciones y determinará las penas por su infracción.

Artículo 36.—La calidad de ciudadano se suspende, se pierde, y se restablece, conforme a las siguientes prescripciones:

Se Suspende:

1°—. Por auto de prisión o declaratoria de reo; 2°—. Por declaratoria de haber lugar a formación de causa; 3°—. Por sentencia condenatoria firme, dictada por causa de delito; y, 4°—. Por interdicción judicial.

Se Pierde:

1°—. Por obtener la ciudadanía de otro Estado, a menos que entre éste y Honduras, existan tratados que permitan la doble nacionalidad. 2°—. Por prestar servicios en tiempo de guerra, a enemigos de Honduras o de sus aliados; 3°—. Por desempeñar en el país, sin licencia del Congreso Nacional, empleo de nación extranjera, del ramo militar o de carácter político; 4°—. Por prestar ayuda en contra del Estado, a un extranjero o a un gobierno extranjero, en cualquier reclamación diplomática o ante un tribunal internacional; 5°—. Por residir los hondureños naturalizados dos años consecutivos fuera del territorio de la República, sin autorización previa de la Secretaría de Estado en el Despacho de Relaciones Exteriores. 6°—. Por revocatoria de la carta de naturalización; y, 7°—. Por acuerdo gubernativo en los casos expresados en los incisos 3 y 5 del párrafo precedente. En ninguno de los casos comprendidos en los incisos 2, 4 y 6 del párrafo citado, podrá pronunciarse el Poder Ejecutivo, sino el Congreso Nacional, mediante expediente circunstanciado que se forme para el caso.

Se Restablece:

1°—. Por sobreseimiento confirmado; 2°—. Por sentencia firme absolutoria; 3°—. Por cumplimiento de la pena cuando no es necesaria la rehabilitación. 4°—. Por amnistía; 5°—. Por rehabilitación en caso de indulto, mediante acuerdo gubernativo; 6°—Por la residencia en el territorio de la República durante dos años consecutivos, contados desde la fecha de su ingreso al país.

CAPÍTULO IV
PARTIDOS POLÍTICOS

Artículo 37—. Los partidos políticos legalmente inscritos tienen carácter de instituciones de Derecho Público, cuya existencia y libre funcionamiento garantiza esta Constitución. No podrán sin embargo, formarse partidos políticos de raza, sexo o clase.

Artículo 38—. Los ciudadanos hondureños, tienen derecho a fundar partidos políticos, de conformidad con los requisitos establecidos en esta Constitución y en la Ley Electoral.

Artículo 39—. No se permitirá la formación, inscripción y funcionamiento de partidos políticos que proclamen o practiquen doctrinas contrarias al espíritu democrático del pueblo hondureño, o que actúen de acuerdo o en subordinación a una organización internacional, o extranjera, cuyos programas ideo lógicos atenten contra la soberanía del Estado. No quedan comprendidas esta prohibición, las organizaciones que propugnen por la unión centroamericana o por las doctrinas panamericanas o de solidaridad continental.

CAPÍTULO V
EL SUFRAGIO Y LA FUNCIÓN ELECTORAL

Artículo 40—. El sufragio es un derecho y una función pública. Su ejercicio será obligatorio, dentro de los límites y condiciones que establezca la ley.

Artículo 41—. El voto será directo y secreto.

Artículo 42—. Se declara punible todo acto por el cual se prohíba o limite al ciudadano participar en la vida política de la Nación.

Artículo 43—. Para todo lo relacionado con los actos y procedimientos electorales habrá un Consejo Nacional de Elecciones.

Artículo 44—. El Consejo Nacional de Elecciones tendrá jurisdicción en toda la República, será absolutamente independiente y se comunicará directamente con los Poderes Públicos.

Artículo 45—. Sin perjuicio de las demás atribuciones que determine la Ley Electoral, el Consejo Nacional de Elecciones tendrá las siguientes: a) Dirigir y vigilar la elaboración del Censo Nacional Electoral; b) Registrar a los partidos políticos y a los candidatos que reúnan los requisitos establecidos por la ley; c) Convocar a Elecciones de Autoridades Supremas y Municipales; d) Mandar que se repongan las vacantes que ocurran en el Poder Legislativo; e) Organizar, dirigir y supervisar el progreso electoral; f) Proponer al Poder Ejecutivo el presupuesto de gastos de los organismos electorales; g) Recibir los expedientes relativos a los escrutinios; declarar la elección de los ciudadanos favorecidos por medio del sufragio y extenderles sus credenciales; h) Conocer en única instancia de la nulidad de elecciones; i) Oír y resolver quejas y consultas electorales; y, j) Hacer el nombramiento de los miembros que integren los organismos electorales departamentales y vigilar que quienes formen los organismos locales, reúnan las condiciones y tengan las prerrogativas que manda la Ley Electoral.

Artículo 46—. El Consejo Nacional de Elecciones será nombrado por acuerdo del Poder Ejecutivo; durará seis años en el ejercicio de sus funciones; y sus miembros tendrán las mismas condiciones, inmunidades e inhabilidades de los Diputados.

El Consejo Nacional de Elecciones se integrará por: a) Un propietario y un suplente designado por cada uno de los partidos políticos, debidamente inscritos; b) Un propietario y un suplente designado por las asociaciones de comerciantes, industriales, agricultores y ganaderos. La Ley Electoral reglamentará la forma en que estas asociaciones harán la designación a que se refiere este inciso; y c) Un propietario y un suplente, propuestos separadamente por la Federación de Asociaciones Femeninas Hondureñas, Federación de Estudiantes Universitarios, Colegios Profesionales y Federaciones de Sindicatos. Cada una de las agrupaciones indicadas en este inciso, propondrán un propietario y un suplente al Poder Ejecutivo, y éste seleccionará entre los propuestos el propietario y el suplente que deberán integrar el Consejo Nacional de Elecciones.

Artículo 47—. Para la declaración de elecciones de Diputados a la Asamblea Nacional Constituyente o al Congreso Nacional y para la declaratoria de elección de los miembros de las Corporaciones

Municipales, se adopta un sistema de representación proporcional. La ley reglamentará este precepto.

Artículo 48—. La acción penal por los delitos establecidos por la ley, es pública y prescribe en seis años.

Artículo 49—. Conocerá de los delitos y faltas electorales la justicia ordinaria, conforme al derecho común, sin distinción de fueros.

Artículo 50—. La Ley Electoral prescribirá todo lo concerniente a los Capítulos IV y V de este Título.

TÍTULO III
DECLARACIONES, DERECHOS Y GARANTÍAS

CAPÍTULO I
DECLARACIONES

Artículo 51—. La Constitución garantiza a los hondureños y extranjeros residentes en el país, el derecho a la inviolabilidad de la vida, a la seguridad individual, a la libertad, a la igualdad ante la ley y a la propiedad.

Artículo 52—. Las declaraciones, derechos y garantías que enumera esta Constitución, no serán entendidos como negación de otros derechos no especificados, que nacen de la soberanía nacional, de la forma republicana y democrática de gobierno y de la dignidad del hombre.

Artículo 53—. No se aplicarán leyes y disposiciones gubernativas o de cualquier otro orden, que regulen el ejercicio de los derechos y garantías reconocidos en esta Constitución, si los disminuyen, restringen o tergiversan.

Artículo 54—. Los funcionarios del Estado únicamente son depositarios de la autoridad, sujetos y jamás superiores a la ley, y siempre responsables por su conducta oficial.

La responsabilidad civil de los funcionarios y empleados públicos por cualquier transgresión a la ley, cometida en el desempeño de su cargo, podrá deducirse en todo tiempo mientras no se haya consumado la prescripción, cuyo término será de diez años.

El término de la prescripción de la acción penal será señalado en el código respectivo. En ambos casos, el término de la prescripción comenzará a correr desde que el funcionario o empleado público hubiere cesado en el ejercicio del cargo durante el cual incurrió en responsabilidad.

Artículo 55—. La acción para perseguir a los infractores de los derechos y garantías consignados en este título es pública, sin caución ni formalidad de ninguna especie y por simple denuncia.

CAPÍTULO II
INVIOLABILIDAD DE LA VIDA HUMANA

Artículo 56—. Se garantiza la inviolabilidad de la vida, sin que por ninguna ley, ni por mandato de ninguna autoridad pueda establecerse ni aplicarse la pena de muerte.

CAPÍTULO III
SEGURIDAD INDIVIDUAL

Artículo 57—. La libertad personal es inviolable, y sólo con arreglo a las leyes podrá ser restringida o suspendida temporalmente. El derecho de defensa es inviolable.

Los habitantes de la República tienen libre acceso ante los tribunales para ejercitar sus acciones en la forma que señalan las leyes.

Artículo 58—. Esta Constitución reconoce el derecho de amparo y la garantía de exhibición personal o de Habeas Corpus. En consecuencia, toda persona agraviada, o cualquiera otra en nombre de ésta, tiene derecho: 1°. A interponer el recurso de Amparo: a) Para que se le mantenga o restituya en el goce de los derechos y garantías que la Constitución establece; y b) Para que se declare en casos concretos que una ley o resolución o acto de autoridad no obliga al recurrente, por contravenir o restringir cualquiera de los derechos garantizados por la Constitución. 2°. A interponer el recurso de exhibición personal o de Habeas Corpus: a) Cuando se encuentre ilegalmente presa, detenida o cohibida de cualquier modo en el goce de su libertad individual; y, b) Cuando en su prisión o detención legal, se apliquen al preso o recluso, tormentos, torturas, exacciones ilegales, vejámenes y toda coacción, restricción o molestia, innecesarias para su seguridad o para el orden de la prisión.

El recurso de exhibición personal podrá interponerse sin sujeción a requisitos de ninguna clase y las autoridades están obligadas a darle inmediato trámite. Los Tribunales no podrán dejar de admitir estos recursos sin incurrir en responsabilidad. Se limita lo anteriormente dispuesto, respecto a la libertad de los individuos cuya extradición se hubiere pedido conforme a los tratados o al Derecho Internacional.

La garantía de Habeas Corpus será concedida libre de costas. La autoridad que ordenare y los agentes que ejecutaren el ocultamiento del detenido, o que en cualquier otra forma burlaren esta garantía, incurrirán en el delito de detención ilegal.

Artículo 59—. Nadie puede ser juzgado sino por Juez o Tribunal competente, de acuerdo con la ley y con las formalidades y garantías que ésta establezca.

Se reconoce el fuero de guerra para los delitos y faltas de orden militar, pero los Tribunales Militares en ningún caso podrán extender su jurisdicción sobre personas que no estén en servicio activo en el Ejército. Cuando en un delito o falta de orden militar estuviere complicado un civil o militar de baja, conocerá del caso la autoridad civil respectiva.

Artículo 60—. Toda persona acusada de delito tiene derecho a que no se prejuzgue su responsabilidad, considerándose como inocente mientras no se pruebe lo contrario.

Artículo 61—. No podrá proveerse auto de prisión, sin que proceda plena prueba de haberse cometido un crimen o simple delito que merezca pena de privación de la libertad y sin que resulte indicio racional de quien sea su autor. En la misma forma se hará la declaratoria de reo.

Artículo 62—. Nadie podrá ser arrestado, detenido o preso sino en virtud de mandato escrito de autoridad competente, expedido de acuerdo con las formalidades legales y por motivo previamente establecido en la ley.

Artículo 63—. Ninguna persona podrá ser detenida por más de veinticuatro horas sin ser puesta a las órdenes de autoridad competente para su juzgamiento.
La detención para inquirir no podrá pasar de seis días.

Artículo 64—. Aun con auto de prisión nadie puede ser llevado a la cárcel ni detenido en ella, si prestase fianza suficiente, cuando por el delito no deba aplicarse pena que pase de tres años.

Artículo 65—. Ninguna persona puede ser presa o detenida sino en los lugares que determina la ley. Las cárceles son establecimientos de seguridad y defensa social. Se procurará en ellas la profilaxia del delito, la reeducación del recluido y su preparación para el trabajo. Se prohíbe absolutamente la fustigación y toda clase de tormentos. En consecuencia, quedan prohibidos los grilletes, las cadenas y todo rigor indebido.
La contravención de estas disposiciones será penada por la ley.

Artículo 66—. Ninguna persona puede permanecer incomunicada por más de veinticuatro horas. La contravención a este precepto será penada de conformidad con la ley.

Artículo 67—. Ninguna persona podrá ser detenida, arrestada o presa por deudas u obligaciones que no provengan de delito.

Artículo 68—. Es permitida la prisión o arresto por pena o apremio en los casos y por el término que disponga la ley. El apremio no podrá exceder de treinta días.

Artículo 69—. Nadie puede ser obligado en asunto penal, correccional o de policía, a declarar contra sí mismo o contra su cónyuge ni contra sus parientes dentro del cuarto grado de consanguinidad o segundo de afinidad. No se ejercerá violencia ni coacción de ninguna clase sobre las personas para forzarlas a declarar. Toda declaración obtenida con infracción de este precepto, será nula y los responsables incurrirán en las penas que s penas que fija la ley.

Artículo 70—. A nadie se impondrá pena alguna sin haber sido oído y vencido en juicio y sin que le haya sido impuesta por sentencia ejecutoriada de Juez o autoridad competente, exceptuándose el apremio en casos de rebeldía y otras medidas de igual naturaleza en materia civil o laboral, así como los casos de multa o arresto en materia de policía.

Artículo 71—. Ninguna persona podrá ser juzgada otra vez por hechos punibles que motivaron anteriores enjuiciamientos. los mismos

Artículo 72—. El delincuente infraganti puede ser aprehendido por cualquier persona, para el único efecto de entregarlo a la autoridad.

Artículo 73—. Se prohíben las penas perpetuas, infamantes, prescriptivas y confiscatorias. La duración de las penas no podrá exceder de veinte años, y de treinta años las acumuladas por varios delitos.

Artículo 74—. Ninguna ley tiene efecto retroactivo, excepto en materia penal cuando la nueva ley favorezca al delincuente o procesado.

Artículo 75—. Ningún hondureño podrá ser expatriado.

Artículo 76—. La República de Honduras brinda y reconoce el derecho de asilo a los perseguidos políticos, siempre que los acogidos a él respeten la soberanía y las leyes nacionales.

El Estado no autorizará la extradición de reos por delitos políticos y comunes conexos.

Cuando procediere, conforme a la ley, la expulsión de un extranjero del territorio nacional, ésta no se verificará si se tratare de asilado político, hacia el territorio del Estado que pueda reclamarlo.

Artículo 77—. El domicilio o la habitación de toda persona es inviolable y no podrá allanarse sino por la autoridad en los casos siguientes: 1°. Para extraer un criminal sorprendido infraganti; 2°. Por haberse cometido un delito en el interior de la habitación, desorden escandaloso que exija pronto remedio, o por reclamación del interior de la casa; por 3°. En casos urgentes, de incendio, terremoto, inundación, epidemia u otro peligro análogo; 4°. Para verificar cualquier visita o inspección de carácter puramente sanitario; 5°. Para libertar a persona secuestrada; y, 6°. Para extraer objetos perseguidos en virtud de un proceso, precediendo semiplena prueba de que se ocultan en la casa que deba allanarse. En los tres últimos casos no podrá verificarse el allanamiento sino con orden escrita de autoridad competente. Siempre que el domicilio que haya de allanarse no sea el de la persona a quien se persigue, la autoridad o sus agentes solicitarán previamente permiso al que mora o habita la casa. El allanamiento del domicilio no puede verificarse de las siete de la noche a las seis de la mañana, sin incurrir en responsabilidad.

En caso de suspensión de esta garantía será requisito indispensable para penetrar en el domicilio de una persona, que lo haga la propia autoridad competente, mediante orden o resolución escrita de la que dejará copia auténtica al morador, a su familia, al vecino más próximo, según proceda.

Artículo 78—. Son inviolables la correspondencia en todas sus formas y los demás papeles particulares, que sólo podrán ser ocupados o examinados por disposición de autoridad judicial competente y con las formalidades que establezcan las leyes; se guardará siempre el secreto respecto de lo doméstico y privado, que no tenga relación con el juicio o proceso que se ventila.

Los libros y documentos de los comerciantes e industriales quedan suje— tos. de conformidad con las leyes o sus reglamentos, a las funciones de inspección o fiscalización por parte de los funcionarios o autoridades correspondientes.

La correspondencia, documentos y libros a que se refiere este artículo, que sean violados o sustraídos de las estafetas o de cualquier otro lugar, no hará fe en juicio.

Artículo 79—. Los Cuerpos de Seguridad son instituciones del Estado, encargados de velar por la conservación del orden público, de proteger a las personas y propiedades y de ejecutar las resoluciones, disposiciones, mandatos y decisiones de las autoridades y funcionarios. Una ley especial regulará sus funciones.

Artículo 80—. Corresponde al Estado nombrar procuradores que defiendan a los pobres, y velen por las personas e intereses de los menores y demás incapaces, darán a ellos asistencia legal y los representarán judicialmente en la defensa de su libertad individual y de sus derechos laborales.

Artículo 81—. Ninguna persona puede ser inquietada o perseguida por sus opiniones. Las acciones privadas que no alteren el orden público que no causan daño a terceros, estarán fuera de la acción de la ley.

Artículo 82—. Se prohíbe la usura. Es de orden público la ley que señale límite máximo al interés del dinero. La misma ley determinará las penas que deban aplicarse a los contraventores.

CAPÍTULO IV
LIBERTAD

Artículo 83—. Todos los hombres nacen libres e iguales en derechos. Los hondureños y los extranjeros residentes en el país, tienen derecho al reconocimiento de su dignidad inherente a su condición humana.

Artículo 84.—Todos los hondureños tienen derecho a hacer lo que no perjudique a otros, y nadie estará obligado a hacer lo que no estuviere legalmente prescrito, ni impedido de ejecutar lo que la ley no prohíbe. Ninguna persona podrá hacerse justicia por sí misma, ni ejercer violencia para reclamar su derecho. Ningún servicio personal es exigible, ni deberá presentarse gratuitamente, sino en virtud de ley o de sentencia fundada en ley.

Artículo 85—. Es libre la emisión del pensamiento valiéndose de cualquier medio de difusión, sin previa censura. Ante la ley es responsable el que abuse de este derecho.

Los talleres tipográficos, las estaciones radiodifusoras y de televisión y cualesquiera otros medios de emisión y difusión, y sus maquinarias y enseres, no podrán ser decomisados ni confiscados, ni clausuradas o interrumpidas sus labores por razón de delito o falta en la emisión del pensamiento. Por estas últimas causas sólo serán responsables los autores del delito o falta.

Ninguna empresa de difusión del pensamiento hablado o escrito podrá recibir subvenciones de gobiernos o partidos políticos extranjeros. La ley establecerá la sanción que corresponda por la violación de este precepto.

La dirección de los periódicos impresos, radiales o televisados y la orientación intelectual, política y administrativa de los mismos serán ejercidas exclusivamente por hondureños.

Artículo 86—. Se garantiza la libertad de enseñanza.

Artículo 87—. Se garantiza el libre ejercicio de todas las religiones y cultos sin preeminencia alguna, siempre que no contravengan las leyes y el orden público.

Los ministros de las diversas religiones no podrán ejercer cargos públicos ni hacer en ninguna forma propaganda política, invocando motivos de religión o valiéndose, como medio para tal fin, de las creencias religiosas del pueblo.

Artículo 88—. Se garantiza la libertad de asociación siempre que no sea contraria a la seguridad del Estado y a las buenas costumbres.

Artículo 89—. Toda persona tiene el derecho de reunirse con otras, pacíficamente y sin armas, en manifestación pública o en asamblea transitoria, en relación con sus intereses comunes de cualquier índole, sin necesidad de aviso o permiso especial.

Artículo 90—. Toda persona o asociación de personas tiene el derecho de presentar peticiones a las autoridades, ya sea por motivos de interés particular o general, y el de obtener pronta respuesta.

Artículo 91—. Las reuniones de carácter político, y al aire libre, podrán ser sujetas a un régimen de permiso especial, con el único fin de garantizar orden público.

Artículo 92—. Se garantiza la libertad de industria, comercio y trabajo lícitos.

Artículo 93—. Toda persona tiene derecho a circular libremente en el territorio nacional, así como a salir, entrar y permanecer en él. A nadie puede obligarse a mudar de domicilio o residencia, sino por mandato de autoridad judicial, en los casos especiales y con los requisitos que la ley señala.

Artículo 94—. Nadie podrá tener o portar armas sin el permiso de la autoridad competente. La ley reglamentará esta disposición.

CAPÍTULO V
IGUALDAD

Artículo 95—. En Honduras no hay clases privilegiadas. Todos los hondureños son iguales ante la ley.

Se declara ilícita y punible toda discriminación por motivo de sexo, raza y clase o cualquiera otra lesiva a la dignidad humana. La ley establecerá las sanciones en que incurran los infractores de este precepto.

Artículo 96—. Los impuestos y las cargas públicas sólo obligan cuando han sido legalmente decretados. Sólo un Congreso Nacional reunido en sesiones ordinarias impone contribuciones y demás cargas públicas.

CAPÍTULO VI
PROPIEDAD

Artículo 97—. El Estado garantiza, fomenta y reconoce la existencia y legitimidad de la propiedad privada en su más amplio concepto de función social y sin más limitaciones que aquéllas que por motivos de necesidad o interés público establezca la ley.

Artículo 98—. Nadie puede ser privado de su propiedad sino en virtud de ley o de sentencia fundada en ley.

Artículo 99—. La expropiación de bienes por causa de necesidad o utilidad pública debe ser calificada por la ley o por sentencia fundada en ley, y no se verificará sin previa indemnización.

En caso de guerra o conmoción interior, no es indispensable que la indemnización sea previa; pero el pago correspondiente se hará, a más tardar, dos años después de concluido el estado de emergencia.

Artículo 100—. El derecho de propiedad no perjudicará el derecho eminente del Estado. Tampoco podrá anteponerse a los derechos que tengan las instituciones para obras de carácter nacional.

Para establecer el derecho de vía en la construcción de caminos, ferrocarriles, canales de irrigación, líneas de transmisión eléctrica y telegráfica y demás obras públicas de similar naturaleza, el Estado indemnizará a los propietarios expropiados únicamente en el valor de las mejoras, salvo casos especia— les que señalará taxativamente la ley. Asimismo, las obras necesarias a la seguridad de las propiedades afectadas, se realizarán por cuenta del Estado.

Artículo 101—. Los terrenos del Estado, ejidales, comunales o de propiedad privada situados en las zonas limítrofes a los Estados vecinos; los situados en el litoral de ambos mares, en una extensión de cuarenta kilómetros, hacia el interior del país, y los de las islas, cayos, arrecifes, escolladeros, peñones, sirtes y bancos de arena, sólo podrán ser adquiridos en dominio pleno o menos pleno, por hondureños de nacimiento, por sociedades integradas en su totalidad por socios hondureños, y por los Bancos del Estado, bajo pena de nulidad del respectivo acto o contrato.
Se prohíbe a los Registradores de la Propiedad la inscripción de documentos que contraríen esta disposición.
Se exceptúan los bienes urbanos.

Artículo 102—. Todo autor, inventor, productor o comerciante gozará de la propiedad exclusiva de su obra, invención, marca o nombre comercial, con arreglo a la ley.

Artículo 103—. El derecho de reivindicar los bienes confiscados es imprescriptible.

Artículo 104—. Ninguna persona que tenga la libre administración de sus bienes, puede ser privada del derecho de terminar sus asuntos civiles por transacción o arbitramento.

Artículo 105—. Se prohíbe la confiscación de bienes. La propiedad no puede ser limitada en forma alguna por causas de delito político.

Artículo 106—. Los impuestos nunca serán confiscatorios.

CAPÍTULO VII
SUSPENSIÓN DE GARANTÍAS

Artículo 107—. Las garantías establecidas en los Artículos 58, N° 2; 62, 63, 64, 77, 85, 88, 89, 93 y 95 podrán suspenderse en caso de invasión del territorio nacional, perturbación grave de la paz, de epidemia o de cualquier otra calamidad general, por el Presidente de la República, de acuerdo con el Consejo de Ministros, por medio de un decreto que contendrá: 1° Los motivos que le justifiquen; 2°. La garantía o garantías que se restrinjan; 3°. El territorio que afectará la restricción; y, 4°. El tiempo que durará ésta. Además, se convocará en el mismo decreto al Congreso para que, dentro del plazo de treinta días, conozca de dicho decreto y lo ratifique, modifique o impruebe.

En caso de que estuviere reunido, conocerá inmediatamente del decreto. La restricción de garantías no podrá exceder de un plazo de cuarenta y cinco días por cada vez que se decrete. Si antes de que venza el plazo señalado para la restricción, hubieren desaparecido las causas que motivaron el decreto, se hará cesar en sus efectos, y en este caso todo ciudadano tiene el derecho para instar su revisión. Vencido el plazo de cuarenta y cinco días, automáticamente quedan restablecidas las garantías, salvo que se hubiere dictado nuevo decreto de restricción.

La restricción de garantías decretadas, en modo alguno afectará el funcionamiento de los Organismos del Estado, cuyos miembros gozarán siempre de las inmunidades y prerrogativas que les conceda la ley.

Artículo 108—. El territorio en que fuesen suspendidas las garantías expresadas en el artículo anterior, se regirá durante la suspensión, por la Ley de Estado de Sitio; pero ni en dicha ley ni en otra alguna podrá disponerse la suspensión de otras garantías que las ya mencionadas.

Tampoco podrán hacerse, durante la suspensión, declaraciones de nuevos delitos ni imponerse otras penas que las establecidas en las leyes vigentes al decretarse la suspensión. Si el Poder Ejecutivo violare cualquiera de las disposiciones comprendidas en este Título

III, que no fueren de las comprendidas en el artículo precedente, el perjudicado o cualquiera en su nombre, podrá recurrir de amparo.

TÍTULO IV
GARANTÍAS SOCIALES

CAPÍTULO I
LA FAMILIA

Artículo 109—. La familia, el matrimonio y la maternidad están bajo la protección del Estado. Se garantiza la igualdad jurídica de los cónyuges.

Artículo 110—. Sólo es válido el matrimonio celebrado ante funcionarios competentes y debidamente inscrito en el Registro Civil. Su formalización será reglamentada por la ley.

Artículo 111.—Se reconoce la unión de hecho entre las personas legalmente capacitadas para contraer matrimonio. La ley señalará las condiciones para que surta los efectos del matrimonio civil.

Artículo 112—. Las calificaciones sobre la naturaleza de la filiación, que— das abolidas. No se consignará declaración alguna diferenciando los nacimientos ni sobre el estado civil de los padres en las actas de inscripción de aquéllos, ni en ningún documento, atestado o certificación referente a la filiación. En consecuencia, no se reconocen desigualdades entre los hijos, teniendo todos los mismos derechos y deberes.

Artículo 113—. Las actas o documentos religiosos únicamente servirán para establecer el estado civil de las personas, como prueba de carácter supletorio debidamente justificado.

Artículo 114—. Se reconoce el derecho de adopción. Una ley especial regulará esta institución.

Artículo 115—. Se autoriza la investigación de la paternidad. La ley determinará el procedimiento.

Artículo 116—. Los padres de familia pobres con cinco o más hijos menores, recibirán especial protección del Estado. En iguales circunstancias de idoneidad, gozarán de preferencia para el desempeño de cargos públicos.

Artículo 117—. Los padres están obligados a alimentar, asistir y educar a sus hijos. El Estado velará por el cumplimiento de estos deberes.

Artículo 118.—Corresponde al Estado velar por la salud física, mental y moral de la infancia, creando los instintos y dependencias necesarios y adecuados. Las leyes de protección a la infancia son de orden público, y los establecimientos oficiales destinados a dicho fin tienen el carácter de centros de asistencia social.

El Estado está en la obligación de fomentar la formación de patronatos, juntas directivas y administradoras de centros asistenciales, benéficas o que promuevan el progreso y mejoramiento de las comunidades, creados por iniciativa privada. La ley regulará esta disposición.

Artículo 119—. Los menores deficientes física o mentalmente, los huérfanos, los abandonados, los ancianos, los delincuentes o predelincuentes estarán sometidos a una legislación especial de vigilancia, rehabilitación y protección. No se permitirá el ingreso de un menor de dieciocho años a una cárcel o presidio.

Artículo 120—. El Estado proveerá a la crianza y educación de los meno— res cuyos padres o tutores estén económicamente incapacitados para hacerlo o que carezcan de parientes obligados a proporcionárselas.

Artículo 121—. El patrimonio familiar será objeto de una legislación especial que la proteja y fomente.

Artículo 122—. Se reconoce el divorcio como medio de disolución del vínculo matrimonial.

CAPÍTULO II
DEL TRABAJO Y PREVISIÓN SOCIAL

Artículo 123—. Toda persona tiene derecho al trabajo, a escoger libremente su ocupación y a renunciar a ella, a condiciones equitativas y satisfactorias de trabajo y a la protección contra el desempleo.

Artículo 124—. Las leyes que rigen las relaciones entre patronos y trabajadores son de orden público. Serán nulas las disposiciones y convenciones que contravengan o restrinjan las garantías siguientes: 1°. La jornada diurna ordinaria de trabajo no podrá exceder de ocho horas diarias y de cuarenta y cuatro a la semana. La jornada nocturna ordinaria de trabajo no podrá exceder de siete horas diarias y de cuarenta y dos a la semana. Todas con pago equivalente a cuarenta y ocho horas de salario. El trabajo en horas extraordinarias será remunerado en la forma que determine la ley. Estas disposiciones no se aplicarán en los casos de excepción, muy calificados, que la ley señale; 2°. No se podrá exigir al trabajador el desempeño de labores que la ley; cubran más de doce horas en cada período de veinticuatro horas sucesivas, salvo los casos calificados por la ley. 3°. A trabajo igual debe corresponder salario igual, sin discriminación alguna, siempre que el puesto, la jornada y las condiciones de eficiencia y tiempo de servicio sean también iguales. 4°. El salario deberá pagarse con moneda de curso legal. 5°. El valor del salario y el de las indemnizaciones y prestaciones sociales constituyen un crédito privilegiado en casos de quiebras o concurso del patrono. 6°. Todo trabajador tiene derecho a devengar un salario mínimo fijado periódicamente con intervención del Estado de los trabajadores y patronos, suficiente para cubrir las necesidades normales de su hogar en el orden material, moral y cultural, atendiendo a las modalidades de cada trabajo, a las particulares condiciones de cada región y de cada labor, al costo de la vida, a la aptitud relativa de los trabajadores y a los sistemas de remuneración de las empresas. Igualmente se señalará un salario mínimo profesional en aquellas actividades en que el mismo no estuviere regulado por un contrato o convención colectivos. 7°. El patrono estará obligado a observar, en la instalación de sus establecimientos, los preceptos legales sobre higiene y salubridad, a adoptar las medidas de seguridad adecuadas en el uso de las máquinas, instrumentos y materiales de trabajo, así como a organizar de tal manera éste, que resulte para la salud y vida de los trabajadores, la mayor garantía compatible con la naturaleza de la negociación, bajo las penas que al efecto establezcan las leyes. Bajo el mismo régimen de previsión, quedan sujetos los patronos de explotaciones agrícolas, por el uso de sustancias tóxicas en sus plantaciones, para precaver las enfermedades profesionales de los trabajadores. Se establecerá una protección especial para la mujer y el menor de dieciocho años. 8°. Los menores de catorce años y los que habiendo cumplido esa edad, sigan sometidos a la enseñanza en virtud de la legislación nacional, no podrán ser ocupados en ninguna clase de trabajo. Las autoridades encargadas de vigilar el trabajo de estos menores podrán autorizar su ocupación, cuando lo consideren indispensable para la subsistencia de los mismos, o de sus padres o hermanos, y siempre que ello no impida cumplir con el mínimo de instrucción obligatoria. Para menores de dieciséis años la jornada de trabajo, que deberá ser diurna, no podrá exceder de seis horas y de treinta y seis semanales, en cualquier clase de trabajo. 9°. El trabajador tendrá derecho a vacaciones anuales remuneradas, cuya extensión y oportunidad serán por la ley. En caso de despido injustificado el patrono pagará en efectivo, a más de las indemnizaciones que la ley señale, la parte de vacaciones correspondientes al período trabajado. 10°. Los trabajadores tendrán derecho a descanso remunerado en los días feriados que señale la ley; ésta determinará la clase de labores en que no regirá esta disposición; pero en estos casos, los trabajadores tendrán derecho a remuneración extraordinaria. 11°. La mujer tiene derecho al descanso antes y después del parto, sin pérdida de su trabajo ni del salario. En el período de lactancia tendrá derecho a descanso extraordinario, por día, para amamantar a sus hijos. No podrá despedirse del trabajo a la mujer grávida, salvo causas justificadas que señalare taxativamente la ley. 12°. Los patronos están obligados a indemnizar al trabajador por los accidentes de trabajo y las enfermedades profesionales, de conformidad con la ley. 13°. Se reconoce el derecho de huelga y de paro. La ley reglamentará su ejercicio y podrá someterlo a restricciones especiales en los servicios públicos que determine. 14°. Los trabajadores y los patronos tienen derecho a asociarse libremente para los fines exclusivos de su actividad económico—social, fundando sindicatos o asociaciones profesionales. La ley regulará este derecho; y, 15°. El Estado tutela los contratos colectivos e individuales entre patronos y trabajadores.

Artículos 125—. La ley garantiza la estabilidad de los trabajadores en sus empleos, de acuerdo con las características de las industrias y profesiones y las justas causas de separación. Cuando el despido injustificado surta efecto, y firme que sea la sentencia condenatoria respectiva, el trabajador tendrá derecho a una remuneración en concepto de salarios dejados de percibir, a título de daños y perjuicios, y a las indemnizaciones legales y convencionalmente previstas, o a que se le reintegre al trabajo con el reconocimiento de salarios dejados de percibir, a título de daños y perjuicios, a su elección.

Artículo 126—. Se reconoce al trabajador a domicilio una situación jurídica análoga a la de los demás trabajadores, habida consideración de las peculiaridades de su labor.

Artículo 127—. Los trabajadores domésticos serán amparados por la legislación social. Quienes presten servicios de carácter doméstico en empresas industriales, comerciales, sociales y demás equiparables, serán considerados como trabajadores manuales y tendrán los derechos reconocidos a éstos.

Artículo 128—. La ley regulará el contrato de los trabajadores agrícolas, ganaderos y forestales, de transporte terrestre, del mar y vías navegables, de ferrocarriles, de transporte aéreo, petroleros, mineros, empleados de comercio y el de aquellos otros que se realicen dentro de modalidades particulares.

Artículo 129—. Los trabajadores intelectuales independientes y el resultado de su actividad, deberán ser objeto de una legislación protectora.

Artículo 130—. Se establece la jurisdicción del trabajo a la cual quedan sometidas todas las controversias jurídicas que se originen de las relaciones entre el capital y el trabajo. Créanse las Cortes de Apelaciones y Juzgados del Trabajo. La ley reglamentará su organización y funcionamiento.

Artículo 131—. Las leyes laborales estarán inspiradas en la armonía del capital y del trabajo, como factores de producción. El Estado debe tutelar los derechos de los trabajadores y al mismo tiempo proteger al capital y al empleador.

Artículo 132—. En igualdad de condiciones los trabajadores hondureños tendrán la preferencia sobre los trabajadores extranjeros. La ley fijará el porcentaje de trabajadores hondureños para las empresas o patronos, el que, en ningún caso, será inferior al noventa por ciento, salvo las excepciones que determine. El Poder Ejecutivo podrá modificar dicho porcentaje cuando los requerimientos de la agricultura o la conveniencia nacional así lo demanden, y establecer, en condiciones de reciprocidad, excepciones para los trabajadores centroamericanos.

Artículo 133—. Con el fin de hacer efectivas las garantías y leyes laborales, el Estado vigilará e inspeccionará las empresas, imponiendo en su caso las sanciones que establezcan la ley.

Artículo 134—. Se establece la jurisdicción del trabajo a la cual quedan sometidas las controversias jurídicas que originen las relaciones entre el capital y el trabajo. La ley establecerá las normas correspondientes a dicha jurisdicción y a los organismos que hayan de ponerlas en práctica.

Artículo 135—. El Estado tiene la obligación de promover la conciliación y el arbitraje para la solución pacífica de los conflictos de trabajo.

Artículo 136—. El Estado promoverá la preparación técnica de los trabajadores y la elevación de su nivel cultural y económico. Es deber de las empresas industriales, en las esferas de su especialidad, crear escuelas destinadas a promover la educación obrera entre los hijos de sus operarios y asociados. La ley regulará esta materia.

Artículo 137—. El Estado fomentará la construcción de viviendas y de colonias para los trabajadores, y velará porque llenen condiciones de salubridad. Con este fin tiene facultades para inspeccionar las viviendas construidas por las empresas y para dictar las medidas necesarias de conformidad con los reglamentos generales de sanidad.

Artículo 138—. La ley determinará las empresas y patronos que por el número de sus trabajadores o la importancia de su capital, estarán obligados a proporcionar a los obreros habitaciones adecuadas, escuelas, enfermerías y demás servicios y atenciones propicios al bienestar físico y moral del trabajador y de su familia.

Artículo 139—. Toda persona tiene derecho a la seguridad de sus medios económicos de subsistencia en caso de incapacidad para trabajar u obtener trabajo retribuido. Los servicios de seguro social serán prestados y administrados el Instituto Hondureño de Seguridad Social, y cubrirá los casos por de enfermedad, maternidad, subsidios de familia, vejez, orfandad, paro forzoso, accidente de trabajo y enfermedades profesionales, todas las demás contingencias que afecten la capacidad de trabajar y consumir. La ley promoverá el establecimiento de tales servicios, a medida que las necesidades sociales lo exijan. El Estado creará instituciones de asistencia y previsión social.

Artículo 140—. La ley regulará los alcances, extensión y funcionamiento del régimen de seguridad social. El Estado, patrono y trabajadores están obligados a contribuir al financiamiento y a facilitar el mejoramiento y expansión del seguro social.

Artículo 141—. Se considera de utilidad pública la ampliación del régimen de seguridad social a los trabajadores de la ciudad y del campo.

Artículo 142—. La ley regulará la formación de empresas cooperativas, ya sean comerciales, agrícolas, industriales, de consumo o de cualquier índole, sin que se eluda o adultere el régimen de trabajo establecido en esta Constitución.

Artículo 143—. El Estado protegerá al campesino, y a este fin legislará, entre otras materias, sobre el patrimonio familiar inembargable y exento de toda clase de impuestos, créditos, agrícolas, indemnizaciones por pérdida de cosechas, cooperativas de producción y consumo, cajas de previsión, escuelas prácticas de agricultura y granjas de experimentación agropecuaria, obras para riego, vías rurales de comunicación.

Artículo 144—. Los derechos consignados en este capítulo son irrenunciables. Serán nulas las estipulaciones que lo restrinjan o supriman.

Artículo 145—. Los derechos y garantías enumerados en este capítulo, no excluyen los que emanen de los principios de justicia social aceptados por nuestro país en convenciones internacionales.

Artículo 146—. La legislación laboral que regule las relaciones entre el capital y el trabajo, lo hará colocándolas sobre una base de justicia social, de modo que garanticen al trabajador las condiciones necesarias para una vida normal, y al capital una compensación equitativa de su inversión.

CAPÍTULO III
CULTURA

Artículo 147—. La educación es función especial del Estado para la conservación, el fomento y difusión de la cultura, la cual deberá proyectar sus beneficios a la sociedad sin discriminación de ninguna naturaleza.

Artículo 148—. El Estado promoverá una política de planificación y coordinación para el desarrollo de las comunidades, para lo cual creará el organismo técnico correspondiente, adscrito al más alto nivel estatal.

Artículo 149—. El Estado sostendrá e incrementará la organización de establecimientos de enseñanza preescolar, primaria y media, comprendiendo las escuelas prevocacionales, vocacionales y artísticas. Además, impulsará el desarrollo de la educación extraescolar por medio de bibliotecas, centros culturales y otras formas de difusión de la cultura.

Artículo 150—La organización y dirección técnica de la educación corresponden al Estado. La enseñanza impartida oficialmente será gratuita, y la primaria será, además, obligatoria y totalmente costeada por el Estado.

Articulo 151—. La formación de maestros de educación es función preferente del Estado.

Articulo 152—. El maestro tiene derecho a goces y privilegios especiales, principalmente a un sueldo que atendiendo a su importante misión lo dignifique, social, económica y culturalmente, a una jubilación justa como recompensa de sus servicios prestados a la Patria. La ley reglamentará estos derechos. Los Maestros de Educación Primaria en servicio en las escuelas primarias estarán exentos de toda clase de impuestos sobre los sueldos que devenguen y sobre las cantidades que perciban en concepto de jubilaciones.

Artículo 153—. La ley determinará el correspondiente Escalafón del Magisterio, que garantice su estabilidad, su ascenso y su eficiencia.

Artículo 154—. La enseñanza privada está sujeta a la supervisión y reglamentación aprobadas por el Estado.

Articulo 155—. Para ejercer la docencia se requiere acreditar capacidad en la forma que la ley disponga.

Artículo 156—. En los centros docentes públicos o privados, la enseñanza de la Constitución, Educación Cívica, Historia y Geografía Nacionales, estará a cargo de profesionales hondureños por nacimiento.

Artículo 157—. La Universidad Nacional es una institución autónoma, con personalidad jurídica. Goza de la exclusividad de organizar, dirigir y desarrollar la enseñanza superior y la educación profesional; contribuirá a la investigación científica, a la difusión general de la cultura y cooperará al estudio de los problemas nacionales.
La ley y sus estatutos fijarán su organización, funcionamiento y atribuciones. El Estado podrá autorizar la fundación de universidades particulares, oyendo para tal efecto la opinión razonada de la Universidad Nacional Autónoma.
Sólo tendrán validez oficialmente los títulos de carácter académico otorgados y reconocidos por la Universidad Nacional Autónoma, y los otorgados por otras universidades creadas de conformidad con la ley. Sólo las personas que ostentan título válido podrán ejercer actividades profesionales.

Artículo 158—. El Estado contribuirá al sostenimiento, desarrollo y engrandecimiento de la Universidad Nacional Autónoma, con una asignación privativa anual de tres por ciento del presupuesto de ingresos netos de la nación excluidos los préstamos y donaciones. La Universidad Nacional Autónoma está exonerada de todas clases de impuestos y contribuciones.

Artículo 159—. El Estado contribuirá al sostenimiento de escolares de artes y de industrias populares, y para el perfeccionamiento o especialización de postgraduados que por votación, capacidad u otros méritos se hagan acreedores a esta protección. La ley reglamentará esta materia.

Artículo 160—. El Estado fomentará el sostenimiento de escuelas para ciegos, sordomudos y retardados mentales y contribuirá para el logro de ese fin.

Artículo 161—. Los títulos que no tengan carácter universitario y cuyo otorgamiento corresponde al Estado, tendrá validez legal.

Artículo 162—. El Estado contribuirá al sostenimiento de escolares de insuficientes recursos económicos, de acuerdo con una ley especial.

Artículo 163—. Se establece la colegiación profesional obligatoria. La ley reglamentará su organización y funcionamiento.

Artículo 164—. Las artes e industrias populares son elementos de la cultura nacional y gozarán de especial protección, a fin de conservar su autenticidad artística y mejorar su producción y distribución.

TÍTULO V
PODERES DEL ESTADO
PODER LEGISLATIVO

CAPÍTULO I
SU ORGANIZACIÓN

Artículo 165—. El Poder Legislativo se ejerce por un Congreso de Diputados que serán elegidos por sufragio directo. El Congreso Nacional se reunirá en la capital de la República ordinariamente el veintiséis de mayo de cada año, sin necesidad de convocatoria, fecha en la cual será su solemne instalación, y clausurará sus sesiones el veintiséis de octubre del mismo año.

Las sesiones podrán prorrogarse por el tiempo que fuere necesario, con forme resolución del Congreso, a excitativa de un Diputado o del Poder Ejecutivo.

Artículo 166—. El Congreso Nacional tendrá también sesiones extraordinarias cuando así lo acuerde la mitad más uno de sus miembros o sea convocado por el Ejecutivo. En estos casos sólo tratará de los asuntos que motivaron el respectivo decreto de convocatoria.

Artículo 167—. El veinte de mayo se reunirán los Diputados en juntas preparatorias y con la concurrencia de cinco, por lo menos, se organizará el Directorio Provisional.

Artículo 168—. El 22 de mayo se reunirán los Diputados para elegir el Directorio en propiedad.

El Presidente del Congreso Nacional durará en sus funciones por el período de seis años y siempre será el Presidente de la Comisión Permanente; el resto de la Directiva durará dos años en sus funciones. El Reglamento regulará su número y organización.

Artículo 169—. La mitad más uno de los miembros de que se compone el Congreso Nacional será suficiente para su instalación y para celebrar sesiones.

Artículo 170—. Ni el mismo Congreso Nacional ni otra autoridad del Estado, podrán impedir la instalación del Congreso o decretar su disolución.

La contravención de este precepto constituye delito.

Artículo 171—. Un número de cinco Diputados podrá convocar extraordinariamente al Congreso Nacional para cualquier lugar de la República, cuando el Ejecutivo, otra autoridad o fuerza mayor impidan su instalación o la celebración de sus sesiones.

Artículo 172——. Los Diputados serán electos por un período de seis años, contados desde el día en que se instale solemnemente el Congreso Nacional. En caso de falta absoluta de un Diputado terminará su período el suplente llamado por el Congreso Nacional.

Artículo 173——. Los Diputados tienen obligación de reunirse en Asamblea, en las fechas fijadas por esta Constitución, y asistir a todas las sesiones del Congreso Nacional, salvo incapacidad debidamente comprobada.

Artículo 174——. Los Diputados incorporados o los que tengan credencial extendida por el Consejo Nacional de Elecciones, que dejaren de asistir a las sesiones sin causa justificada, cesarán en sus funciones, y perderán por un período de diez años el derecho de optar a los cargos públicos. El Reglamento Interior regulará este precepto.

Artículo 175——. Los Diputados no podrán abstenerse de votar, ni votar en blanco.

Artículo 176——. No pueden ser elegidos Diputados: 1°. El Presidente de la República y los Designados a la Presidencia de la República; 2°. Los Secretarios y Subsecretarios de Estado. 3°. Los militares en servicio activo y los miembros de los cuerpos de seguridad o de cualquier otro cuerpo armado y los demás funcionarios y empleados públicos. 4°. Los miembros de los organismos electorales. 5°. Los miembros del Consejo Nacional de Economía; 6°. Los agentes diplomáticos y consulares. 7°. Los presidentes, directores y gerentes de los Bancos del Estado y de las instituciones gubernamentales autónomas. 8°. El cónyuge y los parientes dentro del cuarto grado de consanguinidad o segundo de afinidad del Presidente de la República, de los Secretarios y Subsecretarios de Estado, del Jefe de las Fuerzas Armadas, de los Magistrados de la Corte Suprema de Justicia y de los miembros del Consejo Nacional de Elecciones; 9°. El cónyuge y los parientes de los Jefes de zonas militares, comandantes de unidades militares, delegados militares departamentales o seccionales, y delegados de los cuerpos de seguridad dentro del segundo grado de consanguinidad o afinidad, cuando fueren candidatos por el Departamento donde aquéllos ejerzan jurisdicción; 10°. Los concesionarios del Estado para la explotación de riquezas naturales o contratistas de servicios y obras públicas que se costeen con fondos nacionales y quienes por tales conceptos tengan cuentas pendientes con el Estado; y, 11°. Los deudores morosos de la Hacienda Pública, como consecuencia de la administración de fondos nacionales.

Artículo 177—. Los Diputados gozarán desde el día en que se les declare electos, de las siguientes prerrogativas: 1°. De inmunidad personal para no ser detenidos, acusados ni juzgados aún en estado de sitio, si el Congreso Nacional no los declara previamente con lugar a formación de causa; 2°. No ser llamados al servicio militar sin su consentimiento; 3°. No ser responsables por sus opiniones o iniciativas parlamentarias en ningún tiempo; y, 4°. No ser demandados civilmente desde quince días antes hasta quince días después de las sesiones ordinarias y extraordinarias del Congreso Nacional, salvo el caso de reconvención.

Artículo 178—. La elección de Diputados al Congreso Nacional se hará sobre la base de un Diputado Propietario y un Suplente por cada treinta mil habitantes o fracción que exceda de quince mil. En aquellos departamentos que tuvieren población menor de treinta mil habitantes se elegirá un Diputado propietario y un Diputado suplente. El Congreso Nacional, con vista del aumento de la población, podrá modificar la base para la elección de los Diputados.

Artículo 179—. Los Diputados en ejercicio no podrán desempeñar cargos públicos remunerados durante el tiempo por el que han sido elegidos, excepto los de carácter estrictamente docente y los relacionados con los servicios profesionales de asistencia social. Podrán, sin embargo, desempeñar voluntariamente los cargos de Secretario y Subsecretarios de Estado o Representante Diplomático. En estos últimos casos se reincorporarán al Congreso Nacional, al cesar en sus funciones.

Los Diputados Suplentes pueden desempeñar empleos o cargos públicos, sin que su aceptación y ejercicio produzcan la pérdida de la calidad de tales.

Artículo 180—. Ningún Diputado podrá tener en arrendamiento, directa o indirectamente, bienes del Estado u obtener de éste contratos o concesiones de ninguna clase.

CAPIÍTULO II
DE LAS ATRIBUCIONES DEL CONGRESO

Artículo 181—. Corresponden al Congreso Nacional las atribuciones siguientes: 1°. Abrir, suspender y cerrar sus sesiones; 2°. Emitir su Reglamento Interior y aplicar las sanciones que en él se establezcan para quienes lo infrinjan; 3° Convocar a sesiones extraordinarias a iniciativa de uno o más de sus miembros o a excitativa del Poder Ejecutivo; 4° Decretar, interpretar, reformar y derogar las leyes; 5°. Incorporar a sus miembros con vista de las credenciales y recibirles la promesa constitucional; 6°. Llamar a los Diputados suplentes, en caso de falta absoluta o de legítimo impedimento de los propietarios, o cuando éstos se rehúsen a asistir; 7°. Admitir o no las renuncias que presenten los Diputados; 8°. Hacer concurrir a los Diputados ausentes, de acuerdo con el Reglamento Interior; 9°. Hacer el escrutinio de votos y declarar la elección de Presidente, Designados a la Presidencia y Diputados al Congreso Nacional, cuando el Consejo Nacional de Elecciones no lo hubiere hecho. Cuando concurran en un mismo ciudadano diversas elecciones, será determinada la preferencia en el orden siguiente:

a) Presidente de la República; b) Designados a la Presidencia de la República; y, c) Diputados al Congreso Nacional. La elección de propietario se preferirá a la de suplente.

10°. Elegir para el período constitucional que comienza el seis de junio, siete Magistrados propietarios de la Corte Suprema de Justicia y cinco Magistrados suplentes; 11°. Hacer la elección del Jefe de las Fuerzas Armadas, Contralor y Subcontralor. Procurador y Subprocurador Generales de la República; 12°. Recibir la promesa constitucional al Presidente de la República y Designados a la

Presidencia, declarados electos, y a los demás funcionarios que elija: concederles licencia y admitirles o no su renuncia, y llenar las vacantes en casos de falta absoluta de alguno de ellos; 13º. Conceder permiso al Presidente de la República para que pueda ausentarse del país por más de treinta días; 14º. Cambiar la residencia de los Poderes del Estado por causas graves; 15º. Declarar si ha lugar o no a formación de causa contra el Presidente o Designados a la Presidencia, Diputados, Magistrados de la Corte Suprema de Justicia, Jefe de las Fuerzas Armadas, Miembros del Consejo Nacional de Elecciones, Secretarios y Subsecretarios de Estado y Agentes Diplomáticos durante sus funciones; 16º. Conceder amnistía por delitos políticos y delitos comunes conexos con los políticos. Fuera de este caso, el Congreso Nacional no podrá dictar resoluciones por vía de gracia; 17º. Decretar premios y conceder privilegios temporales a los autores o inventores y a los que hayan introducido nuevas industrias o perfeccionado las existentes de utilidad general; 18º. Conceder o negar permiso a los hondureños para aceptar en el país cargos o condecoraciones de otro Estado; 19º. Aprobar o improbar los contratos que lleven involucrados exenciones, privilegios y concesiones fiscales, o cualquier otro contrato que haya de producir o prolongar sus efectos al siguiente período presidencial; 20º. Aprobar o improbar la conducta administrativa de los Poderes Ejecutivo y Judicial y del Consejo Nacional de Elecciones e Instituciones Autónomas; 21º. Declarar la suspensión de garantías, de conformidad con lo prescrito en esta Constitución, y ratificar, modificar o improbar la que dictare el Poder Ejecutivo, de acuerdo con la ley; 22º. Conferir los grados de Mayor a General de División, a iniciativa conjunta del Presidente de la República y del Jefe de las Fuerzas Armadas; 23º. Permitir o negar el tránsito por la República de tropas de otro país; 24º. Autorizar al Poder Ejecutivo para ordenar la salida a otro país de tropas del Ejército Nacional, para prestar servicios en territorio extranjero, de conformidad con tratados y convenciones internacionales; 25º. Declarar la guerra y hacer la paz; 26º. Aprobar o improbar los tratados y convenciones que el Ejecutivo haya celebrado. Pero en los tratados sobre intercambio comercial celebrados con otros países, siguiendo el sistema de listas de artículos, podrá el Ejecutivo, si conviniere a los intereses de la Nación poner en práctica las modificaciones a tales listas, por el mero canje de notas de cancillería, cuando así se hubiere estipulado en el tratado respectivo; 27°. Fijar el número de fuerzas del Ejército Permanente; 28. Crear y suprimir empleos y decretar honores y pensiones, por relevantes servicios prestados a la Patria; 29— Aprobar anualmente el Presupuesto General de Egresos e Ingresos, tomando como base el proyecto que remita el Poder Ejecutivo, y resolver sobre su modificación; 30°. Decretar el peso, ley y tipo de la moneda nacional y el patrón de pesas y medidas; 31°. Establecer impuestos, contribuciones y otras cargas públicas; 32°. Decretar empréstitos; 33°. Establecer mediante una ley los casos en que proceda el otorgamiento de subsidios o subvenciones con fines de utilidad pública o como instrumento de desarrollo económico; 34°. Aprobar o improbar finalmente las cuentas de los gastos públicos, tomando por base los informes rinda la Contraloría General de la República y las reservas que al efecto presente el Poder Ejecutivo; 35°. Reglamentar el pago de la deuda nacional a iniciativa del Poder Ejecutivo; 36°. Ejercer el control supremo de las rentas públicas; 37°. Aprobar o improbar la enajenación de los bienes nacionales o su aplicación a usos públicos; 38°. Habilitar puertos y crear y suprimir aduanas; 39°. Crear puertos libres a iniciativa del Poder Ejecutivo; 40°. Reglamentar el comercio marítimo, terrestre y aéreo; y, 41°. Las demás que expresamente le confiera la ley.

Artículo 182.—. El Poder Legislativo no podrá suplir o declarar el estado civil de las personas.

Artículo 183—. Las facultades del Poder Legislativo son indelegables, excepto las que se refieren a dar posesión a los altos funcionarios del Estado.

CAPÍTULO III
PAGADURÍA ESPECIAL DEL PODER LEGISLATIVO

Artículo 184—. La Pagaduría Especial del Congreso Nacional atenderá el pago de los sueldos de los Diputados, gastos de representación y viáticos de los mismos cuando proceda; al pago de los funcionarios y empleados del Poder Legislativo y a todos los gastos del ramo.

Artículo 185—. La Pagaduría Especial del Congreso Nacional estará bajo la dependencia inmediata de la Directiva del Cuerpo Legislativo o de la Comisión Permanente, en su caso, a quienes corresponde el nombramiento del Pagador. Este deberá caucionar su responsabilidad de conformidad con la ley.

Artículo 186—. La Directiva elaborará el Presupuesto del Poder Legislativo y lo remitirá oportunamente a quien corresponda para su inclusión en el Presupuesto General de Egresos e Ingresos.

CAPÍTULO IV
DE LA COMISIÓN PERMANENTE

Artículo 187—. El Congreso Nacional, por medio de su Directorio, antes de cerrar sus sesiones nombrará de entre sus miembros nueve propietarios y nueve suplentes para que formen la Comisión Permanente.

Artículo 188—Son atribuciones de la Comisión Permanente, en receso del Congreso Nacional: 1°. Emitir su Reglamento Interior; 2°. Emitir dictamen y llenar los otros trámites en los negocios que hubie ren quedado pendientes, para que puedan ser considerados en la siguiente Legislatura; 3°. Preparar, para someter a la consideración del Congreso Nacional, proyectos de reformas a las leyes secundarias del país, y los otros proyectos leyes que a su juicio demanden las necesidades del mismo; 4°. Recibir del Poder Ejecutivo los decretos emitidos en los últimos diez días de sesiones del Congreso Nacional, con sanción o sin ella; 5°. Recibir las denuncias de violaciones a esta Constitución; 6°. Mantener bajo su custodia y responsabilidad el Archivo del Congreso Nacional; 7°. Publicar una edición de todos los decretos y resoluciones emitidos por el Congreso Nacional en sus anteriores sesiones, dentro de los tres meses siguientes a la clausura del mismo; 8°. Convocar al

Congreso Nacional a sesiones extraordinarias a excitativa del Poder Ejecutivo, o cuando la exigencia del caso lo requiera; 9º. Recibir del Poder Ejecutivo la documentación e información relativas a convenios económicos, operaciones crediticias o empréstitos que dicho Poder proyecte celebrar, autorizar o contratar, a efecto de informar circunstanciadamente al Congreso Nacional en sus sesiones próximas; 10º. Presentar al Congreso Nacional un informe detallado de sus tra. bajos durante el período de su gestión; 11º. Elegir interinamente al Contralor, Subcontralor, Procurador Generales de la República; 12º. Llamar a integrar a otros Diputados por falta de los miembros de la Subcomisión; 13º. Conceder permiso al Presidente de la República para ausentarse del territorio nacional por más de treinta días; 14º. Nombrar las comisiones especiales que juzgue necesarias; y, 15º. Cualquier otra que expresamente le confiera la ley.

Artículo 189—. La Comisión Permanente se reunirá y actuará de conformidad con su Reglamento Interior.

CAPÍTULO V
PODER EJECUTIVO
ORGANIZACIÓN

Artículo 190—. El Poder Ejecutivo se ejercerá por un ciudadano que se denominará Presidente de la República, y en su defecto, por uno de los tres Designados electos.

Artículo 191—. El Presidente de la República y tres Designados a la Presidencia serán electos conjunta y directamente por el pueblo, por simple mayoría de votos. La elección será declarada por el Consejo Nacional de Elecciones, y en su defecto, por el Congreso Nacional.

Artículo 192—. El período presidencial será de seis años y empezará el seis de junio.

Artículo 193—. El ciudadano que haya desempeñado a cualquier título la Presidencia de la República por un período constitucional o por más de la mitad del mismo, no podrá ser nuevamente Presidente de la República ni desempeñar dicho cargo bajo ningún título.

Artículo 194—. El funcionario que viole el artículo anterior o que proponga reformarlo, y los que lo apoyen directamente, cesarán por ese mismo hecho en el desempeño de sus respectivos cargos y quedarán inhabilitados para el ejercicio de toda función pública por el término de diez años a partir de la fecha de la violación, o de su intento de reforma.

Artículo 195—. Para ser Presidente de la República o Designado a la Presidencia, se requiere: 1°. Ser hondureño por nacimiento; 2°. Ser mayor de treinta años; 3°. Estar en el goce de los derechos ciudadanos; y, 4°. Ser del estado seglar.

Artículo 196—. Además de lo establecido en el Artículo 193 no pueden ser electos Presidente de la República para el período siguiente: 1°. El ciudadano que por cualquier título hubiere ejercido o ejerciera la Presidencia de la República dentro de los doce meses anteriores a la práctica de las elecciones; 2°. El Presidente del Congreso Nacional, los Secretarios y Subsecretarios de Estado, Jefe de las Fuerzas Armadas, los Miembros del Consejo Nacional de Elecciones y los funcionarios que habiendo sido elegidos por el Congreso Nacional ejercieren o hubieren ejercido su cargo dentro de los doce meses anteriores a la práctica de las elecciones; y, 3°. El cónyuge y los parientes dentro del cuarto grado de consanguinidad o segundo de afinidad del Presidente de la República, Jefe de las Fuerzas Armadas, miembros del Consejo Nacional de Elecciones o el ciudadano que por cualquier título hubiere ejercido o ejerciera la Presidencia de la República dentro de los doce meses anteriores a la práctica de las elecciones.

Artículo 197—. El Presidente de la República o el que haga sus veces no podrá ausentarse del territorio nacional por más de treinta días, sin permiso del Congreso Nacional o de su Comisión Permanente, en su caso.

Artículo 198—. En caso de falta absoluta del Presidente de la República, lo sustituirá el Designado llamado por el Congreso Nacional.

Pero si también faltaren de modo absoluto los tres Designados, el Poder Ejecutivo será ejercido por el Consejo de Ministros, el que deberá convocar a elecciones presidenciales dentro de los quince días siguientes las cuales se practicarán dentro de un plazo no menor de dos meses ni mayor de cuatro, contado desde la fecha de su convocatoria. Efectuada la elección, el Consejo Nacional de Elecciones, hará dentro de veinte días la declaratoria correspondiente, y el ciudadano electo tomará inmediatamente posesión del cargo, computándose su período presidencial desde el seis de junio siguiente.

En sus ausencias temporales el Presidente podrá llamar a cualquiera de los Designados para que lo sustituya. Si la ausencia fuere menor de treinta días podrá encargar del Poder Ejecutivo al Consejo de Ministros.

Artículo 199—. Si la elección del Presidente y Designados no estuviere declarada antes del seis de junio, el Poder Ejecutivo será ejercido por el Consejo de Ministros que procederá en la forma prevenida en el párrafo segundo del artículo anterior.

Artículo 200—. La promesa de ley del Presidente de la República o de los sustitutos de éste, será prestada ante el Presidente del Congreso Nacional, si estuviere reunido; y en su defecto, ante el Presidente de la Corte Suprema de Justicia. En caso de no poder prestarla ante los funcionarios antes mencionados, podrán hacerlo ante cualquier Juez de Letras o de Paz de la República.

CAPÍTULO VI
ATRIBUCIONES DEL PODER EJECUTIVO

Artículo 201—. El Presidente de la República tiene a su cargo la Administración General del país.

Son sus atribuciones: 1º. Dirigir la política del Estado y representarlo; 2º. Mantener ilesos la independencia, el honor de la República y la integridad e inviolabilidad del territorio nacional; 3º. Preservar la paz y seguridad interior de la República y repeler todo ataque o agresión exterior; 4º. Restringir el ejercicio de las garantías, de acuerdo con el Consejo de Ministros, con sujeción a lo establecido en esta Constitución; 5º. Dar a los funcionarios del Poder Judicial los auxilios y fuerzas que necesiten para hacer efectivas sus resoluciones; 6º. Ejercer el mando en Jefe de las Fuerzas Armadas en concepto de Comandante General; 7º. Velar en general por la conducta oficial de los funcionarios y empleados públicos, para seguridad y prestigio del Gobierno y del Estado; 8º. Declarar la guerra y hacer la paz en receso del Congreso Nacional, el cual será convocado inmediatamente; 9º. Permitir o negar, en receso del Congreso Nacional, el tránsito por la República de tropas terrestres, navales o aéreas de otro país; 10º. Permitir, previa autorización del Congreso Nacional de la República o de la Comisión Permanente, la salida a otro país de tropas del Ejército Nacional para prestar servicios en territorio extranjero de conformidad con tratados y convenios internacionales; 11º.Organizar, dirigir y fomentar la educación pública, combatir el analfabetismo y procurar la difusión y perfeccionamiento de la instrucción agrícola, industrial y técnica en general; 12º. Hacer que se recauden las rentas del Estado y reglamentar su inversión, con arreglo a la ley; 13º. Autorizar las operaciones crediticias que hagan necesarias las fluctuaciones estacionales en los ingresos y egresos; 14º. Publicar trimestralmente el estado de egresos de las rentas públicas; 15º. Autorizar, en Consejo de Ministros, las operaciones crediticias a largo plazo, que el Estado celebre para financiar proyectos de desarrollo; 16º. Dictar todas las medidas y disposiciones que estén a su alcance para promover un amplio desarrollo de la agricultura, como base de la riqueza de la Nación; 17º. Ejercer la vigilancia y control de las instituciones bancarias y demás establecimientos de crédito, conforme a la ley; 18º. Presentar anualmente al Congreso Nacional, dentro de los últimos quince días del mes de septiembre de cada año, por medio de la Secretaría de Estado respectiva, el proyecto de Presupuesto General de Egresos e

Ingresos de la administración pública; 19º. Contratar empréstitos y someterlos a la consideración del Congreso Nacional para su aprobación, modificación o improbación; 20º. Fomentar la inmigración con fines agrícolas, industriales y culturales, conforme a la ley; 21º. Disponer de las fuerzas militares, organizarlas y distribuirlas, de conformidad con la ley; 22º. Conferir grados militares desde Subteniente hasta Capitán, inclusive; 23º. Velar porque el Ejército sea apolítico, esencialmente profesional, obediente y no deliberante; 24º. Dirigir las relaciones exteriores. Nombrar los Representantes Diplomáticos y Funcionarios Consulares de la República que deberán ser hondureños por nacimiento, a menos que se tratare de cargos ad-honorem o de representaciones conjuntas de Honduras y otros Estados Centroamericanos; 25º. Recibir a los Agentes Diplomáticos y expedir y retirar el exequátur a los Cónsules de naciones extranjeras; 26º. Celebrar tratados sometiéndolos a la ratificación del Congreso Nacional, y verificar el canje o el depósito del instrumento de ratificación; 27º. Celebrar cualquiera otra clase de convenios de orden económico y cultural; 28º. Presentar en la instalación del Congreso Nacional ordinario una relación general de los actos de su administración y de los planes para el siguiente ejercicio fiscal;

29º. Organizar, orientar y realizar planes de fomento e integración económica, dirigidos al mejoramiento de las condiciones de vida del pueblo hondureño; 30º. Presentar por medio de los respectivos Secretarios de Estado, dentro de los quince primeros días de la instalación del Congreso Nacional, en sus sesiones ordinarias, un informe o memoria circunstanciada de cada uno de los Ramos de la Administración Pública; 31º. Someter al Congreso Nacional, el decreto que expida sobre suspensión de garantías, como lo prescribe el Artículo 107 de esta Constitución; 32º. Participar en la formación de las leyes, presentando proyectos al Congreso Nacional, por medio de los Secretarios de Estado; 33º. Sancionar las leyes que emita el Congreso Nacional, con esta expresión: "Por tanto, Ejecútese". Usar el veto en los casos que corresponda, y promulgar las disposiciones legislativas que no necesiten sanción del Ejecutivo, con la siguiente expresión: "Por Tanto, Publíquese"; 34º. Conceder y cancelar carta de naturalización conforme a la ley; 35º. Cumplir y hacer cumplir la

Constitución y las leyes, expidiendo los reglamentos y ordenes conducentes, sin alterar el espíritu de aquéllas; 36º. Mantener la salubridad pública y mejorar las condiciones higiénicas del país y de los habitantes con la amplitud y eficacia que la necesidad demande; 37º. Conferir condecoraciones de conformidad con la ley; 38º. Crear y suprimir servicios públicos; 39º. Conceder pensiones y gratificaciones de acuerdo con la ley; 40º . Velar por la armonía entre el capital y el trabajo; 41º. Indultar y conmutar las penas, conforme a la ley; 42º. Nombrar y separar libremente a los Secretarios y Subsecretarios de Estado y a los demás funcionarios y empleados, cuyo nombramiento no esté atribuido a otras autoridades; 43º. Nombrar los Presidentes y Vicepresidentes de los: Banco Central, Nacional de Fomento y Municipal Autónomo; 44º. Convocar al Congreso Nacional a sesiones extraordinarias, por medio de la Comisión Permanente o proponerle la prórroga de las ordinarias; y, 45º. Las demás que le confiere la Constitución y las leyes.

CAPÍTULO VII
SECRETARÍAS DE ESTADO

Artículo 202—. Para la administración general del país, habrá por lo menos, diez Secretarías de Estado, entre las cuales se distribuirán los Ramos de Gobernación y Justicia, Despacho Presidencial, Relaciones Exteriores, Economía, Hacienda, Defensa Nacional y Seguridad Pública, Salud Pública, Asistencia Social, Educación Pública, Comunicaciones y Obras Públicas, Trabajo y Previsión Social, Recursos Naturales y las demás que de acuerdo con la ley se consideren necesarias.

Artículo 203—. Los decretos, reglamentos, acuerdos y providencias del Presidente de la República, deberán ser autorizados por los Secretarios de Estado en sus respectivos ramos o por los Subsecretarios, en su caso; requisito sin el cual no tendrán fuerza legal. Los Secretarios de Estado y los Subsecretarios, serán solidariamente responsables con el Presidente de la República por los actos que autoricen. De las resoluciones tomadas en Consejo de

Ministros, serán responsables los Ministros presentes a menos que hubieren razonado su voto en contra.

Artículo 204—. Para ser Secretario y Subsecretario de Estado se requieren las mismas calidades que para ser Presidente de la República.

Artículo 205—. No pueden ser Secretarios y Subsecretarios de Estado: 1º. Los parientes del Presidente de la República dentro del cuarto grado de consanguinidad o segundo de afinidad; 2º. Los contratistas de obras, servicios o empresas públicas, que se costeen con fondos del Estado o del Municipio, sus fiadores y los que de resultas de tales obras o servicios tengan reclamaciones pendientes de interés propio, así como los representantes o apoderados de concesionarios del Estado o de empresas que exploten servicios públicos; y, 3º. Los deudores o morosos de la Hacienda Pública o Municipal.

Artículo 206—. El Congreso Nacional puede llamar a los Secretarios de Estado y éstos deben contestar las interpelaciones que se les hagan sobre asuntos referentes a la administración pública, salvo las relacionadas con actividades diplomáticas o militares, en que se juzgare necesaria la reserva.

Artículo 207—. El Presidente de la República convoca y preside el Consejo de Ministros, y actuará como Secretario, el Secretario de Estado en el Despacho de la Presidencia. Todas las resoluciones del Consejo se tomarán por mayoría, y, en caso de empate, el Presidente tendrá doble voto. El Consejo se reunirá por iniciativa del Presidente, para tomar resolución en todos los asuntos que juzgue de importancia nacional y para conocer de los casos que señala la ley.

Artículo 208—. Los Secretarios de Estado deben presentar anualmente al Congreso Nacional, dentro de los quince primeros días de su instalación, un informe de los trabajos realizados en sus respectivos Despachos.

Artículo 209—. Los Subsecretarios de Estado deben tener las mismas condiciones que los Secretarios y sustituirán a éstos por ministerio de la ley.

CAPÍTULO VIII
PODER JUDICIAL. —ORGANIZACIÓN

Artículo 210—. El Poder Judicial se ejerce por una Corte Suprema de Justicia, por las Cortes de Apelaciones y los Juzgados que la ley establezca.

La Corte Suprema de Justicia residirá en la capital de la República y estará integrada por siete Magistrados propietarios y por cinco suplentes.

Artículo 211—. Para ser Magistrado de la Corte Suprema de Justicia, se requiere: ser ciudadano en el ejercicio de sus derechos, hondureño por nacimiento, Abogado de los Tribunales de la República, mayor de treinta años, del estado seglar y haber desempeñado los cargos de Juez de Letras o Magistrado de las Cortes de Apelaciones durante un año, por lo menos, o ejercido la profesión por cinco años.

Artículo 212—. Para ser Magistrado de las Cortes de Apelaciones se requiere: ser ciudadano en el ejercicio de sus derechos, hondureño, Abogado, mayor de treinta años, del estado seglar y haber desempeñado el cargo de Juez de Letras durante un año, por lo menos, o ejercido la profesión por cinco años.

Artículo 213—. No pueden ser elegidos Magistrados de la Corte Suprema de Justicia: 1º. Los que tengan cualquiera de las inhabilidades para ser Secretarios de Estado; y, 2º. Los parientes entre sí en el cuarto grado de consanguinidad o segundo de afinidad.

Artículo 214—. Lo dispuesto en el inciso primero del artículo anterior es aplicable al nombramiento de los Magistrados de las Cortes de Apelaciones y la prohibición contenida en el inciso segundo cuando tales nombramientos se refieran a Magistrados de una misma Corte de Apelaciones.

Artículo 215—. En ningún juicio habrá más de dos instancias y el Magistrado, o Juez que haya ejercido jurisdicción en alguna de ellas, no podrá conocer en la otra, ni en casación, en el mismo asunto, sin incurrir en responsabilidad.

Tampoco podrán ser Jueces en una misma causa los parientes dentro del cuarto grado de consanguinidad o segundo de afinidad.

Artículo 216—. La calidad de Magistrado o de Juez de Letras en funciones es incompatible con el ejercicio de la Abogacía y con la de funcionario o empleado de los otros Poderes, excepto la de Profesor de Enseñanza y la de Diplomático en misión transitoria.

Artículo 217—. El período de los Magistrados de la Corte Suprema de Justicia será de seis años.

Artículo 218—. Los Jueces de Paz serán nombrados por los Jueces de Letras.

Artículo 219—. La administración de justicia es gratuita.

Artículo 220—. Los Magistrados, Jueces y Oficiales del Ministerio Público no podrán ser obligados a prestar servicio militar, ni a concurrir a ejercicios o prácticas militares.

Artículo 221—. Los Tribunales de Justicia podrán requerir el auxilio de la Fuerza Pública para el cumplimiento de sus resoluciones, y si les fuere negado o no lo hubiere disponible, lo exigirán de los ciudadanos. El que injustificadamente se negare a dar auxilio incurrirá en responsabilidad.

Artículo 222—. Es facultad privativa de las Cortes y demás Tribunales de Justicia juzgar y ejecutar lo juzgado. A ellos corresponde la aplicación de las leyes en casos concretos que legalmente se sometan a su conocimiento.

Artículo 223—. La ley reglamentará la organización y atribuciones de los Tribunales. Juzgados y del Ministerio Público.

Artículo 224—. La Corte Suprema de Justicia será presidida por uno de los Magistrados Propietarios. Elegirá su Presidente en la primera sesión, por el período de seis años.

Artículo 225—. Los cargos del Poder Judicial serán remunerados sin excepción.

Artículo 226—. Los Magistrados y Jueces no podrán ser separados de sus funciones sino en los casos de delito, en cuya averiguación hubiere recaído auto de prisión o declaratoria de reo; por mala conducta o por incumplimiento de las obligaciones de su cargo. Estas circunstancias serán calificadas por la Corte Suprema de Justicia mediante información sumaria y audiencia del interesado. Los traslados de los Jueces y Magistrados de las Cortes de Apelaciones serán regulados por la ley.

Artículo 227—. La ley proveerá lo conducente para el establecimiento de la carrera judicial y para asegurar la idoneidad, estabilidad e independencia de los Jueces, y establecerá las normas relativas a la competencia, organización y funcionamiento de los Tribunales en cuanto no esté previsto en esta Constitución.

Artículo 228.—La ley determinará lo relativo a la inspección del funcionamiento de los Tribunales, a los medios de atender a sus necesidades funcionales y administrativas y a la organización de los servicios auxiliares de la Justicia; todo ello sin menoscabo de la autonomía e independencia de los Jueces.

Artículo 229—. Créase el Tribunal Contencioso Administrativo. La ley reglamentará su organización y funcionamiento.

CAPÍTULO IX
ATRIBUCIONES DE LA
CORTE SUPREMA DE JUSTICIA

Artículo 230—. La Corte Suprema de Justicia, además de las atribuciones la Ley le confiere, ejercerá las siguientes: que 1. Hacer su reglamento interior; 2. Conocer de los delitos oficiales y comunes de los altos funcionarios de la República, cuando el Congreso Nacional los haya declarado con lugar a formación de causa; 3. Conferir el Título de Abogado y autorizar a quienes lo hayan obtenido para el ejercicio del Notariado; 4. Declarar que ha o no lugar a formación de causa contra los funcionarios y empleados que la ley determine; 5. Conocer de las causas de presas, de extradición y de las demás deban juzgarse conforme al Derecho Internacional; 6. Conocer de los recursos de casación conforme a la ley; 7. Conocer de los recursos de amparo y revisión con arreglo a la ley; 8. Nombrar los Magistrados de las Cortes de Apelaciones y Cortes de Apelaciones del Trabajo, los Jueces de Letras, los del Trabajo, los Registradores de la Propiedad y los Oficiales del Ministerio Público; 9. Publicar la Gaceta Judicial; 10. Admitir o no admitir la renuncia de los funcionarios de su nombramiento, y conceder licencias tanto a éstos como a sus propios miembros; 11. Declarar la inconstitucionalidad de las leyes, en la forma y casos previstos en esta Constitución; y, 12. Formar el proyecto de presupuesto del Poder Judicial y remitirlo en su oportunidad a quien corresponda, para su inclusión en el Presupuesto General de Egresos e Ingresos.

CAPÍTULO X
PAGADURÍA DE LOS FONDOS DE JUSTICIA

Artículo 231—. La Pagaduría Especial de Justicia atenderá el pago de los sueldos correspondientes a los funcionarios y empleados de la Administración de Justicia y los gastos del mismo ramo.

Artículo 232—. A efecto de cumplir lo preceptuado en el artículo anterior, la Tesorería General de la República, acreditará por trimestres anticipados, los fondos necesarios para hacer los pagos del ramo.

Artículo 233.—La Pagaduría Especial de Justicia estará bajo la dependencia inmediata de la Corte Suprema, a quien le corresponde el nombramiento del Pagador.

Dicho Pagador deberá caucionar su responsabilidad de conformidad con la ley.

TÍTULO VI
INCONSTITUCIONALIDAD Y REVISIÓN

CAPÍTULO ÚNICO

Artículo 234—. Las leyes podrán ser declaradas inconstitucionales razón de forma o de contenido, de acuerdo con lo que establecen los artículos siguientes.

Artículo 235—. A la Corte Suprema de Justicia le compete el conocimiento por y la resolución originaria y exclusiva en la materia, y deberá pronunciarse con los requisitos de las sentencias definitivas.

Artículo 236—. La declaración de inconstitucionalidad de una ley y la inaplicabilidad de las disposiciones afectadas por aquélla, podrán solicitarse por todo el que se considere lesionado en su interés directo, personal y legítimo: 1°. Por vía de acción, que deberá entablar ante la Corte Suprema de Justicia; 2°. Por vía de excepción que podrá oponer en cualquier procedimiento judicial; y, 3°. También el Juez o Tribunal que conociere en cualquier procedimiento judicial, podrá solicitar de oficio la declaración de inconstitucionalidad de una ley y su inaplicabilidad, antes de dictar resolución. En este caso y en el previsto por el numeral anterior, se suspenderán los procedimientos, elevándose las actuaciones a la Corte Suprema de Justicia.

Artículo 237—. El fallo de la Corte Suprema de Justicia se referirá exclusivamente al caso concreto, y sólo tendrá efecto en los procedimientos en que se haya pronunciado.

Artículo 238—. Ningún poder ni autoridad puede avocarse causas pendientes ni abrir juicios fenecidos, salvo las causas juzgadas en materia penal y civil que pueden ser revisadas en toda época en favor de los condenados a pedimento de éstos, de cualquiera otra persona, del Ministerio Público o de oficio. Este recurso se interpondrá ante la Corte Suprema de Justicia. La ley reglamentará los casos y la forma de revisión.

TÍTULO VII

CAPÍTULO ÚNICO
DE LA FORMACIÓN, SANCIÓN Y PROMULGACIÓN DE LA LEY

Artículo 239—. Tienen exclusivamente la iniciativa de ley los Diputados, el Presidente de la República por medio de los Secretarios de Estado y la Corte Suprema de Justicia en asuntos de su competencia.
Cuando el Congreso estime necesaria la emisión de una ley, podrá nombrar una Comisión de su seno para elaborar el proyecto correspondiente.

Artículo 240—. Ningún proyecto de ley será definitivamente votado sino después de tres deliberaciones efectuadas en distintos días, salvo caso de urgencia calificado por la mitad más uno de votos.

Artículo 241—. Todo proyecto de ley, al aprobarse por el Congreso Nacional, se pasará al Poder Ejecutivo, a más tardar dentro de tres días de haber sido votado, a fin de que éste le dé su sanción en su caso y lo haga promulgar como ley.

Artículo 242—. La sanción de la ley se hará con esta fórmula: "Por tanto, Ejecútese".

Artículo 243—. Si el Poder Ejecutivo encontrare inconveniente para sancionar el proyecto de ley, lo devolverá al Congreso Nacional, dentro de diez días, con esta fórmula: "Vuelva al Congreso", exponiendo las razones en que funda su desacuerdo. Si en el término expresado no lo objetare, se tendrá como sancionado y lo promulgará como ley. Cuando el Ejecutivo devolviere el proyecto, el Congreso Nacional lo someterá a nueva deliberación; y si fuere ratificado por dos tercios de votos, lo pasará de nuevo al Poder Ejecutivo, con esta fórmula: "Ratificado constitucionalmente", y éste lo publicará sin tardanza.

Si el veto se fundare en que el proyecto de ley es inconstitucional, no podrá someterse a una nueva deliberación sin oír previamente el dictamen de la Corte Suprema de Justicia. Esta emitirá su informe en el término que el Congreso Nacional le señale.

Artículo 244—. Cuando el Congreso Nacional vote un proyecto de ley al terminar sus sesiones y el Ejecutivo crea inconveniente sancionarlo, está obligado a darle aviso inmediatamente para que permanezca reunido hasta diez días, contados desde la fecha en que aquél recibió el Proyecto y no haciéndolo, comunicará su resolución a la Comisión Permanente.

Artículo 245—. No será necesaria la sanción, ni el Poder Ejecutivo podrá poner el veto en los actos y resoluciones siguientes: 1º. En las elecciones que el Congreso Nacional haga o declare, o en las renuncias que admita o deseche; 2.En las declaraciones de haber o no lugar a formación de causa;

3.—En los decretos que se refieran a la conducta del Poder Ejecutivo; 4.—En los reglamentos que expida para su régimen interior; 5.—En los acuerdos para trasladar su residencia a otro lugar temporal— mente y para suspender sus sesiones o para convocar a sesiones extraordinarias;

6.—En la Ley de Presupuesto; y, 7—En los tratados o contratos que impruebe el Congreso Nacional.

En estos casos el Ejecutivo promulgará la ley con esta fórmula: "Por tanto, Publíquese".

Artículo 246.—Siempre que un proyecto de Ley, que no proceda de iniciativa de la Corte Suprema de Justicia, tenga por objeto reformar o derogar cualquiera de las disposiciones contenidas en los Códigos de la República, no podrá discutirse sin oír la opinión de aquel Tribunal. La Corte emitirá su informe en el término que el Congreso Nacional le señale. Esta disposición no comprende las leyes de orden político, económico y administrativo.

Artículo 247—. Ningún proyecto de ley desechado total o parcialmente, podrá discutirse de nuevo en la misma legislatura.

Artículo 248—. La ley es obligatoria en virtud de su promulgación y después de haber transcurrido veinte días de terminada su publicación en el periódico oficial "La Gaceta". Podrá, sin embargo, restringirse o ampliarse en la misma ley el plazo de que habla este artículo y ordenarse, en casos especiales, otra forma de promulgación.

TÍTULO VIII

CAPÍTULO I
ECONOMÍA NACIONAL

Artículo 249—. El Estado, por medio de sus Poderes Legislativo y Ejecutivo, con el auxilio de un organismo superior de planificación económica y demás organismos técnicos competentes, formulará y ejecutará el desarrollo eco— nómico y social que tendrá por objetivos esenciales alcanzar el más alto nivel de vida y el mayor grado de justicia social para todos los hondureños.

La dirección y coordinación de la política económica general del Estado corresponde al Poder Ejecutivo.

Las Secretarías de Estado y los organismos autónomos y semiautónomos y demás dependencias públicas, ajustarán sus programas, proyectos y actividades a la política económica y social que determine el Estado.

Artículo 250—. El sistema económico de Honduras debe inspirarse en principios de eficiencia en la producción y de justicia social en la distribución de la riqueza y el ingreso nacionales, fundamentándose en la coexistencia armónica de los factores productores, de las instituciones económicas privadas que caracterizan el sistema de libre empresa, de los sindicatos de trabajadores, de las empresas públicas, privadas y de economía mixta, de la propiedad privada y municipal y de otras asociaciones e instituciones económicas reconocidas por la ley.

Artículo 251—. El ejercicio de las actividades económicas corresponde primordialmente a los particulares. Pero el Estado, por razones de orden público e interés social, podrán reservarse el ejercicio de determinadas industrias básicas, explotaciones y servicios de interés público y dictar leyes y medidas eco— nómicas, fiscales y de seguridad pública, para encauzar, estimular, supervisar, orientar y suplir la iniciativa privada, toda vez que tal intervención signifique aumentar la riqueza nacional, corregir el deficiente funcionamiento de la economía, o asegurar los beneficios económicos para el mayor número de los habitantes del país.

La acción del Estado dentro de la economía se manifestará por medio de la aplicación de medidas de política económica definidas y contenidas en leyes de la República.

Artículo 252—. Sin perjuicio de lo establecido en el artículo anterior, el Estado reconoce y garantiza las libertades de consumo, ahorro e inversión, ocupación, iniciativa, comercio, empresa y otras libertades que tiendan a reforzar el sistema de libre comercio y competencia dentro del territorio nacional. La ley determinará los requisitos y forma en que tales libertades serán garantizadas.

Artículo 253—. La intervención del Estado en la economía tendrá por base razones de orden público e interés social, y por límite los derechos y libertades reconocidos por esta Constitución.

Artículo 254—. Se declara de utilidad y necesidad pública la explotación técnica y racional de los recursos naturales de la Nación. El Estado reglamentará su uso, goce y aprovechamiento, de acuerdo con el interés social. La reforestación del país y la conservación de los bosques, se declaran de urgencia nacional y de interés colectivo.

Artículo 255—. La ley determinará el régimen jurídico a que se sujetará la explotación, conservación y aprovechamiento de los Recursos Naturales. El Estado podrá otorgar permisos, concesiones y contratos para la explotación de los recursos naturales por períodos que la ley determine. Estas con— cesiones, contratos y permisos caducarán por infracción o resistencia al cumplimiento de cualquier ley de la República.

Artículo 256—. El Estado patrocinará la modernización de la tecnología en las actividades agropecuarias, y manufactureras. Para este fin establecerá franquicias, subsidios y exenciones de crédito y otros incentivos. La ley dispondrá que se tomen medidas para establecer centros para la enseñanza de la formación de obreros y directores industriales especializados.

Artículo 257—. El Estado fomentará la colonización de familias, tanto nacionales como extranjeras, exclusivamente agrícolas que vengan a laborar la tierra ociosa para aumentar la producción nacional. El factor humano para la colonización debe ser joven físicamente.
Con el fin anterior el Estado celebrará contratos para hacer llegar al país familias agrícolas. La ley reglamentará su ingreso.

Artículo 258—. La ley podrá conceder un tratamiento preferencial o reservar determinados campos de inversión al capital hondureño en atención al interés nacional. La industria y el comercio en pequeña escala, constituyen un patrimonio de los hondureños y su protección será objeto de una ley. Los hondureños naturales que se dediquen a esas actividades gozarán de los mismos derechos de la ley antes mencionada, siempre y cuando en sus respectivos países de origen exista reciprocidad.

Artículo 259—. El derecho de emisión monetaria corresponderá exclusivamente al Estado, que lo ejercerá por medio del Banco Central de Honduras, Institución autónoma de servicio público, que se regirá por su ley orgánica y sus reglamentos.
El régimen bancario, monetario y crediticio será determinado por la ley.
El Estado, por medio del Banco Central, tendrá a su cargo la formula y desarrollo de la política monetaria, crediticia y cambiaria del país.

Artículo 260—. El Estado ordenará sus relaciones económicas externas sobre las bases de la cooperación internacional, la integración económica centroamericana y el respeto a los tratados y convenios que suscriba, en lo que no se opongan al interés nacional.

Artículo 261—. En la política agraria el Estado fomentará primordialmente el desarrollo de la propiedad rural y de tipo familiar que constituya una unidad económica de producción y el establecimiento de servicios de crédito y educación agrícola, favoreciendo de preferencia a las familias de hondureños. La ley determinará las condiciones de adquisición y las obligaciones del adjudicatario, así como la dimensión de las unidades de producción que el Estado estime conveniente fomentar en cada zona, de acuerdo con las condiciones técnicas y económicas correspondientes.

Artículo 262—. La ley podrá establecer restricciones, modalidades o prohibiciones especiales para la adquisición, transferencia, uso y disfrute de la pro— piedad estatal y municipal, por razones de orden público, de interés social o de conveniencia nacional.

Artículo 263—. Se prohíben los monopolios en favor de personas individuales o jurídicas de carácter particular.

El Estado limitará el funcionamiento de empresas que absorban o tiendan a absorber en perjuicio de la economía nacional, la producción de una o más ramas agropecuarias e industriales, o de una misma actividad comercial o de servicio. Una ley especial determinará lo relativo a esta materia.

Artículo 264—. No se consideran monopolios particulares los privilegios temporales que se concedan a los inventores, descubridores o autores en concepto de derecho de propiedad científica, literaria o comercial, patentes de invención y marcas de fábrica.

CAPÍTULO II

SECCIÓN I
RÉGIMEN FINANCIERO

Artículo 265—. Las cargas fiscales, estatales o municipales, deben inspirarse en principios de uniformidad y equidad y tendrán por base la capacidad tributaria del contribuyente.

Artículo 266—. El sistema impositivo municipal deberá armonizarse con el sistema impositivo estatal.

SECCIÓN II
HACIENDA PÚBLICA

Artículo 267—. Forman la Hacienda Pública: a) Todos los bienes muebles e inmuebles del Estado; b) Todos sus créditos activos; y, c) Sus disponibilidades líquidas.

Artículo 268—. Son obligaciones financieras del Estado: a) Las deudas contraídas para gastos corrientes o de inversión pública originadas en la ejecución del Presupuesto; y, b) Las demás deudas reconocidas legalmente por el Estado.

Artículo 269——. La administración de los fondos públicos corresponde al Poder Ejecutivo.

Para la percepción, custodia y erogación de dichos fondos habrá un servicio general de tesorería. El Poder Ejecutivo, sin embargo, podrá delegar en el Banco Central las funciones de recaudador y depositario.

SECCIÓN III
PRESUPUESTO

Artículo 270——. Son recursos financieros del Estado: a) Los ingresos que perciba por causa de impuestos, tasas, contribuciones, regalías, donaciones o por cualquier otro título; b) Los ingresos provenientes de empresas estatales; y, c) Los ingresos extraordinarios que provengan del crédito público o de otro concepto.

Artículo 271——. Todos los ingresos fiscales ordinarios, constituirán un solo fondo. No podrá crearse ingreso ordinario alguno destinado a un fin específico.

No obstante, la ley podrá afectar ingresos al servicio de la deuda pública y disponer que el producto de determinados impuestos y contribuciones gene rales, sea dividido entre la Hacienda Nacional y la de los municipios, en proporciones o cantidades previamente señaladas. La ley podrá, asimismo, autorizar a determinadas empresas estatales o mixtas para que perciban, administren o inviertan recursos financieros provenientes del ejercicio de las actividades económicas que les corresponden.

Artículos 272——. El cálculo de los ingresos fiscales no podrá exceder del monto que resulte de una estimación técnica de los ingresos corrientes probables, de los ingresos extraordinarios y del superávit financiero del ejercicio inmediato anterior; para el cual se vota el Presupuesto.

Artículo 273—. No podrá hacerse ningún compromiso o pago fuera de las asignaciones votadas en el Presupuesto. Cualquiera cantidad exigida, invertida o pagada fuera del Presupuesto y sin aprobación legal, hará civil y criminalmente responsable al funcionario que ordene la exacción o gasto indebido; también lo será el ejecutor si no prueba su inculpabilidad.

Artículo 274—. El Poder Ejecutivo bajo su responsabilidad y siempre que el Congreso Nacional no estuviere reunido, podrá contratar empréstitos, variar el destino de una partida autorizada o abrir créditos adicionales, para satisfacer necesidades urgentes o imprevistas en casos de guerra, conmoción interna o calamidad pública o para atender compromisos internacionales, de todo lo cual dará cuenta pormenorizada al Congreso Nacional en sus próximas sesiones. En la misma forma se procederá cuando se trate de obligaciones a cargo del Estado provenientes de sentencias definitivas firmes para el pago de prestaciones laborales, cuando no existiere partida o ésta estuviere agotada.

Artículo 275—. El Presupuesto será votado por el Poder Legislativo con vista del proyecto que presente el Poder Ejecutivo.

Artículo 276—. La Ley Orgánica del Presupuesto establecerá todo lo concerniente a la formación, ejecución y liquidación del Presupuesto. Cuando al cierre de un ejercicio fiscal no se hubiere votado el presupuesto para el nuevo ejercicio, continuará en vigencia el correspondiente al período anterior.

Artículo 277.—Los contratos para la ejecución de obras públicas que celebren los Poderes del Estado, las Municipalidades y las instituciones autónomas; las compras que se hagan con fondos de estas entidades y las ventas o arrendamientos de bienes pertenecientes a las mismas, se harán mediando licitación, de acuerdo con la ley. Se exceptúan los contratos que tengan por objeto proveer a las necesidades ocasionadas por un estado de emergencia, y los que por su naturaleza no puedan celebrarse sino con persona determinada. La ley determinará los requisitos de su organización, atribuciones y funciones.

Artículo 279—. Una oficina de Administración de Bienes Nacionales tendrá a su cargo el control y vigilancia de la propiedad estatal, mueble o inmueble. La ley determinará su organización y atribuciones.

Artículo 280—. El Presupuesto General de la República comprende los egresos e ingresos del Gobierno Central. Los presupuestos de las Municipalidades, Distrito Central, Departamentales y Locales, así como de las Instituciones Autónomas se regirán por sus leyes y sus reglamentos correspondientes.

Artículo 281—. El Presupuesto General de la República, deberá integrarse por programas en concordancia con los planes de desarrollo económico y social aprobados.

Artículo 282—. La unidad del Presupuesto de la Administración Central es obligatoria. Los presupuestos que comprende contendrán todos los ingresos que constituirán, en cada uno de ellos, un fondo común destinado a cubrir los egresos para el ejercicio que hubieren sido autorizados.

Artículo 283—. Las asignaciones autorizadas en los presupuestos no obligan a la realización de los gastos, sino en la medida que lo exijan los programas para los cuales se hubieren destinado.

Artículo 284—. La ley establecerá la relación de control y administración entre el Organismo Ejecutivo y las entidades descentralizadas del Estado.

Artículo 285—. Cuando haya necesidad de hacer gastos imprescindibles y no exista asignación presupuestaria para los mismos o existiendo sea insuficiente, estando en receso el Congreso Nacional, el Presidente de la República en Consejo de Ministros, por Decreto, podrá establecer la asignación correspondiente determinando el ingreso que la cubra. Corresponde al Congreso Nacional de la República legalizar los ingresos a que se refiere el presente artículo.

Artículo 286—. La Ley Orgánica del Presupuesto General del Estado regulará: 1. La preparación, aprobación, control, ejecución, valuación, liquidación y el ejercicio anual de los presupuestos. 2. La integración de los presupuestos por medio de programas que expresen las metas de realización, separando la inversión pública y su financiamiento. 3. Las normas de la administración financiera. 4. El régimen de traslados y modificación de asignaciones presupuestarias. 5. El uso de economías, ingresos extraordinarios y superávit, así como la cancelación de los déficits presupuestarios. 6. Los principios técnicos y los medios necesarios para mantener el equilibrio, control y efectiva administración de los ingresos y de los egresos.

CAPÍTULO III
FISCALIZACIÓN

Artículo 287—. La fiscalización preventiva de la ejecución del Presupuesto General de Egresos e Ingresos de la República, estará a cargo del Poder Ejecutivo, que deberá especialmente: 1º. Verificar la recaudación y vigilar la custodia, el compromiso y la erogación de fondos públicos; y, 2º. Aprobar todo egreso de fondos públicos de acuerdo con el Presupuesto. La ley establecerá los procedimientos y alcance de esta fiscalización.

Artículo 288—. La fiscalización preventiva de los organismos autónomos, del Distrito Central y de las Municipalidades, se ejercerá de acuerdo con lo que determinen las leyes respectivas.

Artículo 289—. Para la fiscalización a posteriori de la Hacienda Pública habrá un organismo auxiliar del Poder Legislativo, denominado Contraloría General de la República que se regirá por su ley orgánica y tendrá independencia, funcional y administrativa. Sus atribuciones serán: 1º. Verificar la administración de los fondos y bienes públicos y glosar las cuentas de los funcionarios y empleados que los manejen; 2º. Fiscalizar la gestión financiera de las dependencias de la Administración Pública, instituciones autónomas y semiautónomas, los establecimientos gubernamentales, el Distrito Central, departamentales y locales, las municipalidades y las entidades que se costeen con fondos del erario nacional o que reciban subvención o subsidio del mismo; 3º. Examinar la contabilidad del Estado y las cuentas que sobre la ges tión de la Hacienda Pública rinda el Poder Ejecutivo al Congreso Nacional e informar a éste del resultado de su examen; y, 4º. Ejercer las demás funciones que su ley orgánica le señale.

Artículo 290—. La fiscalización a posteriori del Banco Central de Honduras, estará a cargo de la Contraloría General de la República que rendirá informe sobre la fiscalización al Congreso Nacional.

La fiscalización a posteriori de los institutos de crédito que reciban fondos del Estado, en cuanto a la aplicación de tales fondos en operaciones o negocios estrictamente bancarios, se ejercerá por la Superintendencia de Bancos, y en los demás casos por la Contraloría General de la República.

Artículo 291—. La Contraloría General deberá rendir al Congreso Nacional dentro de los primeros cuarenta días de finalizado el año económico un informe exponiendo la labor realizada durante dicho año, con exposiciones de opiniones y sugerencias que considere necesarias para lograr mayor eficiencia en el manejo de los fondos y bienes públicos.

Este informe del cual simultáneamente se enviará copia al Presidente de la República, deberá ser publicado por la Contraloría General de la República en forma detallada o en resumen, por todos los medios de divulgación existentes, exceptuando lo relacionado con secretos militares u otros aspectos que pudieran afectar la seguridad nacional.

Artículo 292—. La Contraloría General de la República estará a cargo de un Contralor General y en su defecto de un Subcontralor

General, elegidos por el Congreso Nacional, quienes tendrán las mismas inhabilidades y gozarán de iguales prerrogativas que los Diputados.

Artículo 293 de la República legalizar los ingresos. Para ser Contralor y Subcontralor Generales de la República se requiere: ser hondureño por nacimiento, mayor de veinticinco años, ciudadano en ejercicio de sus derechos, de reconocida honradez y competencia, poseer el título de Abogado o Licenciado en Economía o Perito Mercantil y Contador Público.

Artículo 294—. Las funciones del Contralor y Subcontralor Generales se extenderán hasta dos años después de vencido el período que corresponda a los Poderes del Estado. No podrán ser reelectos para el período siguiente.

Artículo 295—. La organización y atribuciones de la Contraloría General de la República serán determinadas por la ley que regule su funcionamiento, la cual dispondrá también el procedimiento que se seguirá para la elaboración, aprobación y ejecución de su presupuesto.

Artículo 296—. El Contralor y subcontralor Generales de la República serán responsables ante el Congreso Nacional de los actos ejecutados en el ejercicio de sus funciones y solamente podrán ser removidos por éste cuando se les comprobare la comisión de irregularidades graves o delitos.

Artículo 297—. El Poder Legislativo cuando lo crea conveniente, mandará practicar auditaje a la Contraloría General de la República, nombrando para tal efecto, una comisión de su seno para que lo ordene a través de una firma de auditores independientes contratados por el Congreso Nacional.

CAPÍTULO IV
PROCURADURÍA GENERAL DE LA REPÚBLICA

Artículo 298—. La Procuraduría General de la República representará los intereses del Estado; su organización y atribuciones serán determinadas por la ley.

Artículo 299—. El Procurador y Subprocurador Generales de la República, serán electos por el Congreso Nacional por un período de seis años, y no podrán ser reelectos para el período siguiente.

Artículo 300—. Para ser Procurador y Subprocurador Generales de la República, se requiere ser hondureño de nacimiento, mayor de veinticinco años, ciudadano en el ejercicio de sus derechos, de reconocida honradez y competencia y poseer el título de Abogado.

Artículo 301—. El Procurador y Subcontralor Generales tendrán las mismas prerrogativas e inhabilidades establecidas por esta Constitución para los Magistrados de la Corte Suprema de Justicia.

Artículo 302—. La acciones civiles y criminales que resultaren de las intervenciones fiscalizadoras de la Contraloría General de la República, serán ejercidas por la Procuraduría General de la República, con excepción de las correspondientes a los Distritos Central, Departamentales y Locales y las Municipalidades, que quedarán a cargo de los funcionarios que las leyes respectivas indiquen.

CAPÍTULO V
INSTITUCIONES AUTÓNOMAS

Artículo 303—. Para la mayor eficiencia en la administración pública de los intereses nacionales, para garantizar sin fines de lucro, la satisfacción de las necesidades colectivas de servicio público, y, en general, para lograr la mayor efectividad de la administración pública, se reconocen los organismos autónomos con criterio descentralizado.

Los organismos autónomos forman parte del engranaje general de la administración, y el grado de autonomía de cada uno se determinará en la ley de su creación, según la naturaleza y propósito de sus respectivas funciones.

Artículo 304—. Las instituciones autónomas del Estado gozan de independencia en materia de gobierno y administración, y sus directores responden por su gestión.

Artículo 305—. La instituciones autónomas existentes se regirán por sus leyes y sus reglamentos y las que se crearen,

Artículo 306.—Las relaciones laborales de los servidores de dichas instituciones serán reguladas por el régimen jurídico aplicable a los trabajadores en general. La modalidad, contenido y alcances de dicho régimen se normarán las por leyes y reglamentos que rigen a las respectivas instituciones y por las demás leyes pertinentes que les sean aplicables.

Artículo 307—. Para la discusión y aprobación de leyes que afecten a una institución autónoma, el Congreso Nacional oirá previamente la opinión de aquélla.

Artículo 308—. Para la creación de nuevos organismos autónomos, el Congreso Nacional resolverá por los dos tercios de votos de sus miembros.

Artículo 309—. Los organismos autónomos, estarán obligados a presentar al Gobierno, por medio de la Secretaría de Estado respectiva, los resultados líquidos de la actividad financiera de su ejercicio económico anterior. Asimismo deberán presentar al Gobierno Central, por el conducto correspondiente, un informe detallado del resultado de su actuación durante el mismo período.

Artículo 310—. Los resultados líquidos de la actividad financiera a que se refiere el artículo anterior, se incorporarán en la liquidación final del Presupuesto General de Egresos e Ingresos de la Nación, con excepción de los del Banco Central de Honduras.

TÍTULO IX

CAPÍTULO ÚNICO
SERVICIO CIVIL

Artículo 311—. Los funcionarios y empleados de la administración pública están al servicio del Estado. No podrán prevalerse de sus cargos para hacer política eleccionaria.

Artículo 312—. Se establece la carrera administrativa. La ley regulará el servicio civil, y en especial, las condiciones de ingreso a la Administración Pública; las promociones y ascensos a base de mérito y aptitud; la garantía de permanencia; los traslados, suspensiones y garantías; los deberes de los servidores públicos y los recursos contra las resoluciones que los afecten.

No estarán comprendidos en la carrera administrativa los funcionarios o empleados que desempeñen cargos políticos o de confianza que la ley determine.

Artículo 313—. Las disposiciones de este capítulo son extensivas a los funcionarios y empleados municipales.

Artículo 314—. Ninguna persona podrá desempeñar a la vez dos o más empleos o cargos públicos remunerados, excepto los facultativos que presten servicio en los hospitales y los que ejerzan cargos docentes.

TÍTULO X

CAPÍTULO ÚNICO
RESPONSABILIDAD

Artículo 315—. Todo funcionario público al tomar posesión de su cargo, hará la promesa siguiente: "Prometo ser fiel a la República, cumplir y hacer cumplir la Constitución y las leyes".

Artículo 316—. No obstante la aprobación que el Congreso dé a la conducta del Poder Ejecutivo, el Presidente de la República y los Secretarios Subsecretarios de Estado podrán ser acusados por delitos oficiales.
El término de prescripción para esas acciones empezará a correr cinco años después de haber cesado en sus funciones el acusado.

Artículo 317—. Los funcionarios y empleados públicos que violaren cualesquiera de los derechos y garantías consignados en esta Constitución, serán responsables civil y criminalmente; no podrán obtener indulto ni conmuta en el período en curso ni en el siguiente.

Artículo 318—. Se presume enriquecimiento ilícito cuando el aumento del capital del funcionario o empleado, desde la fecha en que haya tomado posesión de su cargo hasta aquella en que haya cesado en sus funciones, fuere notablemente superior al que normalmente hubiere podido tener en virtud de los sueldos y emolumentos que haya percibido legalmente y de los incrementos de su capital o de sus ingresos por cualquier otra causa.
Para determinar dicho aumento, el capital y los ingresos del funcionario o empleado, el de su cónyuge y el de sus hijos, se considerarán en conjunto. La declaración de bienes de los funcionarios y empleados, se hará de conformidad con la ley.
Cuando fuere absuelto un funcionario público a quien se hubiere declarado con lugar a formación de causa, volverá al ejercicio de sus funciones.

TÍTULO XI

CAPÍTULO ÚNICO
DE LAS FUERZAS ARMADAS

Artículo 319—. Las Fuerzas Armadas de Honduras son una institución nacional de carácter permanente, esencialmente profesional, apolítica, obediente y no deliberante. Se instituyen para defender la integridad territorial y la soberanía de la República, para mantener la paz, el orden público y el imperio de la República, para mantener la paz, el orden público y el imperio de libre sufragio y de alternabilidad en el ejercicio de la Presidencia de la República.

Artículo 320—. Estarán sujetas a las disposiciones de la Ley Constitutiva de las Fuerzas Armadas y a las demás leyes y reglamentos que regulen su funcionamiento. Cooperarán con el Poder Ejecutivo en las labores de alfabetización, educación, agricultura, conservación de recursos nacionales, vialidad comunicaciones, sanidad, colonización y actividades de emergencia, siempre que el servicio no sufra menoscabo. Se establece el fuero de guerra para los delitos militares.

Artículo 321—. El servicio militar es obligatorio para todos los ciudadanos y será regulado por una ley especial.
En caso de guerra internacional, estarán obligados al servicio militar todos los hondureños hábiles, sin discriminación alguna.

Artículo 322—. Las Fuerzas Armadas estarán bajo el mando directo del Jefe de las Fuerzas Armadas; por su intermedio ejercerá el Presidente de la Re— pública la función constitucional que le corresponda respecto al Instituto Armado. Las funciones únicamente administrativas estarán a cargo de la Secretaría de Estado en el Despacho de Defensa.

Artículo 323—. Las ordenes que imparta el Presidente de la República a las Fuerzas Armadas, por intermedio del Jefe de las mismas, deberán ser acatadas.

Artículo 324—. El Jefe de las Fuerzas Armadas deberá ser un oficial general o superior, hondureño de nacimiento, y será electo por el Congreso Nacional de una terna propuesta por el Consejo Superior de la Defensa Nacional. Durará en sus funciones seis años, y sólo podrá ser removido de su cargo por el Congreso Nacional cuando hubiere sido declarado con lugar a formación de causa por dos tercios de votos de sus miembros, y en los demás casos previstos por la Ley Constitutiva de las Fuerzas Armadas.

No podrá ser nombrado Jefe de las Fuerzas Armadas ningún pariente del Presidente de la República o de sus sustitutos legales, dentro del cuarto grado de consanguinidad o segundo de afinidad.

Artículo 325—. El Jefe de las Fuerzas Armadas, al tomar posesión de su cargo, prestará ante el Congreso Nacional la siguiente promesa: "A mi nombre, y a nombre de las Fuerzas Armadas de Honduras, solemnemente prometo que jamás nos convertiremos en instrumentos de opresión; que aunque provinieran de nuestros superiores jerárquicos, no acataremos ordenes que violen la letra o el espíritu de la Constitución; que defenderemos la soberanía nacional y la integridad de nuestro territorio; respetaremos los derechos y libertades del pueblo; mantendremos la apoliticidad y dignidad profesional de las Fuerzas Armadas, y defenderemos la efectividad del libre sufragio ciudadano y la alternabilidad en el ejercicio de la Presidencia de la República".

Artículo 326—. En caso de ausencia temporal del Jefe de las Fuerzas Armadas, desempeñará sus funciones el Jefe del Estado Mayor de las Fuerzas Armadas. En caso de ausencia o falta definitiva, el Consejo Superior de la Defensa Nacional propondrá, dentro de los 15 días siguientes, la terna de candidatos para que el Congreso Nacional elija a quien ha de llenar la vacante por el resto del período para el cual aquél hubiere sido electo.

Mientras se produce la elección, llenará la vacante el Jefe del Estado Mayor de las Fuerzas Armadas.

Artículo 327—. El Estado Mayor de las Fuerzas Armadas es un Organismo de la Jefatura de las mismas y tendrá las funciones que la ley indique,

Artículo 328—. El Consejo Superior de la Defensa Nacional será un órgano de consulta en todos los asuntos relacionados con las Fuerzas Armadas, y actuará como Tribunal Superior de las mismas, en los asuntos que se sometan a su conocimiento y decisión.

Artículo 329—. El Consejo Superior de la Defensa Nacional estará; integrado por el Jefe de las Fuerzas Armadas, el Secretario de Estado de Defensa Nacional, el Jefe de Estado Mayor de las Fuerzas Armadas, los Jefes de Zonas Militares, los Comandantes de los Cuerpos Especiales y por cualquier otro Oficial en servicio activo, en los casos expresamente indicados en la Ley Constitutiva de las Fuerzas Armadas.

Tendrá su asiento ordinario en la ciudad capital, pudiendo reunirse en cualquier lugar de la República, cuando las circunstancias así lo requieran, y podrá ser convocado por el Presidente de la República, por el Jefe de las Fuerzas Armadas, por el Secretario de la Defensa Nacional, y por cualquier Oficial en servicio activo, en los casos expresamente indicados en la Ley Constitutiva de las Fuerzas Armadas.

Artículo 330—. Los nombramientos de Jefes de Zona, Comandantes de Unidad y demás nombramientos militares, los hará el Jefe de las Fuerzas Armadas por medio de la Secretaría de Defensa Nacional. Los de orden administrativo, los del Estado Mayor Presidencial y Guardia Presidencial, los hará el Presidente de la República por medio de la misma Secretaría.

Artículo 331—. El territorio de la República se dividirá en Zonas Militares para la mayor eficiencia del servicio.

Cada Zona estará bajo el mando de un Jefe de Zona, y funcionará de acuerdo con las disposiciones de la ley respectiva.

Artículo 332—. Los grados militares sólo se adquieren por riguroso ascenso y deberá otorgarse atendiendo al tiempo de servicio, capacitación especiales prestados a la Patria. y servicios Los militares no podrán ser privados de sus grados, honores y pensiones en otra forma que en la fijada por la ley.

Los ascensos desde Subteniente hasta Capitán, inclusive, serán otorgados por el Presidente de la República a propuesta del Jefe de las Fuerzas Armadas. Los ascensos desde Mayor hasta General de División inclusive, serán otorgados, por el Congreso Nacional a propuesta conjunta del Presidente de la República y el Jefe de las Fuerzas Armadas.

El Estado Mayor de las Fuerzas Armadas emitirá dictamen en cada ascenso solicitado.

Artículo 333—. En la Escuela Militar de Honduras se educarán los Caballeros Cadetes aspirantes a Oficiales de las Fuerzas Armadas. La Secretaría de la Defensa tendrá a su cargo la organización de dicha Escuela y cubrirá los gastos que requiera su funcionamiento.

Artículo 334—. La administración de los fondos asignados al Ramo de Defensa, estará a cargo de la Pagaduría de las Fuerzas Armadas.

Artículo 335—. Para la protección, bienestar y seguridad social de todos los miembros de las Fuerzas Armadas, créase la Institución de Previsión Militar, la cual se organizará y funcionará de acuerdo con la ley que se emita al efecto.

TÍTULO XII
DEL REGIMEN DEPARTAMENTAL Y MUNICIPAL

CAPÍTULO I
DEL REGIMEN DEPARTAMENTAL

Artículo 336—. Para la Administración Pública se divide el territorio nacional en Departamentos, cuya creación y límites decretará el Congreso Nacional.

Artículo 337—. Los funcionarios departamentales deberán ser hondureños por nacimiento, mayores de veinticinco años y ciudadanos en el ejercicio de sus derechos. Los empleados deberán ser mayores de dieciocho años y tendrán las demás calidades señaladas para los funcionarios.

CAPÍTULO II
DEL REGIMEN MUNICIPAL

Artículo 338—. Para la administración, los departamentos se dividen en municipios autónomos representados por municipalidades electas por el pueblo, en la forma que la ley disponga.

El Banco Municipal autónomo tendrá como función principal procurar la autonomía económica de las municipalidades. El Distrito Central, formado por los municipios de Tegucigalpa y Comayagüela, se regirá por su ley especial. Las ciudades de Tegucigalpa y Comayagüela, conjuntamente, constituyen la capital de la República.

Artículo 339—. La ley reglamentará la organización y atribuciones de las municipalidades. Estas atribuciones serán únicamente económicas y administrativas.

Artículo 340—. En el ejercicio de sus funciones privativas, las corporaciones municipales serán absolutamente independientes de los poderes del Estado, sin contrariar en ningún caso las leyes generales del país; y serán responsables ante los Tribunales de Justicia por los abusos que cometan individual o colectivamente.

Artículo 341—. Las municipalidades nombrarán a los empleados de su dependencia que costeen con sus propios fondos.

TÍTULO XIII

CAPÍTULO ÚNICO
DE LA REFORMA

Artículo 342—. Las reformas a esta Constitución podrán decretarse por el Congreso Nacional en sesiones ordinarias, con dos tercios de votos de la totalidad de sus miembros. El decreto señalará al efecto el artículo o artículos que hayan de reformarse, debiendo ratificarse por la siguiente Legislatura Ordinaria, por igual número de votos, para que entre en vigencia.

En ningún caso la reforma de los artículos 4, 192, 193, 196 y el presente podrá realizarse por el procedimiento anterior.

TÍTULO XIV
DISPOSICIONES TRANSITORIAS

Artículo 343—. Todas las leyes, decretos, reglamentos, órdenes y demás disposiciones que estuvieren en vigor al promulgarse esta Constitución, continuarán observándose en cuanto no se opongan a ella, mientras no fueren legalmente derogados o modificados.

Artículo 344—. Para el período de 1965 a 1971, serán Presidente Constitucional de la República y Designados a la Presidencia, los ciudadanos elegidos por esta Asamblea Nacional Constituyente.

Artículo 345—. Los Magistrados de la Corte Suprema de Justicia, el Procurador y Subprocurador Generales de la República, el Jefe de las Fuerzas Armadas, Contralor y Subcontralor Generales de la República, ejercerán sus funciones constitucionalmente, durante el mismo período a que se refiere el artículo anterior, con excepción del Contralor y Subcontralor Generales, que terminarán su período de acuerdo con la disposición constitucional respectiva.

Artículo 346——. Promulgada y jurada esta Constitución, en sesión pública y solemne, y recibida la promesa de ley a los funcionarios a que se refieren los dos artículos que anteceden, la Asamblea Nacional Constituyente clausurará sus sesiones convirtiéndose en Congreso Nacional Ordinario, para el período Constitucional de 1965 a 1971, que se iniciará excepcionalmente el seis de junio del presente año, y clausurará el 19 de mayo de 1971.

ARTÍCULO FINAL

Artículo 347——. La presente Constitución entrará en vigencia el seis de junio del presente año, quedando derogada en esta fecha la emitida el diecinueve de diciembre de mil novecientos cincuenta y siete.

Dado en el Salón de Sesiones del Palacio Legislativo, en Tegucigalpa, capital de la República de Honduras, a los tres días del mes de junio de mil novecientos sesenta y cinco.

MARIO RIVERA LÓPEZ,
Presidente.
Diputado por el Departamento de Francisco Morazán.

VIRGILIO URMENETA RAMÍREZ, Vicepresidente. Diputado por el Departamento de Yoro.

MANUEL LUNA MEJÍA, Secretario. Diputado por el Departamento de Copán.

HOSTILIO LOBO CÁLIX, Secretario. Diputado por el Departamento de Olancho.

SAMUEL GARCÍA Y GARCÍA, Prosecretario. Diputado por el Departamento de Cortés.

LUIS MENDOZA FUGÓN, Prosecretario. Diputado por el Departamento de Valle.

DEPARTAMENTO DE ATLÁNTIDA: Tulio Fernando Martínez Silva, Azis Salomón Richmawy, Celestino Canales Acosta.

DEPARTAMENTO DE COLON: Ramón Lobo Sosa

DEPARTAMENTO DE COMAYAGUA: Manuel Pereira Cálix, José Angel Ulloa D., Amado Petit Hernández.

DEPARTAMENTO DE CORTÉS: Teodoro Rodríguez B., Roberto Villela Ch., Pedro Barahona Castillo, Pablo L. Nuila P., Julio Galdámez Zepeda y Odilón Ayestas L.

DEPARTAMENTO DE COPÁN: Rodolfo E. Interiano, Arturo Rendón Pineda, Ángel Augusto Morales V.

DEPARTAMENTO DE CHOLUTECA: Jesús María Herrera Regalado, Carlos Humberto Rodríguez, Williams Adalberto Abadíe Sánchez, Óscar Jacobo Cárcamo Tercero, Antonio Ortez Sandoval.

DEPARTAMENTO DE EL PARAÍSO: J. Antonio Pérez Izaguirre, Augusto Rodas Valle, Santiago Valladares y Velásquez, José Mateo Sierra Fonseca

DEPARTAMENTO DE FRANCISCO MORAZÁN: René Sagastume Castillo, Roberto Martínez Ordóñez, Antonia Velásquez de Flores, Horacio Fortín Pinel, Dora Argentina Henríquez Girón, Héctor Orlando Gómez Cisneros, J. Antonio Gómez Milla y J. Antonio Molina Cisneros

DEPARTAMENTO DE GRACIAS A DIOS. Duval Haylock Kilton.

DEPARTAMENTO DE INTIBUCA: Raúl Girón Ayala, Gualberto Girón Palacios

DEPARTAMENTO DE ISLAS DE LA BAHIA: Spurgeon Miller Phillips

DEPARTAMENTO DE LA PAZ: José Humberto Hernández Juárez, Roberto Suazo Córdova

DEPARTAMENTO DE LEMPIRA: Jacobo Hernández Gómez Marco Tulio Rodríguez P., José Iglesias Guzmán y Gustavo Molina Serrano.

DEPARTAMENTO DE OCOTEPEQUE: Miguel A. Chinchilla Solís y Rafael Aguilar A.

DEPARTAMENTO DE OLANCHO: Luis Alonso Mazzoni Obando, Alfonso Meza Galeano y Carlos Miguel Muñoz y Muñoz.

DEPARTAMENTO DE SANTA BARBARA: Joaquín Medina Alvarado, Armando Rodríguez Valle, Gustavo Madrid Flores J., Efraín Bú Girón y Francisco Castellón C.

DEPARTAMENTO DE VALLE: Max Guerra Flores y Enrique Rodríguez Zúñiga.

DEPARTAMENTO DE YORO: José Alfredo Montoya Rodríguez, José Arnoldo Villatoro y Andrés Alvarado Puerto

AL PODER EJECUTIVO:
Por tanto, Publíquese.

Tegucigalpa, D. C., tres de junio de mil novecientos sesenta y cinco.

OSWALDO LOPEZ A.

El Secretario de Estado en los Despachos de Gobernación y Justicia, por la ley, Francisco G. Velásquez.

El Secretario de Estado en el Despacho de Relaciones Exteriores, por la ley, Carlos H. Reyes.

El Secretario de Estado en los Despachos de Defensa Nacional y Seguridad Pública, Salomón Ciliézar Uclés.

El Secretario de Estado en el Despacho de Educación Pública, Rafael Bardales B.

El Secretario de Estado en los Despachos de Economía y Hacienda, Manuel Acosta Bonilla.

El Secretario de Estado en los Despachos de Comunicaciones y Obras Públicas, por la ley, Ernesto Crespo.

El Secretario de Estado en los Despachos de Salud Pública y Asistencia Social, J. Antonio Peraza.

El Secretario de Estado en los Despachos de Trabajo y Previsión Social, Amado H. Núñez.

El Secretario de Estado en el Despacho de Recursos Naturales, Julio C. Pineda.

DECRETO NO. 1 DEL JEFE SUPREMO DEL ESTADO DE HONDURAS, POR EL CUAL QUEDAN EN VIGENCIA TODAS LAS LEYES Y REGLAMENTOS QUE ESTABLECEN LA ORGANIZACIÓN POLÍTICA, ADMINISTRATIVA, JUDICIA Y CIVIL DE LA REPÚBLICA DE HONDURAS 6 DE DICIEMBRE DE 1972

DECRETO Nº 1

El Jefe de Estado en Consejo de Ministros pone en vigencia la Constitución de la República emitida el 3 de junio de 1965, las Leyes Secundarias y Reglamentos que norman la vida Jurídica y Administrativa del Estado, en lo que no se oponga a las disposiciones de las Fuerzas Armadas.

Tegucigalpa, 6 de Diciembre de 1972.

JEFATURA DE ESTADO

EL JEFE DE ESTADO EN CONSEJO DE MINISTROS,

CONSIDERANDO: Que el día lunes 4 de diciembre en curso, las Fuerzas Armadas de Honduras asumieron todos los poderes del Estado para alcanzar los objetivos anunciados en la Proclama emitida en esa misma fecha.

CONSIDERANDO: Que en conformidad con la mencionada Proclama corresponde al Jefe de Estado, en Consejo de Ministros, ejercer la función legislativa.

POR TANTO,
DECRETA:

Artículo 1º. Queda en vigencia la Constitución de la República emitida el 3 de junio de 1965, las leyes secundarias y reglamentos que norman la vida jurídica y administrativa del Estado, en lo que no se opongan a las disposiciones del presente Gobierno.

Artículo 2º. Este Decreto entrará en vigencia inmediatamente. Dado en Tegucigalpa, Distrito Central, a los seis días del mes de diciembre de mil novecientos setenta y dos.

EJECÚTESE:

OSWALDO LOPEZ ARELLANO

El Secretario de Estado en el Despacho de Gobernación y Justicia, Juan Alberto Melgar Castro

El Secretario de Estado en el Despacho de Relaciones Exteriores, César A. Batres

El Secretario de Estado en el Despacho de Defensa Nacional y Seguridad Pública, Raúl Galo Soto.

El Secretario de Estado en el Despacho de Educación Pública, J. Napoleón Alcerro Oliva

El Secretario de Estado en el Despacho de Hacienda y Crédito Público, Manuel Acosta Bonilla

El Secretario de Estado en el Despacho de Economía y Comercio, por la Ley, Efraín Reconco Murillo

El Secretario de Estado en el Despacho de Comunicaciones, Obras Públicas y Transporte, Miguel Ángel Rivera Bermúdez

El Secretario de Estado en el Despacho de Salud Pública y Asistencia Social, Enrique Aguilar Paz

El Secretario de Estado en el Despacho de Trabajo y Previsión Social, Gautama Fonseca

El Secretario de Estado en el Despacho de Recursos Naturales, Raúl Edgardo Escoto Díaz.

(LA GACETA. Número 20.849.—Tegucigalpa, D. C. Honduras, jueves 7 de Diciembre de 1972).